Giuseppe Cacciatore

Metaphysik, Poesie und Geschichte

Giuseppe Cacciatore

Metaphysik, Poesie und Geschichte

Über die Philosophie von Giambattista Vico

Mit einem Vorwort
des Herausgebers Matthias Kaufmann

Aus dem Italienischen von Marianne Hanson

Bearbeitet von Giuseppe Cacciatore,
Astrid Döllfelder und Matthias Kaufmann

Akademie Verlag

Abbildung auf dem Einband und Frontispiz aus:
Giambattista Vico: Principj di Scienza nuova, 1744

Die Deutsche Bibliothek – CIP-Einheitsaufnahme
Ein Titeldatensatz für diese Publikation ist bei
Der Deutschen Bibliothek erhältlich

© Akademie Verlag GmbH, Berlin 2002

Das eingesetzte Papier ist alterungsbeständig nach DIN/ISO 9706.

Alle Rechte, insbesondere die der Übersetzung in andere Sprachen, vorbehalten. Kein Teil dieses Buches darf ohne schriftliche Genehmigung des Verlages in irgendeiner Form – durch Photokopie, Mikroverfilmung oder irgendein anderes Verfahren – reproduziert oder in eine von Maschinen, insbesondere von Datenverarbeitungsmaschinen, verwendbare Sprache übertragen oder übersetzt werden.

Lektorat: Mischka Dammaschke
Einbandgestaltung: Petra Florath, Berlin
Satz: Norbert Winkler, Mannheim
Druck und Bindung: Druckhaus „Thomas Müntzer", Bad Langensalza

Printed in the Federal Republic of Germany

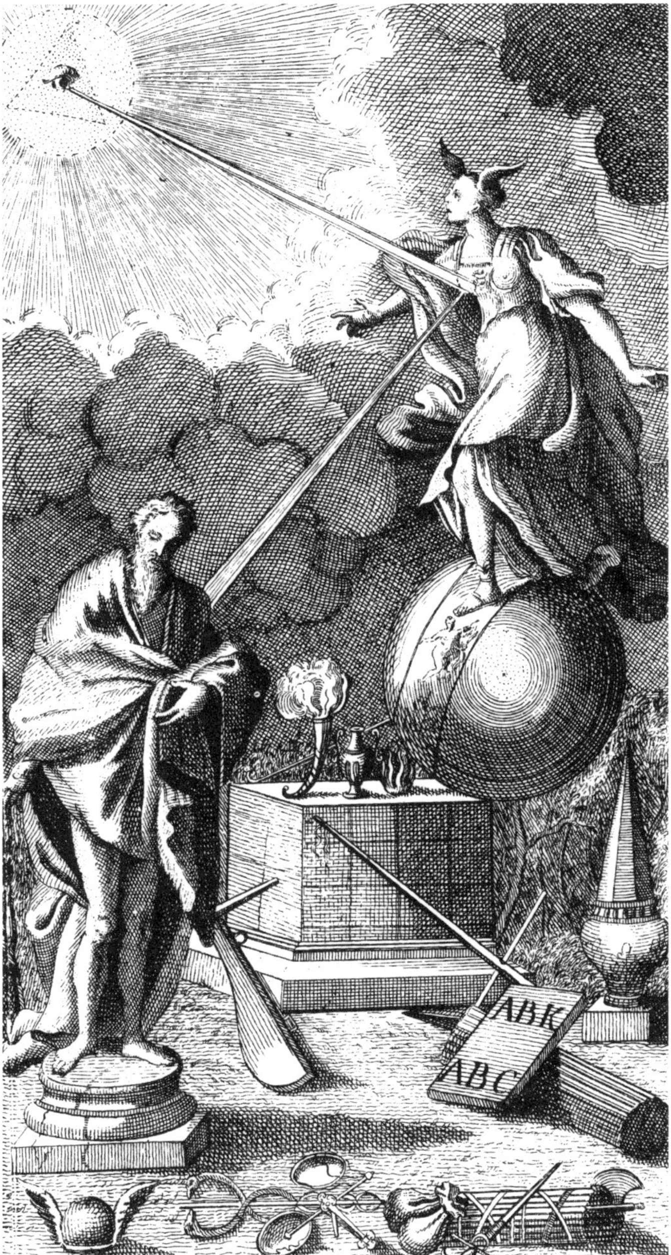
ABK
ABC

Inhalt

Vorwort des Herausgebers 7
Einleitung 21

ERSTES KAPITEL

Die Geschichte
als philosophisches Problem
Metaphysik, Zeit, Wahrheit und Faktizität 43

ZWEITES KAPITEL

Vicos Hermeneutik zwischen
Philosophie und Philologie 67

DRITTES KAPITEL

Poesie und Geschichte 109

VIERTES KAPITEL

Die Erziehung des „ungebildeten Volkes"
als Bedingung der bürgerlichen Gerechtigkeit 141

FÜNFTES KAPITEL
„Politische" und „praktische" Philosophie 165

SECHSTES KAPITEL
Die Ordnung der „Gemeinschaft"
und der Gemeinsinn der „Differenz" 191

Siglenverzeichnis 211

Literaturverzeichnis 213

Personenverzeichnis 232

Vorwort des Herausgebers

Vicos Mythos und Vicos Leben

Vico irritiert und begeistert, er ist einflußreich und rätselhaft. Die Liste seiner Bewunderer aus verschiedenen Fachgebieten und verschiedenen Ländern vermag zu beeindrucken: Dichter wie Samuel Taylor Coleridge und Matthew Arnold, Historiker wie Jules Michelet und Georg Niebuhr, ein Jurist vom Range Friedrich Carl von Savignys, Ökonomen wie Karl Marx und Josef Schumpeter, Philosophen wie von Baader,[1] Dilthey, Croce, Collingwood und Berlin, um nur einige zu nennen. Zu den Bewunderern zählen auch James Joyce und andere Literaten des 20. Jahrhunderts. Eine Übersicht über die deutsche Vico-Rezeption im Besonderen gibt der Autor des vorliegenden Buches in seiner Einleitung.

Die Lobpreisungen, Vico sei seiner Zeit zu weit voraus gewesen, um Einfluß haben zu können, ein einsamer Erkundungsreisender in unbekanntem Territorium, ein Wegbereiter und „Vorläufer" der verschiedensten Denkbewegungen des 19. Jahrhunderts, verdichteten sich zu einem regelrechten „Vico-Mythos", dem gegenüber immer wieder auf die Verbindung Vicos zur Diskussion seiner Zeit verwiesen wurde.[2] Doch finden sich von den

---

[1] Gibt es auch „kein Indiz dafür, daß Hegel von Vico Kenntnis gehabt hätte", so zeigen sich doch auffällige Parallelen. R.W. Schmidt, Die Geschichtsphilosophie Vicos. Mit einem Anhang zu Hegel, Würzburg 1982, S. 147 ff.

[2] P. Burke, Vico, Oxford 1985, S. 1 ff. „The myth of Vico". Vgl. V. Hösle, Einleitung zu: Prinzipien einer neuen Wissenschaft über die gemeinsame Natur der Völker, Hamburg 1990, S. XXXI, vgl. H.S. Stone, Vico's Cultural

ersten Rezensionen seines 1710 publizierten *Liber metaphysicus* bis zu den Kommentaren unserer Tage auch Klagen über die Dunkelheit mancher seiner Ausführungen. Unbestritten ist, daß er mit seinen Reflexionen geistiges Neuland betritt.

Zu den archetypischen Bestandteilen der gelehrten Literatur zu Vico gehört ferner die Anmerkung, er sei zwar beileibe kein Unbekannter mehr, jedoch im Vergleich zu seinem philosophischen Rang – speziell in Deutschland – trotz aller Bemühungen von verschiedener Seite in seiner Rezeption nach wie vor auf einen eher begrenzten Kreis von Fachleuten eingeschränkt. Mit dem vorliegenden Buch wird daher versucht, die pointierte Interpretation eines international höchst renommierten Fachmannes in allgemein zugänglicher Weise zu präsentieren.

Es ist verständlich, wenn Vico dort besondere Anerkennung genießt, wo es um die Abwehr einer vermeintlichen oder tatsächlichen Vereinseitigung der Wissenschaft durch mathematische und naturwissenschaftliche Methoden geht, darum, daß die Humanoder Geisteswissenschaften ihrer eigenen Methodik bedürfen, ob bei den Romantikern, im Historismus, bei Collingwood, in der Hermeneutik oder auch bei den „postanalytischen" Philosophen der achtziger und neunziger Jahre des zwanzigsten Jahrhunderts. Schließlich kann man große Teile seines Werkes, auch nach seiner eigenen Einschätzung, nicht zuletzt durch ihren Impetus gegen die algebraisierende Methode des Renato Delle Carte – wie er Descartes in adaptierender Weise nennt[3] – begreifen. Seine Autobiographie wird in Stilistik und Aufbau als Gegenentwurf zum *Discours de la méthode* gedeutet. Nicht selten wurde in der Sekundärliteratur Vico deshalb zum Gegenaufklärer und Protoromantiker erklärt, ja geradezu als einziger Widerpart zum aufkläre-

---

History, Leiden-Köln 1997, M. Mooney, Vico in the Tradition of Rhetoric, Princeton 1985.

[3] Laut J. Trabant (Neue Wissenschaft von alten Zeichen, Frankfurt am Main 1994, S. 13) italienisiert Vico die Namen umsomehr, je vertrauter ihm der betreffende Autor ist. Keiner steht ihm demnach bei aller Gegnerschaft so nahe wie Descartes.

rischen mainstream des 18. Jahrhunderts verklärt.[4] Das vorliegende Buch, wie einige andere Arbeiten zuvor, rückt diesen einseitigen Blick auf Vico zurecht, indem es auch die aufklärerischen, erzieherischen Elemente in seinem Werk und die Unterschiede zu romantischen Sichtweisen, etwa bei der Deutung des Begriffs des *ingenium*, benennt (v.a. Kap. 3 und 4).

Verglichen mit der hier nur kurz angedeuteten schillernden Rezeptionsgeschichte und dem Facettenreichtum seines Werkes verlief Vicos Leben äußerst unspektakulär, wenn man von dem Umstand absieht, daß der 1668 in Neapel als Sohn eines armen Buchhändlers geborene, hochbegabte Giambattista nach Auskunft seiner 1728 erschienenen Autobiographie (*Vita scritta da se medesimo* – Leben, von ihm selbst geschrieben) im Alter von sieben Jahren infolge eines Sturzes eine Schädelfraktur erlitt und nach der langwierigen Genesung von „melancholischer und reizbarer Natur blieb, wie dies ja bei geistvollen Menschen sein muß".[5] Man bildete ihn zunächst in der scholastischen Philosophie aus. Er nennt den Logiker Paulus Venetus, dessen *Summulae* ihn in der altersgemäßen Entwicklung überforderten und damit zur Verzweiflung trieben, später folgen Duns Scotus und Suarez. Sodann erhielt Vico Unterricht in Jurisprudenz und eignete sich nach eigener Auskunft vieles selbst an, bis er als junger Mann einen Rechtsstreit für seinen Vater vor Gericht mit Erfolg zu Ende bringen konnte. Zugleich „gefiel er sich in den verderbtesten Manieren des modernen Poetisierens", erkrankte jedoch „wegen seiner zarten Leibesbeschaffenheit an der Schwindsucht" und wurde schließlich für einige Zeit Hauslehrer bei dem Sohn eines neapolitanischen Adligen in Vatolla bei Salerno.[6] Dort bildete sich einerseits seine platoni-

---

[4] Vgl. M. Lilla, G.B. Vico, The Making of an Anti-Modern, Cambridge/Mass. 1993, S. 3 f. (unter Berufung auf I. Berlin): „At the head of one school stand the great French philosophes [...]. At the head of the other stands the lonely figure of Vico...". Vgl. bereits G. Cacciatore/S. Caianello, Vico anti-moderno? in: Bollettino del centro di studi vichiani (BCSV) XXVI-XVII (1996-97), S. 205-218.
[5] G. Vico, Autobiographie, übersetzt von V. Rüfner, Zürich-Bruxelles 1948, S. 8.
[6] Ebd. S. 18 ff.

sche Grundhaltung aus, aber auch der Sinn für die Topik als „Kunst der kunstgerechten Stoffschöpfung" und die Abwehrhaltung gegenüber moderner Physik und algebraischer Geometrie, die seiner Ansicht nach „eigentlich unbedeutenden Köpfen angemessen" sind, während sie den bereits ans Unendliche gewöhnten Geist einschränken.[7] Vico verfaßte auch in dieser Zeit Gedichte, die später publiziert wurden, so wie er sich stets sein knappes Gehalt durch poetische und andere Auftragswerke aufzubessern suchte.

Nach seiner Rückkehr nach Neapel – wobei die zwischenzeitliche Abgeschiedenheit in Vatolla möglicherweise stark stilisiert ist[8] – widersetzte sich Vico der dort inzwischen herrschenden Neigung zur cartesischen Physik, an welcher er die Unfähigkeit zur Systembildung kritisierte und wandte sich eher dem römischen Recht aber auch der Poesie zu, wodurch er „wie ein Fremder im eigenen Vaterlande"[9] lebte, jedoch auch berühmte Männer kennenlernte. Ab 1699 hatte er dann einen – wenngleich schlecht bezahlten – Lehrstuhl für Rhetorik inne, der ihm auch die Aufgabe zuwies, jeweils die Inauguralreden für das akademische Jahr zu halten. Von diesen Reden sind manche in Auszügen in der Autobiographie wiedergegeben; als die wichtigste wird oft *De nostri temporis studiorum ratione* (dt. Titel: Vom Wesen und Weg der geistigen Bildung, 1947) aus dem Jahr 1708 angesehen, die in Gegenwart des Vizekönigs von Neapel vorgetragen wurde.

Während seiner Auseinandersetzung mit cartesischen Philosophen – mit manchem davon blieb er lange Jahre befreundet – lernte Vico, der bis dahin, nach eigenen Worten, Platon und Tacitus verehrt hatte, die Werke Francis Bacons kennen, bei dem er besonders die Verbindung von wissenschaftlicher Weisheit und poli-

---

[7] Ebd., S. 27 ff. Anders formuliert: „Vico entbehrte der elementarsten mathematischen Kenntnisse". Vgl. V. Hösle, a.a.O., S. XLV.
[8] So auch W. Schmidt-Biggemann, Nachwort, in: Giambattista Vico, Die neue Wissenschaft über die gemeinschaftliche Natur der Völker, übers. und eingel. von E. Auerbach, Berlin-New York ²2000, S. 453.
[9] Ebd., S. 49. Zweifel an der Isolation Vicos in seiner Jugend äußert Nicolini, La giovinezza die Giambattista Vico (1668-1700), Bari 1932.

tischer Klugheit hochschätzte.[10] Bereits in manchen Inauguralreden aus diesen Jahren läßt sich, so Vico, sein neuartiges Bemühen erkennen, „alles menschliche und göttliche Wissen auf ein einziges Prinzip zurückzuführen".[11]

In der ersten großen Buchpublikation, dem *Liber metaphysicus*, dem einzigen von Vico publizierten Teil eines größeren Werkes mit dem Titel *De antiquissima Italorum Sapientia ex linguae latinae originibus eruenda* (Über die älteste italienische Weisheit, wie sie aus den Ursprüngen der lateinischen Sprache zu erschließen ist) aus dem Jahre 1710, wird dann gleich zu Beginn der Grundsatz festgehalten, daß das Wahre und das Geschaffene miteinander vertauschbar sind.[12] Trotz gegenteiliger Behauptung Vicos handelt es sich bei dem von ihm so virtuos angewandten Grundsatz *verum et factum convertuntur* offenbar um eine auf die neuzeitliche Hochschätzung der Geometrie zurückgehende Modifikation des scholastischen Prinzips der Austauschbarkeit der Transzendentalien: *ens et unum et verum et bonum convertuntur* (das Seiende, das Eine, das Wahre und das Gute sind vertauschbar).[13] Der *Liber metaphysicus* fand geteilte Resonanz und Vico antwortete in den folgenden Jahren auf einige kritische Einwände, äußerte sich jedoch lobend darüber, wie „ehrenvoll" der Streit von beiden Seiten geführt worden sei.[14]

Als wichtig für die Entwicklung von Vicos historischer Denkweise wird von vielen Biographen die im Jahre 1716 publizierte Lebensgeschichte des neapolitanischen Adligen Antonio Carafa, eines Marschalls der kaiserlichen Armee, angesehen, die dessen Neffe bei Vico in Auftrag gegeben hatte. Nach der Einschätzung der Autobiographie brachte diese Arbeit den neapolitanischen Phi-

---

[10] Ebd., S. 54, über Vicos philosophische Gewährsleute und die mit ihrer sukzessiven „Entdeckung" verknüpfte philosophische Entwicklung vgl. unten Kap. 2.
[11] Ebd., S. 66.
[12] G. Vico, Liber metaphysicus. Risposte, (Hg. S. Otto, übers. von S. Otto und H. Viechtbauer) München 1979, S. 35.
[13] Vgl. dazu umfassend J.A. Aertsen, Medieval Philosophy and the Transcendentals. The Case of Thomas Aquinas, Leiden-Köln 1996.
[14] Autobiographie, S. 78.

losophen zu einer intensiven Lektüre von Hugo Grotius' *De iure belli et pacis* (Vom Recht des Krieges und des Friedens), wodurch Grotius wegen seines „Systems eines allgemeinen Rechts" zum vierten von Vicos auserwählten Autoren wurde,[15] dem allerdings – laut Vico – der Sinn für die zentrale Bedeutung der Vorsehung fehlte.

Bereits zum ersten Band seines *Diritto universale* (*De universi iuris uno principio et fine uno*, Über das eine Grundprinzip und eine Ziel der Gesamtheit des Rechts, 1720) gab es auch Kommentare aus Deutschland, etwa von Christian Thomasius aus Halle. Gemeinsam mit dem im Jahr darauf publizierten Werk *De constantia iurisprudentiae* und den schließlich 1722 veröffentlichten *Notae* zu beiden Büchern konnte er Vico berechtigte Hoffnung geben, auf die 1723 ausgeschriebene, erheblich besser bezahlte Zivilrechtsprofessur berufen zu werden. Das Scheitern dieser Bemühung gilt als einschneidendes Erlebnis in Vicos späterem Leben,[16] das wohl auch den Anstoß zur Arbeit an der *Scienza nuova*, der Neuen Wissenschaft, gab. Deren erste Auflage erschien 1725 und hinterließ die Zeitgenossen letztlich eher ratlos, obwohl sie rasch vergriffen war und 1730 sowie 1744, einige Monate nach Vicos Tod im selben Jahr, Neuauflagen erschienen.[17]

Wie der Marchese di Villarosa in einem Anhang zur Autobiographie berichtet, reichten selbst die von Vico bis ins Alter aufgenommenen Zusatztätigkeiten wie etwa Privatunterricht in Eloquenz und lateinischer Literatur nicht aus, die Bedürfnisse seiner Familie zu befriedigen – Vico war zärtlicher Vater von acht Kindern, für die er auch die Dinge des täglichen Lebens zu regeln half.[18]

---

[15] Autobiographie, S. 81 f.
[16] Vgl. J. Trabant, Giambattista Vico, in: T. Borsche (Hg.), Klassiker der Sprachphilosophie, München 1996.
[17] S. Otto, Giambattista Vico, Stuttgart u.a. 1989, S. 22.
[18] Autobiographie, S. 125.

Weisen des Wahrheit-Machens und ihre neue Wissenschaft

Das Prinzip, wonach wir (nur) erkennen können, was wir selbst gemacht haben, weshalb auch das Wahre und das Gemachte zusammenfallen, jedenfalls wechselseitig ersetzbar sind, kann als ein in der Renaissance verbreiteter Grundsatz angesehen werden. Bei Thomas Hobbes findet sich sogar bereits die Übertragung in den Bereich der politischen Philosophie.[19] Das eine innovative Element in Vicos Umgang mit diesem Prinzip besteht darin, daß er es als gemeinsame Grundlage göttlichen und menschlichen Erkennens ansieht und gerade deshalb annimmt, daß nur Gott die Natur vollständig erkennen kann.[20]

Die andere, von manchen Kommentatoren als fundamentaler angesehene Innovation betrifft die Weisen des Machens. Während Hobbes nämlich die Vertauschbarkeit von Wahrem und Gemachtem gerade deshalb auf den Bereich des Staatswesens übertragen kann, weil er den Staat als künstlichen großen Menschen, als Maschine, also als etwas rational Hergestelltes ansieht,[21] wird für Vico die Geschichte gemäß seinem mitunter als *Vico-Axiom* bezeichneten Prinzip zwar von Menschen hervorgebracht, nicht jedoch in einem Akt rationalen Herstellens.[22] Zu den vielfältigen Aktivitäten, mit denen der Mensch seine Geschichte erschafft, gehören vielmehr die Entwicklung der Zeichen und der Sprachen, nicht nur in ihrer kommunikativen, sondern gerade auch in ihrer welterschließenden und ihrer poetischen Form, die Herausbildung politischer Organisationen und die Erschaffung von Rechtssystemen.

---

[19] Vgl. dazu K. Löwith, Vicos Grundsatz: verum et factum convertuntur. Seine theologische Prämisse und deren säkulare Konsequenzen, in: ders., Gott, Mensch und Welt in der Philosophie der Neuzeit, Stuttgart 1986, S. 195-227; zur Diskussion um weitere Parallelen zwischen Hobbes und Vico vgl. die unten in Kap. 3, Fußnote 15 und 17, angegebene Literatur.

[20] Vgl. K. Löwith, Weltgeschichte und Heilsgeschehen, Stuttgart u.a. ^{8}1990, S. 113.

[21] Vgl. T. Hobbes, Leviathan, The Introduction.

[22] F. Fellmann, Das Vico-Axiom: Der Mensch macht die Geschichte, Freiburg-München 1976.

Die Methoden, mit denen Vico das derart von Menschen Gemachte, dessen wir uns gerade deshalb zu vergewissern vermögen, während die Natur uns letztlich verschlossen bleibt, zu erforschen versucht, bestehen denn auch in philologischer Forschung, Etymologie, Untersuchung der frühen Mythen als Berichten über die frühe Geschichte, in der Numismatik als Lehre bestimmter nichtsprachlicher Zeichen und der Erforschung der Metaphern, die er als extrem verdichtete, enkodierte Mythen betrachtet. Die Wahrheit des Mythos und der Poesie, Vico spricht vom Wahrscheinlichen, vom „Wahrähnlichen", wie Stephan Otto den Terminus *verosimile* wörtlich nimmt,[23] wird daher nicht als unzulängliche Vorstufe der wissenschaftlichen, rationalistischen Wahrheit angesehen, ihr wird vielmehr eine gleichrangige Erkenntnisleistung zuerkannt und gegenüber der „Barbarei der Reflexion" mit ihrem Alleinigkeitsanspruch verfochten. Selbst wenn die Mythen der Alten die „Prinzipien dieser Welt der Wissenschaften" noch „auf eine rohe Weise" beschreiben,[24] nimmt ihnen das nicht ihre Geltung. Dementsprechend tritt bei der Erkenntnisgewinnung neben die Kritik als Inbegriff rationaler Analyse die Topik als Kunst des kreativen Aufspürens der in den verschiedenartigen Quellen enthaltenen Wahrheiten, eben weil die menschliche Geschichte nicht nur durch die logische Rationalität, sondern ebenso sehr durch *ingenium*, also schöpferisches Tun, und Phantasie geschaffen wird.

Zugleich legt Vico indessen Wert auf die jene vielfältigen Detailforschungen einigende Konzeption einer allen Nationen gemeinsamen Struktur historischer Entwicklung, die durch die Vorsehung vorgegebene „ewige ideale Geschichte", die zu erforschen nicht mehr der Philologie, sondern der Philosophie, insbesondere der Metaphysik zusteht. In der von Menschen gemachten Geschichte, d. h. in den verschiedenen Geschichten der einzelnen Völker, *entdeckt* der menschliche Geist die ewige ideale Geschichte, welcher er sich in seiner Erkenntnis jedoch stets nur annähern kann, da sie ihrerseits von Gott gemacht wurde, auf dessen unend-

---

[23] S. Otto, Giambattista Vico, a.a.O. S. 36.
[24] G.B. Vico, Prinzipien einer neuen Wissenschaft über die gemeinsame Natur der Völker, Hamburg 1990, S. 443. Künftig zitiert als NW.

liche Weisheit die menschliche hinstrebt.[25] Das Vorgehen der *Scienza nuova* läßt sich daher auch als „rationale politische Theologie der göttlichen Vorsehung" charakterisieren.[26] Die ersten drei Kapitel des vorliegenden Bandes zeigen mit enormer Präzision, wie sich diese theoretische und methodologische Position in Vicos Werk herausbildet, auf welchen Prämissen sie beruht, welche Auffassungen sie impliziert – und welche nicht. So wichtig etwa das Ingenium und die Phantasie für Vico sind, so weit ist er von einem romantischen Geniekult entfernt, der häufig mit ihm in Verbindung gebracht wird.

Diese Kapitel erschließen zugleich wesentliche Elemente, die den Verlauf der Reflexionen in der *Scienza nuova* bestimmen. Dieses Werk – Bezug genommen wird hier auf die dritte Auflage von 1744, die auch der Übersetzung von Hösle und Jermann zugrunde liegt – beginnt mit einer Erläuterung des vorangestellten Frontispizes,[27] welches bereits durch den Titel „Idee des Werkes" den Anspruch erhebt, ebenso wie das Bild selbst die neue Wissenschaft in nuce zu enthalten, allerdings nicht unbedingt in dem Ruf steht, selbsterklärend zu sein.

Das Werk selbst gliedert sich in fünf Bücher, deren erstes zunächst in einer chronologischen Tafel das systematisch zu strukturierende historische Material ausbreitet, welches im zweiten Abschnitt durch eine als „Elemente" bezeichnete Sammlung von 114 Grundsätzen, Axiomen, Definitionen erfaßt und geformt wird, die „wie das Blut durch den beseelten Körper, so durch diese Wissenschaft fließen"[28] und damit die Formulierung der Prinzipien und der Methode der neuen Wissenschaft in zwei eher knappen weiteren Abschnitten ermöglichen. Es findet sich darin Kritik an der Naivität üblicher Geschichtsschreibung, die später entwickelte Gedankengänge in die Geschichte hineinlegt und von einem mehr oder minder chauvinistischen Standpunkt aus den einen Ursprung

---

[25] Ebd., S. 608.
[26] Ebd., S. 4, S. 178 u.a.
[27] Vgl. das Umschlagbild dieses Buches.
[28] Vico, NW, S. 88.

aller Nationen sucht.[29] Vico geht es um die Weisen, in denen Menschen unter bestimmten Rahmenbedingungen in je ähnlicher Weise ihre Geschichte machen, um die allgemeinen Prinzipien, denen sie dabei folgen.[30]

Das zweite Buch, welches beinahe die Hälfte des ganzen Werkes umfaßt, führt den Leser in die „poetische Weisheit" ein, in die Art, wie u.a. die alten Völker ihre Welt machten, erfaßten und beschrieben, durch poetische Metaphysik, poetische Logik, poetische Moral etc. Irritierend wirkt hier mitunter der Umstand, daß zugleich eine systematische Analyse der sozialen Bedingungen für das Zustandekommen bestimmter gesellschaftlicher Strukturen und ein Nachweis für das Vorhandensein derartiger Strukturen in der Vergangenheit vorgenommen wird. Das zeigt allerdings keineswegs eine Verwirrung Vicos an, sondern weist eher auf seinen Sinn für die wechselseitige Bedingtheit soziologischer und historischer Untersuchungen hin.[31] Nachdem die „poetische Metaphysik" erläutert hat, wie die menschliche Ideengeschichte, die Philosophie der Autorität, das System des natürlichen Rechts der Völker und die Anfänge der Universalgeschichte in dieser „rationalen politischen Theologie der Vorsehung" zusammenfließen,[32] werden, ausgehend von der „poetischen Logik",[33] die verschiedenen Elemente dieses Denkens ausgebreitet, bis hin zur poetischen Politik, Physik und Kosmographie.

Das dritte Buch („Von der Entdeckung des wahren Homer") zeigt anhand der Argumentation für die These, daß es sich bei Homer nicht um einen einzelnen, sondern um aus unterschiedlichen Teilen Griechenlands stammende, zu verschiedenen Zeiten, jedoch vor einem gemeinsamen geistigen Hintergrund dichtende Autoren handelt, die Wirksamkeit der besonderen Methode der neuen Wissenschaft. Das vierte Buch („Von dem Lauf, den die Völker nehmen") skizziert den Verlauf der „ewigen idealen Ge-

---

[29] Leon Pompa, Vico. A Study of the New Science, Cambridge ²1990, S. 13 f.
[30] Vico, NW, S. 142 f.
[31] Pompa, a.a.O., S. 5, 174 ff.
[32] Vico, NW, S. 178 ff.
[33] Vgl. dazu v.a. Trabant 1994.

schichte" in einigen ihrer Ausprägungen, während das fünfte Buch („Von der Wiederkehr der menschlichen Dinge beim Wiedererstehen der Völker") zeigt, wie sich einige der zuvor für die ersten Zeiten der Gesellschaftsentstehung dargelegten Strukturen nach dem Sieg der barbarischen Völker seit dem fünften Jahrhundert wiederholten.

Bereits diese knappen Hinweise auf die Struktur von Vicos Hauptwerk lassen die enorme Komplexität erahnen, mit der die neuartigen und eigenwilligen Reflexionen des großen Neapolitaners darin dargeboten werden. Es nimmt daher wenig Wunder, wenn sie zu sehr unterschiedlichen, ja widersprüchlichen Interpretationen führten, von einer rein katholischen Deutung bis hin zur „Überwindung" der Metaphysik durch Vico.

Eines der Verdienste der vorliegenden Arbeit von Giuseppe Cacciatore liegt darin, daß sie anhand markanter Beispiele den Reichtum der Vico-Interpretationen vorstellt und diese souverän einzuschätzen vermag.

Politik und Recht zwischen Universalität und Kontextualität

Die Vorgehensweise Vicos macht sich in ihrer Besonderheit jedoch nicht allein in der Metaphysik und der Erkenntnistheorie, in Sprach- und Geschichtsphilosophie bemerkbar. Ebenso wichtig sind ihre Implikationen im Bereich des Rechts, der Ethik und der politischen Philosophie. Dies beginnt damit, daß einseitig naturwissenschaftlich ausgebildete Jugendliche versäumen, die im Politischen erforderlichen Kompetenzen zu erwerben, für die es einer vollständigen Bildung bedarf, wie Vico in der erwähnten Inauguralrede aus dem Jahre 1708 festhält (*De nostri temporis studiorum ratione*, vgl. dazu unten Kap. 4). Ferner wird dort bereits die Bedeutung von umfassender Bildung und Erziehung für das Wohlergehen und den Fortschritt der Nationen hervorgehoben.

Darüber hinaus beweist im Bereich der Ethik Vicos Verständnis der Weisheit als Lebenskunst (*ars vitae*) und ihre enge Bindung an das politische Leben, in expliziter Ablehnung der „Einzelgängermoral" bei Epikur und den Stoikern,[34] wie zentral die öffentlich-politische, aber auch die intuitive Vernunft in seiner praktischen Philosophie sind. Dies mag gute aristotelische Tradition sein, ist aber angesichts des *verum-factum*-Prinzips und der Art, wie dieses eben bei Hobbes in die politische Philosophie der Neuzeit kam, zu Vicos Zeit keineswegs selbstverständlich. Vico nimmt die praktisch-politische Komponente in der Charakterisierung seiner neuen Wissenschaft als rationale *politische* Theologie folglich sehr ernst. Seine Reflexionen sollen nicht allein den Sinn für die historische Vielfalt der parallelen Entwicklungen menschlicher Gesellschaften, für die Bedeutung von Kreativität und Phantasie bei der Herausbildung menschlichen Geistes stärken, seiner „Zärtlichkeit für die Dinge der Wahrnehmung und der geschichtlichen Erfahrung"[35] Ausdruck verleihen, sie sollen auch durch Verbesserung der Ausbildung und des politischen Urteilsvermögens zum Wohl der Nationen beitragen. Dazu muß man die gemeinsamen Tiefenstrukturen in der politischen und vor allem rechtlichen Entwicklung der Völker, die ihnen die Vorsehung auferlegt, die übrigens bereits im vorklassischen Griechenland am Werke ist, aber auch die durch ihre Fähigkeit zur willentlichen Entscheidung bewirkten spezifischen Ausprägungen erforschen.

Vico steht somit am Beginn der noch heute anhaltenden Bemühungen, die Geltung universeller Prinzipien mit der Kontextualität und Historizität menschlicher Vernunft in Einklang zu bringen. Man denke etwa an die seit einigen Jahren im Gang befindliche Diskussion um Universalität und Partikularität der Menschenrechte. Dem sehr wohl anerkannten Allgemeingültigkeitsanspruch universeller Rechtsprinzipien stellt Vico dabei den ebenso wichtigen, je konkreten, für eine politische Gemeinschaft essentiellen Gemeinsinn (*sensus communis*) in seiner Besonderheit gegenüber, der den Mitgliedern der Gemeinschaft intuitive Urteile „ohne jede Reflexion"[36] ermöglicht, mit deren Hilfe sie sich in der politischen Welt zurecht finden (vgl. unten Kap. 6). Dennoch finden sich auch

---

[34] Vico, Autobiographie, S. 56.
[35] Otto 1989, S. 48.
[36] Vico, NW, S. 93.

im Gemeinsinn der unterschiedlichen Völker gemeinsame Strukturen „des natürlichen Rechtes der Völker", denen Vico nachspürt. Es handelt sich gewissermaßen um das normative Element der Suche nach einem gemeinsamen geistigen Wörterbuch der Menschen (*dizionario mentale comune*) wodurch sich auch die einzelnen Geschichten der Völker zur „ewigen idealen Geschichte" ordnen lassen.[37] Auch wenn man heute nicht allen Elementen der durch seine sehr eigene Sichtweise geprägten Metaphysik folgen kann: Sein Weg der kontinuierlichen Vermittlung zwischen den allgemeinen Prinzipien und der empirischen Erforschung und Untersuchung konkreter Strukturen, der deskriptiven wie normativen Berücksichtigung ihrer Besonderheiten scheint in der heutigen Welt ohne Alternative.

Giuseppe Cacciatore ist Leiter des nationalen Vico-Forschungszentrums in Neapel und Inhaber des Lehrstuhls für Geschichte der Philosophie an der *Università Federico II*. Durch seine Arbeiten zu Vico sowie durch eine Vielzahl von Publikationen zum Historismus, zur Geschichtsphilosophie und politischen Philosophie, insbesondere auch zur deutschen Philosophie des neunzehnten und zwanzigsten Jahrhunderts genießt er hohe internationale Anerkennung.[38] In der vorliegenden Studie gelingt es ihm, dank intimer Kenntnis der Materie mit leichter Hand einige perspektivische Zugänge zu Vicos Werk zu entwerfen, die sich zu einem filigranen, mehrdimensionalen Modell der Philosophie des großen Philosophen zusammenfügen. Er vermag auf diese Weise die Vielfalt, die Entwicklungslinien, aber auch die Einheit in Vicos Werk deutlich zu machen, präzise die Berechtigung und Grenzen verschiedener Interpretationsansätze zu benennen und so dem fachkundigen wie dem mit Vico weniger vertrauten Leser neue Einsichten zu vermitteln. Seine Verweise auf die Aktualität von Vicos Denken werden nie erzwungen, ergeben sich eher en passant und in natürlicher Weise.

---

[37] Ebd. vgl. Trabant 1994, S. 115.
[38] Vgl. neuerlich: L'etica dello storicismo, Lecce 2000; Storicismo problematico e metodo critico, Napoli 1993, aber auch die zahlreichen Arbeiten zu Dilthey, Bloch, Cassirer u.a.

Ihm danke ich im konkreten Zusammenhang für das gewährte Vertrauen – neben den vielen anderen Beweisen seiner Freundschaft –, dem ich hoffe, einigermaßen gerecht geworden zu sein. Frau Marianne Hanson danke ich für die Anfertigung der Übersetzung und die enorm geduldige Kooperationsbereitschaft bei den immer neuen Überarbeitungen des Textes, Herrn Dominik Recknagel für die Unterstützung bei der Endredaktion des Textes. Herrn Alexander Brungs und meiner Frau danke ich für die kritische Durchsicht früherer Fassungen des Textes.

Einleitung

Vicos Echo in Deutschland

Der Herausgeber bat mich mit Nachdruck, nicht nur eine allgemeine Einleitung zu diesem Band, sondern darüber hinaus zusammenfassende Vorworte zu den einzelnen Kapiteln zu verfassen. Das Motiv, das dieser Bitte zugrunde lag, hat mich sehr beeindruckt: der Wunsch, dem Leser nicht nur ein sozusagen fachspezifisches, sondern auch ein allgemeinverständliches „Produkt" anzubieten. Dies reagiert auf den Umstand, daß die deutsche philosophische Kultur nicht allzu vertraut ist mit Vico, nicht zuletzt aus sprachlichen Gründen. Ich werde mich dieser Bitte nicht widersetzen und versuche deshalb, ein allgemeines Bild, eine übersichtliche Synthese der Grundgedanken dieses Philosophen zu erarbeiten, der 1668 in Neapel geboren wurde, dort gelebt hat und 1744 gestorben ist, ohne sich je von seiner Heimatstadt zu entfernen. Doch bevor ich mich dieser Aufgabe widme, möchte ich, wenn auch nur zusammenfassend, eine Einschätzung der Wirkungsgeschichte Vicos in Deutschland vornehmen.

Es ist eigentlich nicht ganz richtig, Vico ein wenn auch vergleichsweise bescheidenes „Glück" und eine, wenngleich begrenzte, Bekanntheit in deutschen Landen abzusprechen. Ich selbst habe (gemeinsam mit einem italienischen Kollegen) eine Studie zur Rezeption Vicos in Deutschland durchgeführt.[1] Es handelt sich um

---

[1] Vgl. G. Cacciatore-G. Cantillo, Materiali su "Vico in Germania", in: Bollettino del Centro di studi vichiani, XI, 1981, S. 13-32. Dies wurde ergänzt durch: Studi vichiani in Germania 1980-1990, in: Bollettino del Centro di

eine Rezeption, die in ihren deutlich voneinander getrennten Teilen offensichtlich mit den bedeutendsten Phasen der deutschen Geistesgeschichte zusammenfällt. So finden wir die Präsenz Vicos schon in den Anfängen der romantischen und historistischen Kultur (von Hamann bis Herder, von Goethe bis Niebuhr und Humboldt), auch wenn es sich dabei um eine flüchtige Spur ohne greifbare und handfeste historisch-textliche Bezugnahmen handelt. Ein größeres kritisches Bewußtsein vom tatsächlichen Einfluß der Philosophie Vicos innerhalb der Debatte um Geschichte und historisches Bewußtsein, die neben der Wissenschaft und der Erkenntnistheorie als entscheidende Aspekte der Modernität angesehen werden, gibt es seit den Analysen, welche die Hauptvertreter des

---

Studi vichiani, XXII-XXIII, 1992-1993, S. 7-39. Bereits einige Jahre zuvor erschienen war außerdem der Aufsatz von F. Tessitore, Vico nelle origini dello storicismo tedesco, in: Bollettino del Centro di studi vichiani, IX, 1979, S. 5-34 (jetzt in: ders., Contributi alla storia e alla teoria dello storicismo, Bd. II, Rom, 1995, S. 373-404.) Der Präsenz Vicos in Deutschland hat Tessitore auch andere Studien gewidmet: vgl. z. B. Il Vico di Meinecke e la metodologia delle epoche storiche, in: Omaggio a Vico, Napoli 1968, S. 587-639; Jürgen Habermas su Vico, in: Bollettino del Centro di studi vichiani, IV, 1974, S. 176-178, vgl. schließlich auch P. Becchi, Vico e Filangieri in Germania, Napoli 1986. Für Informationen zu den Erscheinungen und Aufsätzen in deutscher Sprache nach 1990 vgl. M. Martirano, Quinto contributo alla bibliografia vichiana (1991-1995), Napoli 1997 (ebenfalls von Martirano befindet sich im Druck: Sesto contributo alla bibliografia vichiana (1996-2000). Vgl. auch die von M. Riccio herausgegebene Bibliographie Vico in Germania nel "Bollettino del Centro di studi vichiani" (1971-1990), Beiheft zum Bollettino del Centro di studi vichiani, XX, 1990. Eine tiefgründige Studie zur Präsenz Vicos in Deutschland bis zur Mitte des 19. Jahrhunderts findet sich in J. Trabant, Vico in Germanien 1750-1850, in: F.R. Hausmann (Hg.), „Italien in Germanien". Deutsche Italien-Rezeption von 1750-1850, Tübingen 1996, S. 231-251. Trabants Aufsatz ist äußerst wertvoll, da er einen Anhang mit einer Liste deutscher Ausgaben der Werke Vicos und eine Bibliographie deutsch(sprachig)er Vico-Literatur enthält. Im Buch von J. Trabant, Neue Wissenschaft von alten Zeichen: Vicos Sematologie, Frankfurt am Main 1994, S. 194-222, ist hier das letzte Kapitel relevant (Trasporti: Vico in Deutschland). Eine Wiederentdeckung der ersten Vico-Rezeption in Deutschland findet sich bei R.W. Schmidt, Die Geschichtsphilosophie G.B. Vicos. Mit einem Anhang zu Hegel, Würzburg 1992.

Historismus (von Dilthey zu Meinecke und Troeltsch) Vico widmeten. Diese Autoren sehen in Vico einen wichtigen Meilenstein bei der Grundlegung der Hermeneutik und des modernen Projektes der Konstituierung der Geisteswissenschaften. Dilthey konnte die Neue Wissenschaft als epochemachend charakterisieren, angesichts des Maßes, in dem diese sich als fähig erwies, die Psychologie und Kultur des heroisch-primitiven Menschen und seiner poetischen und metaphorischen Ausdrucksarten zu verstehen. Troeltsch erinnerte – nicht zufällig am Beginn seines bedeutenden Buches zum Historismus – an die Rolle des Werkes des Philosophen aus Neapel für den Gründungsprozeß einer modernen Theorie der historischen Erkenntnis, d. h. einer Theorie des historischen Geistes, der sich selbst versteht und sich selbst erschafft. Meinecke schließlich zögert nicht, im Hinblick auf die Herausbildung der Wesenszüge der modernen Anthropologie Vico an die Seite Kants zu stellen, eben aufgrund der Theorie der Vertauschbarkeit von Erkennen und Machen, aber auch wegen des grundlegenden Beitrags, den der Philosoph aus Neapel für die Einschätzung der Individualität in der Geschichte und zur Entdeckung der kreativen und produktiven Funktion der Phantasie bietet.

Wie man sieht, sind demnach die Berührungspunkte zwischen der deutschen Kultur und Vico – besonders im Laufe des 20. Jahrhunderts – nicht nur von historiographischem und gelehrtem Charakter, sondern auch und wesentlich philosophischer Natur. Es genügt hier, auf die Analysen Auerbachs – er unterscheidet klar zwischen Vicos Historismus und demjenigen romantischer Herkunft und beschreibt die Hauptaspekte von Vicos Auffassung der Philologie als historischer Wissenschaft – und Cassirers zu verweisen. Letzterer hebt nicht nur die entscheidende Stellung Vicos innerhalb der Gründungsbewegung der modernen Sprachphilosophie an der Seite Herders und Humboldts hervor, sondern erkennt an, daß Vico der erste Philosoph der Moderne war, der bewußt ein systematisches Bild der Gründung der Geisteswissenschaften zeichnete.

Das kontinuierliche systematische Interesse für Vico und sein Denken seitens der deutschen Philosophie belegt der Umstand, daß die Hauptvertreter der Frankfurter Schule von Horkheimer bis

Habermas seinen Ideen und Werken sich zuwandten – mit einer Tendenz, die Geschichtstheorie Vicos aus dem Blickwinkel der Sozialphilosophie und der praktischen Philosophie zu lesen, also in einer Richtung, die dazu neigt, der praktisch-sozialen Dimension des historischen Handelns den Vorrang zu geben. Doch stellt sich auch Ernst Bloch[2] an Vicos Seite, indem er die Aspekte des Bruches mit den mathematisierenden Tendenzen des Cartesianismus unterstreicht und die Einsicht über die historische Genese als Vorwegnahme der Phänomenologie Hegels preist.

Das Interesse für Vico in der deutschen philosophischen Welt wird in der zweiten Hälfte des 20. Jahrhunderts systematischer und weniger sporadisch, wie etwa eine ausdrücklich an Vico orientierte Analyse der Begriffe „Phronesis", „Prudentia" und „Gemeinsinn" zeigt, die Gadamer in *Wahrheit und Methode* vornimmt. In diesem Zusammenhang ist der wichtige Aufsatz hervorzuheben, den Karl Löwith[3] Vico und den historischen und philosophischen Wurzeln des Axioms *verum-factum* widmete. Die Wiederaufnahme humanistischer Traditionen durch Vico – ein Thema, dem die Studien und Bücher von Grassi und von Apel große Aufmerksamkeit widmen – wird nicht ausschließlich im Sinne historischer Gelehrsamkeit interpretiert, sondern eingereiht in die philosophisch-systematische Begründung des praktischen Wissens, welches explizite Vorwegnahmen in Vicos Theorie des Wahrscheinlichen (mit ihren Implikationen auf dem Gebiet der historischen Erkenntnis wie auf dem der Phantasie und des Ingeniums) und des Gemeinsinns (mit allem, was auf dem Feld der Ethik und der Politik dazugehört) findet. Einen Angelpunkt in der Geschichte der deutschen Interpretationen Vicos stellen jedoch, wie gesagt, die theoretischen Reflexionen Apels zur Idee der Sprache in der humanistischen Tradition dar. Es handelt sich dabei bekanntlich um eine systematische Rekonstruktion der Sprachphi-

---

[2] Vgl. E. Bloch, Leipziger Vorlesungen zur Geschichte der Philosophie 1950-1956, Bd. 2, Frankfurt am Main 1985, S. 243-245. Vgl. jetzt F. Haeffner, Vico und Bloch. Mythos Geschichte Utopie, Pfaffenweiler 1996.

[3] Vgl. K. Löwith, Vicos Grundsatz: verum et factum convertuntur. Seine theologische Prämisse und deren säkulare Konsequenzen (1968), in: ders., Gott, Mensch und Welt in der Philosophie der Neuzeit, Stuttgart 1986, S. 195-227.

losophie, die dem hermeneutischen Ansatz Heideggers viel verdankt. Mit seiner gewichtigen Entdeckung der konstitutiven Funktion der Sprache in der Welt der Geschichte und in den Erkenntnisprozessen des Menschen ebnet Vico den Weg für den langen Prozeß, der zum Verstehen der Sprache als Öffnung und Horizont des In-der-Welt-Seins führt. Auf diese Weise setzt sich der Philosoph aus Neapel an den Beginn einer transzendentalen Hermeneutik des sprachlich vermittelten In-der-Welt-Seins.

Auch in den letzten Jahrzehnten des 20. Jahrhunderts brachte die deutsche Vico-Forschung, wenngleich sie u.a. aufgrund des sprachlichen Verständnisses einigen wenigen akademischen Bereichen vorbehalten blieb, weitere Beiträge hervor, welche die Skala der Positionen merklich erweiterten. Einige dieser Beiträge waren von einer derartigen philosophischen Originalität geprägt, daß sie unter die interessantesten und anregendsten Interpretationshypothesen der gegenwärtigen europäischen und weltweiten Vico-Diskussion zu zählen sind. In der zweiten Hälfte der 70er Jahre entstand eine Reihe von Forschungen, die Ferdinand Fellmann[4] Vico widmete. Er geht von der Überzeugung aus, daß Vicos Theorie der historischen Erkenntnis nicht so sehr auf eine Annahme des rationalen Konstruktivismus, als vielmehr auf eine vorlogische und vorrationale Dimension zurückzuführen sei. Auf diese Weise würde sich die zentrale Rolle erklären, welche die Mythologie, verstanden als wahres und eigentliches „Denken der Anfänge",[5] in Vicos Theorie einnimmt, welche nicht mit einer Theologie der Geschichte gleichzusetzen ist, da sie dem Mythos eine Geschichte schaffende Funktion zuweist. So führt uns Vicos Axiom vom die Geschichte stiftenden Menschen zu den „natürli-

---

[4] Vgl. besonders F. Fellmann, Das Vico-Axiom. Der Mensch macht die Geschichte, München 1976.

[5] Zu Vicos Thema der Anfänge kehrt Fellmann in der Einleitung (Vico und die Macht der Anfänge) der von ihm herausgegebenen Anthologie der Neuen Wissenschaft zurück: Vgl. G.B. Vico, Neue Wissenschaft, Auswahl, Übersetzung und Einleitung von F. Fellmann, Frankfurt am Main 1981. Fellmann wendet sich 1987 nochmals Vico zu: vgl. Der Ursprung der Geschichtsphilosophie aus der Metaphysik in Vicos „Neuer Wissenschaft", in: Zeitschrift für philosophische Forschung, XLI, 1, S. 43-60.

chen" Anfängen der Geschichte, zum „lebensweltlichen Fundament" zurück.

In eine ganz andere Richtung geht Stephan Ottos transzendentale Interpretation von Vicos Denken, welche auf einer Vertrautheit mit den Texten des neapolitanischen Philosophen basiert, die zu den exaktesten und philologisch fundiertesten zählt.[6] So geht Otto davon aus, daß es möglich sei, das spekulativ interessanteste und originellste Moment der Reflexionen Vicos in der Verbindung zwischen der Topik, als konstruktive und kreative Fähigkeit des menschlichen *invenire* (der Erfindungsgabe), und der Kritik, als grundlegende Methodik der Vernunft, ausfindig zu machen. Unter anderem fügt sich diese interpretative These in einen weiterreichenden philosophischen Diskurs, der im Lichte einer eigenständigen Theorie der Geistesgeschichte die Verbindung zwischen der Kritik der historischen Vernunft und der Gültigkeit der historischen Erkenntnis erneut überdenkt und ein dialektisch-spekulatives Profil der transzendentalen Grundlegung des Wissens vorschlägt, wozu gerade Vicos Entdeckung der notwendigen Verbindung von topisch gewonnener Erfahrung und der Kritik derselben einen wesentlichen Beitrag liefert. Und dies gerade gemäß dem Modell der philosophisch-transzendentalen Kongruenz des

---

[6] Die Aufsätze und Beiträge Ottos zur Philosophie Vicos sind zu zahlreich, um sie hier anzuführen, weshalb auf die zuvor zitierten Bibliographien verwiesen wird. Ich beschränke mich darauf, die wichtigsten und bedeutsamsten zu nennen: Die transzendentalphilosophische Relevanz des Axioms „verum et factum convertuntur", in: Philosophisches Jahrbuch, 84, 1977; Imagination und Geometrie: die Idee kreativer Synthese. Giambattista Vico zwischen Leibniz und Kant, in: Archiv für Geschichte der Philosophie, LXIII, 3, 1981, S. 305-324. Stephan Otto ist auch der Autor der einzigen in Deutschland erschienen Monographie, welche in umfassender Art und Weise den Gedanken und das Werk Vicos analysiert: Giambattista Vico. Grundzüge seiner Philosophie, Stuttgart-Berlin-Köln 1989 (dieser Band ist 1992 in italienischer Übersetzung erschienen). Erinnert sei daran, daß Otto die deutsche Fassung des *Liber Metaphysicus* von Vico herausgegeben hat (in Zusammenarbeit mit H. Viechtbauer, München 1979). Ferner ist hinzuweisen auf: N. Erny, Theorie und System der Neuen Wissenschaft von G.B. Vico. Eine Untersuchung zu Konzeption und Begründung, Würzburg 1994 (überarb. Diss. Hamburg, 1992).

Prinzips *verum-factum*. Darüber hinaus beruht dieses Modell in der Interpretation Ottos auf Vicos origineller Nutzung der geometrischen Methode im Sinne kreativer Synthesis. Die Einheit des Wissens ist begreifbar und interpretierbar, allerdings stets ausgehend von der historischen Materie und ihrer Einsehbarkeit mittels eines formalen Elementes. Die von Otto vorgeschlagene Lesart neigt so dazu, die Differenzen zwischen der „Metaphysik" aus *De Antiquissima* und den später in der *Scienza nuova* entwickelten Theorien zu verringern (im Unterschied zu anderen bekannten Interpretationen, wie der von Croce), im Sinne der bewußten Integration zwischen kritischer und topischer Methode, zwischen Rationalität und Phantasie.

Ein beachtenswerter und origineller Beitrag zur Vico-Literatur (der sich besonders auf Themen der Sprachphilosophie konzentriert hat[7]) entstammt den Studien und Untersuchungen Jürgen Trabants. Letzterer tendiert eher, als auf der Suche nach der Affinität und Verbindung zwischen Vico und der europäischen philosophischen Tradition bis Humboldt zu bestehen, dahin, die Besonderheiten der Überlegungen Vicos zur Sprache (und allgemeiner seiner Erkenntnistheorie) zu unterstreichen, ohne jedoch die Nähe zu vernachlässigen, die beispielsweise zwischen dem Vorgehen Vicos und dem Humboldts besteht. Es ist beispielsweise durchaus richtig, daß beide Philosophen der Phantasie eine zentrale Rolle zuweisen. Während jedoch Vico an ihren wahrnehmbar-empirischen Ursprung gebunden bleibt, entwickelt Humboldt im kant-

---

[7] In diesem Zusammenhang gilt es auch, auf die Resultate der interessanten Forschungen Wohlfarts hinzuweisen, der, indem er die wichtigen Anregungen von Coseriu und Apel aufgreift und erweitert sowie Verbindungen und Vergleiche zwischen Vico, Hamann, Humboldt und Hegel herstellt, eine Interpretation der nicht allein instrumentalen Bedeutung der Sprache in der Theorie Vicos vorgelegt hat. Letzterer wird dabei das Verdienst zugesprochen, philosophisch den poetischen Charakter der Sprache begründet und sie in ihrer Funktion als vermittelnder Aktivität zwischen sinnlich individualisierender und begrifflich universalisierender Tätigkeit gedacht zu haben. Vgl. G. Wohlfart, Denken der Sprache. Sprache und Kunst bei Vico, Hamann, Humboldt und Hegel, Freiburg-München 1984 (vgl. im Besonderen Kap. I: Vico. Der poetische Charakter der Sprache, S. 52-118).

schen Sinne den Diskurs über die produktive Einbildungskraft als autonome Fakultät der Erkenntnis. Diese Differenz wird noch deutlicher durch die stärkere funktionale und transzendentale Akzentuierung, die bei Humboldt die Begriffe des Abbildes und des Zeichens erhalten.[8] Trabants wichtige Arbeit zu Vico und die Vertiefung seiner Philosophie innerhalb einer originellen Perspektive, jener der Semiotik, finden eine wichtige Bestätigung und konkrete Objektivierung in dem 1994 erschienen Band „Neue Wissenschaft von alten Zeichen: Vicos Sematologie".[9] Trabant hat, den Anregungen seines Lehrers Eugenio Coseriu[10] nachgehend, das wichtige Thema der Verknüpfung zwischen verbaler Sprache und semiotischer Komplexität der gesamten weitgefächerten sprachlichen und metasprachlichen Welt der menschlichen Erfahrung vertieft. Aus dieser Sicht errichtet Vico ein wertvolles Laboratorium (in dem sich Trabant dank seiner genauen Kenntnis der Texte bewegt) zur Rekonstruktion einer linguistischen Theorie, die auf den Zeichen beruht: eine regelrechte Sematologie. Dies zielt darauf ab, daß Vicos Theorie weniger eine traditionelle Sprachphilosophie ist als eher eine Zeichentheorie, welche nicht nur seinen besonderen Zugang zu Fragen der Sprache einbezieht, sondern allgemeiner die wichtigsten Merkmale seiner gesamten philosophischen Reflexion. Deshalb ist das Buch von Trabant nicht nur eine Untersuchung zu Vicos Philosophie der Sprache, sondern eine komplexe Erkundung der begrifflichen Verflechtungen im Denken Vicos aus der hermeneutischen Sicht der Sematologie: die Kritik an der Er-

---

[8] Diese Argumentationen werden in: J. Trabant, Phantasie und Sprache bei Vico und Humboldt, in: Kodikas/Code. Ars Semiotica, XI, 1988, 1-2, S. 23-41, entwickelt. Trabant organisierte im September 1993 an der FU Berlin ein wichtiges internationales Kolloquium zu Vico. Vgl. die entsprechenden Kongreßakten: J. Trabant (Hg.), Vico und die Zeichen, Tübingen 1995 (unter den Aufsätzen deutscher Autoren ragen jene von Stephan Otto, Eugenio Coseriu, Wilhelm Schmidt-Biggemann und Trabant selbst heraus).

[9] J. Trabant, Neue Wissenschaft von alten Zeichen: Vicos Sematologie, Frankfurt am Main 1994. 1996 erschien eine von Donatella di Cesare herausgegebene italienische Übersetzung mit einem Vorwort von Tullio De Mauro.

[10] Vgl. das grundlegende Werk von E. Coseriu „Die Geschichte der Sprachphilosophie von der Antike bis zur Gegenwart", Tübingen 1972.

kenntnistheorie Descartes' und die Begründung der Philologie als historischer Erkenntnis; die Theorie der poetischen Charaktere und der phantastischen Allgemeinbegriffe; die Entdeckung des „gemeinsamen geistigen Wörterbuchs"; die Verbindung Erinnerung-Phantasie-Ingenium.

Zusammenfassend, zum Abschluß dieses flüchtigen excursus über die Geschichte der Präsenz Vicos in der deutschen Kultur, kann man sagen, daß diese besonders in der zweiten Hälfte des 20. Jahrhunderts merklich zugenommen hat.[11] Dennoch hat sie,

---

[11] Den Interpretationen, welche die deutsche Diskussion zu Vico in den letzten Jahren charakterisierten, muß zweifellos die von V. Hösle in der gewichtigen, mehr als 250 Seiten umfassenden Einleitung zur bei Meiner erschienenen deutschen Ausgabe der *Scienza Nuova* herausgearbeitete hinzugefügt werden. Diese stellt einen weiteren Mosaikstein in der angeführten Reihe der jüngsten Vico-Interpretationen in Deutschland dar. Trotz einiger fragwürdiger Auslassungen und veritabler Mißverständnisse nicht allein hinsichtlich der italienischen Sekundärliteratur (so wurden grundlegende und innovative Studien von Badaloni, Paci, Garin, Piovani, Rossi, Tessitore und der Gruppe, die sich um das „Centro di studi vichiani" bildete, weitgehend ignoriert, diejenigen also, die nicht nur in Italien neue und interessante Forschungslinien eröffnet haben; nicht weniger vernachlässigt scheinen die in Deutschland entwickelten Interpretationsansätze der letzten Jahrzehnte) stellt Hösles Auslegung einen positiven Beitrag zur Kenntnis der Themen und zentralen Fragestellungen des Hauptwerkes Vicos dar (der erste Teil der Einleitung bietet auch eine klare Darstellung des Lebens und der Werke Vicos). Der Kerngedanke von Hösles Interpretation – trotz einer zu stark akzentuierten Reduktion der Philosophie Vicos auf ein platonisch-christliches Muster – besteht zweifellos in der zentralen Rolle der Erschaffung einer Kulturwissenschaft, die sich nicht in den Produkten der Vernunft erschöpft, sondern sich auf die gesamte Bandbreite der menschlichen Erfahrung ausdehnt: die Phantasie, die Einbildungskraft, die Geschichte, das Recht. Unter diesem Gesichtspunkt reiht sich Hösle unter diejenigen ein, die in der *Scienza Nuova* einen ersten bewußten Schritt in Richtung der modernen Epistemologie der Geschichts- und Kulturwissenschaften erkennen, wobei er die klassische Unterscheidung und Relation aufgreift, die bei Vico zwischen dem metaphysischen Fundament und der Welt der Tatsachen auftritt. Im Lichte dieser wesentlichen Passage versteht man die Relevanz, die zu Recht Vicos Verbindung von Philosophie und Philologie zugewiesen wird, die philosophisch als Suche nach der Vermittlung zwischen Universellem und Partikularem interpretiert wird.

wie erwähnt, einen begrenzten akademischen Bereich, sei er philosophisch oder allgemeiner literaturwissenschaftlich-humanistisch geprägt, nicht überschritten. Dies liegt nicht ausschließlich an sprachlichen Barrieren – die allerdings nicht nur mit der weniger verbreiteten Kenntnis des Italienischen im Allgemeinen zusammenhängen, sondern auch mit der speziellen, archaisierenden Sprache Vicos. Es gibt bekanntermaßen drei deutsche Übersetzungen von Vicos Hauptwerk (ohne die von Fellmann herausgebene Anthologie zu berücksichtigen), auch wenn jede von ihnen ihre Grenzen aufweist und nicht frei von Mißverständnissen ist.[12]

---

[12] Die Vico-Übersetzungen ins Deutsche sind folgende: Grundzüge einer Neuen Wissenschaft über die gemeinschaftliche Natur der Völker (enthält eine Übersetzung der Autobiographie von Vico), Übersetzung von W.E. Weber, Leipzig 1822; Von dem einen Anfange und dem einen Ende alles Rechts (Übersetzung von: De universi juris uno principio et fine), Übersetzung von K.H. Müller, Neubrandenburg 1854; Die neue Wissenschaft über die gemeinschaftliche Natur der Völker, Übersetzung von E. Auerbach, München 1924; De nostri temporis studiorum ratione. Vom Wesen und Weg der geistigen Bildung, Übersetzung von W.F. Otto, Godesberg 1947; Autobiographie, Übersetzung von V. Rüfner, Zürich-Brüssel 1948; Von dem einen Ursprung und Ziel allen Rechts, Übersetzung von M. Glaner, Wien 1950; Liber metaphysicus. De antiquissima italorum sapientia liber primus, Übersetzung von S. Otto und H. Viechtbauer, München 1979; Die neue Wissenschaft von der gemeinschaftlichen Natur der Nationen, anthologische Auswahl und Übersetzung von F. Fellmann, Frankfurt am Main 1981; Prinzipien einer neuen Wissenschaft von der gemeinschaftlichen Natur der Völker, Übersetzung von V. Hösle und C. Jermann, Hamburg 1990. Eine allgemeine Einschätzung der Grenzen und des Wertes der deutschen Übersetzungen Vicos (besonders in Bezug auf die *Scienza nuova*) findet man bei J. Trabant, Neue Wissenschaft von alten Zeichen, S. 206-222. Trabant befaßt sich besonders mit der letzten Übersetzung, also der von Hösle und Jermann. Zu dieser entwickelte sich eine Diskussion mit Beiträgen von G. Cacciatore, D. Di Cesare, F. Fellmann, K. Mainberger, J. Trabant: vgl. Note sulla recente traduzione tedesca della Scienza nuova, in: Bollettino del Centro di studi vichiani, XXI, 1991, S. 129-151. Die Gelehrten, die Hösles Übersetzung und Einleitung diskutierten, haben, bei aller Anerkennung der Verdienste, einige fragwürdige Interpretationen hervorgehoben: Di Cesare unterstrich die fehlende Vertiefung des Themas der Sprache; Fellmann bemerkte das Übergewicht, das Vicos Platonismus verliehen wurde; Trabant sprach von der geringen Aufmerksamkeit für semiotische Perspektiven. Fast alle sind sich außerdem

Sprachliche Probleme hätten auch im amerikanischen Raum auftreten müssen, wo Vico jedoch, besonders seit dem Ende der 60er Jahre des 20. Jahrhunderts nicht nur in der philosophischen Diskussion war, sondern auch ein theoretisches Modell im Hinblick auf die Diskussion ethisch-politischer, anthropologischer und linguistischer Themen geliefert hat. Vielleicht ist gerade dieser Aspekt in Deutschland weniger ausgeprägt, wo zweifellos die Diskussion um Vico zumeist im traditionellen spekulativen Rahmen der Philosophie gepflegt wurde (wie die interessanten hermeneutischen Perspektiven bezeugen, die um Vico sowohl in philosophisch-transzendentalem als auch in geschichtsphilosophischem Sinne entstanden sind). Aufs Ganze gesehen wurde dadurch eventuell nicht die Erweiterung der Themen erreicht, welche eben durch das Unternehmen der neuen, von Vico umrissenen Wissenschaft von der Welt des Menschen und der Nationen ermöglicht werden kann: von der Geschichtstheorie zu Problemen der Sprache, von der Erkenntnis des Wahrscheinlichen und Phantastischen zur modernen Theorie der Ästhetik, von der Anthropologie zu den Studien des Mythos und der primitiven Mentalität. Zweifellos ist Trabant[13] zuzustimmen, wenn er bemerkt, daß innerhalb des philosophischen Erbes Vicos eventuell das Wichtigste (stärker als von den Philosophen durch die Historiker und Philologen) vernachlässigt wurde: die enge Verbindung zwischen Philosophie und Philologie, zwischen Universalität der Prinzipien und Partikularität der historisch-semiotischen Fakten.

Ich bin der festen Überzeugung, daß Vico auch in Deutschland das einem jeden großen Klassiker des philosophischen Denkens gebührende Schicksal zuteil geworden ist, sozusagen im Kreuzfeuer der verschiedenen und manchmal auch gegensätzlichen Interpretationen zu stehen. So wurde Vicos Philosophie von Mal zu Mal betrachtet, einmal indem man den historisch-kulturellen Fra-

---

in der Beobachtung einig, daß der hohe Verkaufspreis der Verbreitung dieser verdienstvollen Übersetzung nicht zuträglich war. Dieser entsprang der Notwendigkeit, angesichts des Umfanges der Einleitung, die vielleicht hätte getrennt publiziert werden können, das Werk in zwei Bänden zu drucken.

[13] Vgl.: J. Trabant, Neue Wissenschaft von alten Zeichen, S. 204-205.

gen größeren Raum einräumte, einmal indem man die metaphysischen und gnoseologischen Aspekte hervorhob, ein anderes Mal schließlich indem man die ethischen und ästhetischen Themen unterstrich. Stephan Otto[14] beurteilt das deutsche Interesse für Vico im Ganzen jedoch richtig, wenn er als zentrales Motiv dieses Interesses das Verständnis von Vicos Philosophie der Erkenntnis ausmacht. Diese Philosophie, die sich in dem Maße, wie sie der Reflexion über die Grundlagen des historisch-menschlichen Wissens den Weg wies und in dem Maße, wie sie eine Theorie des Verhältnisses der Vertauschbarkeit zwischen den Prinzipien des Wahren und den Inhalten der Geschichte und des Handelns aufstellt, als originell und autonom erweist (ohne jedoch den zeitgenössischen philosophischen Debatten fremd zu bleiben), bewahrt zugleich ihre historische und kulturelle Besonderheit und ebenso die Fähigkeit, sich auf die Ebene anregender Aktualität zu begeben.

Vicos Aktualität

Es soll nicht als Paradox erscheinen, doch haben die Verbreitung von Vicos Denken in Europa und in der Welt und das Interesse für seine Philosophie außerhalb der Grenzen Italiens[15] gerade dann

---

[14] Vgl.: S. Otto, Giambattista Vico. Grundzüge seiner Philosophie, S. 117 ff.
[15] Beispielsweise ist die von M. Lilla (vgl. Temi vichiani nella filosofia americana, in: Lettera internazionale, 20, 1989, S. 43-46) durchgeführte Forschung von großem Interesse, welche die wesentlichen Aspekte der Philosophie des neapolitanischen Denkers mit einigen bedeutenden Momenten der postanalytischen Philosophie konfrontiert: Nelson Goodman, Hilary Putnam, Richard Rorty. Für Lilla bezieht ein Diskurs über die gegen den abstrakten Rationalismus gerichteten Positionen (auch diese auf Vico rückführbar) auch Autoren wie Rawls, Nozick, Sandel, Dworkin und McIntyre ein. Abschließend bemerkt der amerikanische Gelehrte: „Die Erschöpfung des analytischen Projektes und seine extreme Spezialisierung haben dafür gesorgt, daß die amerikanischen Universitätsphilosophen sich in Scharen der Reflexion über die politische Gemeinschaft zugewandt haben, der Geschichte und der Tradition, alles Fragen, die aus dem Bereich der Philosophie in diesem Jahrhundert verbannt waren." Vgl. Lillas wichtiges Werk: Vico. The Making of

33

relevante Ausmaße angenommen, als endlich die Schranken einer sich wiederholenden Debatte über Vicos Erfolg überwunden wurden, als man sich von dem lähmenden Disput über seine Isolierung oder Nicht-Isolierung im Verhältnis zu seiner Epoche und zu seiner Welt, darüber, daß er ein ums andere Mal Vorläufer dieser oder jener zeitgenössischen Richtung gewesen sei, darüber, daß er modern oder vormodern, bezüglich seiner Zeit verspätet oder nicht gewesen sei, befreit hatte. Insgesamt sei festgehalten, daß die neue Aktualität Vicos – besonders seit dem Ende der 60er Jahre des 20. Jahrhunderts – sich just in dem Moment manifestierte, als die italienischen und internationalen Studien die Forschungen über die Benennungen und Titel, unter denen der Philosoph aus Neapel einzuordnen sei, verließen und man dazu zurückkehrte, im Rückgriff auf sein Werk und die Inhalte seines Denkens zu reflektieren und zu diskutieren. So hat sich Vico jenseits der vom Idealismus oder der Aufklärung, vom Historismus oder dem katholischen Spiritualismus vorgeprägten Schemata zunehmenden Einfluß auf die internationale Kultur der letzten Jahrzehnte verschafft. Von ihm wird in verstärktem Maße gesprochen und – wie es bei jedem großen Klassiker des universalen Denkens geschieht – es wird darüber diskutiert, was seine Werke und Theorien der Diskussion und Vertiefung der großen Themen der Erkenntnis und der Geschichte, der Ethik und der Politik, der Sprache und der Poesie noch anzubieten vermögen.

Zweifellos ist es von Bedeutung, daß Vico heute, in einer Zeit wie dieser, seinen Platz zurückerobert, vor dem Hintergrund der Krise und des Wandels in den Modellen der Rationalität und der Normativität in der Wissenschaft und Politik, in der Ethik und Geschichte, in der Themen der Individualität an Kraft gewinnen, sol-

---

an Anti-Modern, Cambridge Mass.-London 1993/94. Dieses Buch hat wegen seiner zentralen Hypothese heftige Diskussionen ausgelöst: die Einordnung Vicos in die politische Tradition der „Gegenaufklärung". Dazu habe ich Stellung bezogen in G. Cacciatore/S. Caianiello, Vico anti-moderno?, in: Bollettino del Centro di studi vichiani, XXVI-XXVII, 1996-97, S. 207-218. Zu Vicos „Schicksal" in der nordamerikanischen Kultur vgl. den kenntnisreichen und genauen Beitrag von A. Battistini, Vico in America, in: Lettera internazionale, 20, 1989, S. 47-48.

che der Ethik der Kommunikation und der Anerkennung, des Sichselbstverstehens des Handelns in den ästhetischen und kreativen Formen der Sprache, der Klugheitsmodelle in der Lebensführung, in der Neuformulierung eben dieser Instrumente der historischen Erkenntnis.[16] Die klassischen Interpretationsmodelle der reflexiven Erkenntnis und der normativen Ethik scheinen nicht mehr auszureichen, um einen Zugang zur wachsenden Komplexität der menschlichen Erfahrung zu finden. Daher kehren heute Vicos Intuitionen und Theorien zur Sprache, zur genetischen Erforschung der Zeichen und Symbole in der vorzivilisatorischen menschlichen Geschichte, zur phantastischen und mythopoetischen Aktivität, zur Metapher wieder, sicherlich nicht in Form einer mechanischen (und zudem unplausiblen) Wiederholung, sondern in einer fruchtbaren problematischen Spannungsbeziehung zu einigen der zentralen Positionen der zeitgenössischen philosophischen Diskussion. Um nur einige Beispiele zu nennen, denke ich an die Rolle, die Vico für einige Bereiche der Kulturanthropologie angenommen hat, gerade in Bezug auf die originellen Hypothesen Vicos über die Beständigkeit kultureller Modelle und der langfristigen Zivilisationsprozesse. Weiter denke ich an die von Vico erkannte Verbindung von Sprache, Etymologie und Kultur in der Schöpfungs- und Evolutionsphase der politischen und juristischen Institutionen.

---

[16] Ein wichtiges Beispiel dieser Forschungsrichtung findet sich in: A. Ferrara, V. Gessa-Kurotschka, S. Maffettone (Hg.), Etica individuale e giustizia, Napoli 2000. Der Band enthält die Akten einer Tagung im Jahre 1999 in Cagliari, in deren Zentrum die Frage des Verhältnisses zwischen individueller Ethik und Gerechtigkeit, zwischen dem individuellen und dem öffentlichen Wohl stand. Unter den analysierten historischen und systematischen „Paradigmen" findet sich – neben dem aristotelischen, dem reflexiven, dem dialektisch-hermeneutischen, dem utilitaristischen, dem pragmatistischen, dem von Rawls und Habermas – auch das von Vico. Vgl. insbesondere F. Botturi, L'etica ermeneutica di Giambattista Vico; G. Cacciatore, Individualità ed etica: Vico e Dilthey; V. Gessa-Kurotschka, Autocomprensione autentica. Il linguaggio dell'individualità e il "diveriloquio" poetico. Gerade die letztgenannte Wissenschaftlerin hat eine originelle Hypothese zur Interpretation des phantastischen Universalen Vicos und des poetischen Wissens im Kontext einer Diskussion aktueller Teile der zeitgenössischen ethischen Debatte vorgestellt: vgl. dies., Elementi di etica individuale, Napoli 1999.

Zudem denke ich an die noch immer von Vico ausgehenden Anregungen neuer theoretischer Modelle der narrativen Geschichte, sowohl auf der Ebene der historiographischen Methodologie (beispielsweise die Rolle der Biographie und Autobiographie) als auch auf dem einer neuen Auffassung der Selbstdarstellung der Individualität und der Geschichte des Selbst, die in einigen zeitgenössischen Ethiken theoretisch thematisiert wird. Schließlich denke ich an die unterirdische Präsenz Vicos in nicht wenigen theoretischen Paradigmen, welche im Laufe des 20. Jahrhunderts die Theorie und Wissenschaft der Geschichte grundlegend verändert haben: von der Geschichte der Mentalitäten bis zur Geschichte der Kultur.[17]

Um dies zu untermauern, scheint mir die Tatsache äußerst bedeutsam, daß der Name und das Denken Vicos mehrfach in den Artikeln auftauchten, die eine der angesehensten und bekanntesten Zeitungen Italiens und Europas – ich beziehe mich auf „La Repubblica" – kürzlich dem Thema „Was bedeutet es heute, Aufklärer zu sein" widmete. Einige der Philosophen, die in der Debatte zu Wort kamen – besonders der Ästhetikforscher Sergio Givone und der politische Philosoph Roberto Esposito, aber auch Umberto Eco, der nicht zufällig von der „Kraft des Gemeinsinns" sprach – bezogen sich mehr oder weniger explizit auf den Denker aus Neapel, um festzuhalten, daß er zu den ersten gehörte, die jenen Charakterzug des Modernen benannten, das langsame Voranschreiten der Menschheit vom Mythos zum Logos, vom Wiederentdecken der Zeichen und Symbole des ursprünglichen und uranfänglichen Sinns der Welt in der Natur und Göttlichkeit bis zu ihrer Interpretation und Einordnung in rationale und wissenschaftliche Strukturen des Denkens. Doch besteht das Argument, das zu Vicos außerordentlicher Aktualität beiträgt, paradoxerweise nicht so sehr

---

[17] Vgl. zu diesem letzen Aspekt den Aufsatz von M. Hutton, La parte nascosta della storia, in: Lettera internazionale, 20, 1989, S. 35-40, welcher, wenn auch nicht frei von mancher Vereinfachung, Vicos teils mehr teils weniger explizite Präsenz an einigen der wichtigsten Punkte der zeitgenössischen Geschichtstheorie rekonstruiert: von den *Annales* bis hin zu Huizingas Geschichte der Kultur, von der Zivilisationstheorie von Elias bis zu Foucaults Archäologie des Wissens.

im Wiedervorschlagen des klassischen aufklärerischen Schemas des progressiven Voranschreitens der Welt in Richtung Fortschritt und Verbesserung, in Richtung des Zeitalters der völlig entfalteten Vernunft, sondern vielmehr in der frühzeitigen Kritik an den Exzessen des Rationalismus. Tatsächlich ist das, was Vicos Geschichtstheorie auszeichnet, nicht die Linearität eines Prozesses, der von der Opposition zwischen Mythos und Vernunft ausgeht, sondern seine anerkannte und offene Dialektik, ohne abschließende Synthesen. Mythos und Vernunft, Phantasie und Wissenschaft, Topik und Kritik – um Vicos Termini zu verwenden – stehen für das, was in dramatischer Weise das konstitutive Wesen des Menschen und seiner Geschichte kennzeichnet, und zugleich dafür, daß, worauf gerade Vico hinwies, die Wahrheit sich nicht in der Sicherheit des wissenschaftlichen Wortes erschöpft, daß es eine nicht weniger reale Welt des „Wahrscheinlichen" gibt, eine Welt der Symbole und des Unaussprechlichen, des Geheimnisses und des Traumes. Vico lehrte und lehrt uns, daß nur bewußte Suche nach dem Gleichgewicht zwischen poetischer und rationaler Welt, zwischen kritischer Haltung der Wissenschaft und Kraft der Phantasie die Menschheit vor jedem Exzeß abstrakter Aufklärung und ebenso abstrakter Gegenaufklärung bewahren kann.

Zu diesem Buch

Die Kapitel, in die das Buch sich einteilt, erschöpfen gewiß nicht die Gesamtheit der von Vico in seinen Werken verarbeiteten Themen. Wie bereits der Titel ahnen läßt, steht die Philosophie Vicos im Vordergrund, obwohl der neapolitanische Denker bekanntlich auch in der Poesie und Redekunst bewandert war, historische Bücher und Gelegenheitswerke verfaßte, die Geschichte Roms und das Rechtswesen, die Etymologie und Philologie, die Pädagogik und Literatur behandelte. Doch werden in diesem Band auch nicht alle Passagen und Teile der Philosophie Vicos in organischer und systematischer Weise behandelt. Vielmehr wurden einige Leitlinien vertieft und analysiert, die ich hier in zusammenfassender Form vorstellen werde.

a) Auch wenn in dem uns von der Sekundärliteratur vermittelten Bild eine wesentlich auf der Geschichtsphilosophie und der Anthropologie beruhende Interpretation Vicos in den Vordergrund getreten ist, sollte man die Tatsache nicht vernachlässigen, daß in der Darlegung seines Denkens eine metaphysische Problematik klar zu erkennen ist. Es geht tatsächlich nicht darum, im Denken Vicos eine beziehungslose Opposition zwischen dem Interesse für die historisch-politische Welt des Menschen und den offensichtlichen metaphysischen Voraussetzungen, sei es auf dem Niveau der Theorie der Erkenntnis (der Doktrin des *verum-factum* und der „metaphysischen Punkte"), sei es auf dem der christlich-katholischen Sicht der Vorsehung einzuführen. Vielmehr ist es das Problem, anzuerkennen, daß Vico sich nicht außerhalb des Prozesses der Suche nach einer philosophischen Systematizität befindet (jene, damit wir uns recht verstehen, die von Descartes und Leibniz bis zu Wolff und Kant reicht), welcher es möglich ist, – dank der gnoseologischen Theorie der Vertauschbarkeit und des Verhältnisses zwischen der *intelligentia* Gottes und der *cogitatio* des Menschen – das *verum* der göttlichen Weisheit, das menschliche *verum* der physisch-mathematischen Wissenschaften und das Wahrscheinliche der historischen, ethischen und ästhetischen Strukturen der menschlichen Realität in ein einheitliches Netz zu binden.

Wenn ich also im ersten Kapitel des Buches behaupte, daß die Geschichte bei Vico sich vor allem als „philosophisches Problem" darstellt, will ich festhalten, daß die „metaphysischen" Voraussetzungen seines Denkens – entlang eines Überganges, der von zweifellos neuplatonischen Wurzeln ausgeht und den Weg für die späteren transzendentalen Positionen der europäischen Philosophie ebnet – einen präzisen Vorschlag zur philosophischen Lösung des Verbindungsproblems zwischen Wahrheit, Zeitlichkeit und Faktizität darstellen. Von diesem Standpunkt aus basiert die von mir vorgeschlagene Interpretation auf der Überzeugung, daß es eine klare verbindende Leitlinie zwischen der Metaphysik in *De antiquissima italorum sapientia* (1710) und der historisch-politischen Wissenschaft der *Scienza nuova* (1725-1730-1744) gibt. Diese Linie wird gerade durch die Suche nach einem vereinigenden Prinzip des synthetischen Verstehens der menschlichen Realität dargestellt, welche durch die Korrespondenz zwischen den Strukturen des Geistes und dem Sich-Erschaffen der Realität, zwischen dem Denken und dem autonomen *facere* des Menschen und der Nationen gegeben ist, selbst wenn dieses nach dem Plan der Vorsehung regiert wird.

b) Das erstaunlichste und aus philosophischer Sicht bedeutsamste Resultat von Vicos Denken besteht aber in dem Versuch, einer „neuen Wissenschaft" – der Wissenschaft der Geschichte – Leben einzuhauchen, die ebensosehr auf gnoseologischem (durch die methodologische Entdeckung des historischen Bewußtseins von der Welt seitens des Menschen aufgrund der Tatsache, daß er selbst sie erschafft) wie auf ethischem und praktischem Fundament errichtet wird. Vicos Theorie der Geschichte – welches auch immer deren, mit der „traditionalistischen" und platonisch-christlichen Ausbildung des neapolitanischen Philosophen verbundene Grenzen seien – zeigt sich in ihrer außergewöhnlichen Modernität gerade dann, wenn diese sich bewußt als Wissenschaft anbietet, die sich um das Verständnis der Prozesse bemüht, durch welche die Menschheit zu den ausgefeiltesten und komplexesten Formen des historischen und kulturellen Lebens der Nationen gelangt.

Die Aufeinanderfolge der Epochen der menschlichen Geschichte (die der Götter, die der Helden und die der Menschen) wirkt nicht nur auf der, nennen wir es „diachronischen" Dimension der Geschichte (man erinnere sich, daß diese für Vico nie geradlinig und abstrakt progressiv ist, da stets das Risiko besteht, in die Barbarei zurückzuverfallen), sondern auch auf jener „synchronischen" Dimension der Funktionen und Äußerungen des Geistes in einem kontinuierlichen wechselseitigen Übergang vom Sinn zur Phantasie und zur vollständig entfalteten Vernunft. Doch auch in diesem Zusammenhang darf man nicht vergessen, daß es sich niemals ausschließlich um einen linearen und progressiven Prozeß handelt. Vico mahnt vielmehr an verschiedenen Stellen, vor dem „Hochmut" sowohl der Gelehrten als auch der Nationen auf der Hut zu sein, d. h. vor Formen abstrakter Entwicklung des Denkens von der phantastisch-primitiven Sinnlichkeit zur Rationalität und ebenso abstrakter Entwicklung von der wilden Welt der primitiven Bestien zur politischen Gemeinschaft der bürgerlichen Gesellschaft.

Hier finden sich die Wurzeln einer philosophischen „Hermeneutik", die sich programmatisch auf einem erneuerten Bündnis zwischen Philosophie und Philologie gründet. Wenn es nämlich auch richtig ist, zu sagen, daß für Vico die philosophischen „Beweise" (die Gründe des Wahren) immer vor den philologischen „Beweisen" (den Inhalten des Gewissen) stehen, ist es ebenso wichtig, zu unterstreichen, wie aus der Kritik an den gegensätzlichen Einseitigkeiten der Philosophie ohne Philologie und der Philologie ohne Philosophie die Überzeugung entspringt, daß die Geschichte der Menschheit nicht allein durch die Reinheit der Vernunft oder, umgekehrt, allein aus der Evidenz des empirisch-wahrnehmbar Gegebenen zu entziffern sei. In Vicos Argumentationsgang ist die Philologie jedoch nicht im beschränkten Sinne einer Wissenschaft der Ursprünge und der Bedeutungen der Wörter und einer Sprache zu verstehen. Sie ist historische Wissenschaft im modernen Sinne, sie ist Analyse und Verstehen der Fakten und Phänomene (die durch Scham, Familienbande, Geselligkeit und religiösen Respekt entstehen), welche das Rechtswesen, die Gesellschaft, die Poesie, die Religion bilden.

Durch diese Entwicklung wird die große „Entdeckung" der Philosophie Vicos leichter verstehbar: das enge und bedeutsame Verhältnis zwischen Phantasie und Vernunft, zwischen Poesie und Geschichte, sowohl auf erkenntnistheoretischer als auch auf historisch-genetischer Ebene. Das volle Verständnis der realen Welt kann nicht nur auf den Prinzipien des Geistes beruhen, kann man nicht nur dem abstrakten Rationalismus anvertrauen. Es muß sich auch und vor allem an jene Ausdrucksformen der menschlichen Produktivität wenden, die sich durch die mythologische Dimension erschließen und in der Poesie manifestieren. Die menschliche Welt kann sich nicht nur auf das beschränken, was sich konzeptionell in der „verborgenen Weisheit" der Philosophen ausdrückt und organisiert. Sie erstellt sich in mythischen Symbolen, Allegorien, Metaphern, also in der vorlogischen und poetisch-mythischen Dimension, welche der „gewöhnlichen Weisheit" der Völker eigen ist. Es geht allerdings nicht darum, eine Hierarchie oder abstrakte

Opposition zwischen Phantasie und Vernunft, sondern – z. B. dank der Funktion der „phantastischen Allgemeinbegriffe" – jene angemessenen Formen der Rationalität und Kommunikation der menschlichen Welt herzustellen, die nicht auf den Kalkül der intellektuellen Repräsentation zu reduzieren und zu komprimieren sind.

c) In diesen zugleich logisch-erkenntnistheoretischen und historisch-genetischen Koordinaten ist die zentrale Bedeutung zu verorten, die in Vicos Werk der Begriff und die Geschichte der „politischen Welt" einnehmen. Die politische und praktische Philosophie Vicos ist nicht im reduktiven Sinn eines schematischen Praxismus (der Mensch erkennt die Welt, da er sie erschafft) zu verstehen, sondern im weitaus komplexeren Sinn der Verbindung/Unterscheidung zwischen göttlichem Geist der Vorsehung und menschlichem Geist: eine Verbindung/Unterscheidung, die sich dann in der Behauptung der vollen Autonomie der menschlichen Welt und der historischen Erkenntnis bezüglich der physisch-natürlichen Welt widerspiegelt. Wenn Vico – mit einem wunderschönen poetisch-literarischen Bild – in der Einleitung der *Scienza nuova* das Erscheinen des Lichtes der Wahrheit beschreibt, das den Dunstschleier über den Ursprüngen der Menschheit zerreißt, spricht er genau von dem Bewußtsein, daß die „politische Welt" gewiß durch den Menschen erschaffen wurde. Es handelt sich nicht um eine bloße Feststellung.

Die Tatsache, daß die Welt der Geschichte von den Menschen erschaffen ist, bedeutet, daß ihre Prinzipien innerhalb der Veränderungen des menschlichen Geistes selbst zu finden sind. So beschränkt sich der Mensch bei der bürgerlichen Welt, der moralischen Welt und der Welt der Geschichte nicht nur auf Wahrnehmung und Erfahrung, sondern er hat auch Erkenntnis und Wissen von ihr. Hierin liegt der tiefere Grund, Vico als den Initiator der modernen methodologischen und erkenntnistheoretischen Revolution anzusehen, die darauf ausgerichtet ist, ein selbständiges Wissen von der Geschichte mit eigenen Erkenntnisprinzipien, eigenen Methoden und eigenen Inhalten zu konstituieren. Neben und vor Kant kündigt Vico die kopernikanische Wende der zentralen Stellung der endlich von den systematischen Zwängen einer allumfassenden Metaphysik und einer universalistischen Kosmologie befreiten menschlichen Welt an.

In diesen allgemeinen spekulativen Zusammenhang fügen sich Leitlinien der politischen Philosophie Vicos. Diese stützt sich nicht nur auf eine allgemeine Erkenntnistheorie (das Verhältnis *verum/factum*), sondern auch auf eine „praktische" Philosophie der Rechtssprechung, welche bewußt versucht, die Vernunft und die Autorität, das Wahre der Philosophie und das Gewisse der Geschichte zu vereinen. Was indessen die Szene beherrscht, ist wieder einmal die Freiheit und die Autonomie der menschlichen Natur, welche, wenn auch unter der Führung der Vorsehung, fähig ist, die individuellen Leidenschaften in kollektiven Nutzen umzuwandeln, den langsamen Zivilisationsprozeß von der primitiven Wildheit zur Sozialisation und politischen Gemeinschaft zu leiten.

Danksagungen

Ohne die herzlichen, kontinuierlichen und geduldigen Anregungen meines lieben Freundes und Kollegen Matthias Kaufmann wäre dieses Buch nie entstanden. Der Ursprung und der erste Kern desselben liegen im Rahmen einer Vorlesungsreihe, die ich im Herbst 1998 an der Martin-Luther-Universität Halle-Wittenberg auf Einladung des Institutes für Philosophie hielt. Prof. Kaufmann verdanke ich nicht nur die Idee des Buches, nicht nur die aufmerksame Revision der Übersetzung, sondern zudem sein tätiges Interesse, damit dieses Buch im angesehenen Akademie Verlag erscheinen wird. Für all dies bin ich ihm von ganzem Herzen dankbar, in der Hoffnung, sein Vertrauen und seine Erwartungen nicht zu sehr enttäuscht zu haben.

Eine erste Übersetzung substanzieller Teile des Bandes wurde von Frau Dr. Astrid Doellfelder angefertigt, welche seit Jahren durch die Übersetzung meiner Schriften und Kongreßbeiträge einen wesentlichen Anteil daran hat, meinen ununterbrochenen Dialog mit der deutschen Philosophie zu erleichtern. Ihr danke ich für ihre ausgezeichnete Arbeit und berufliche Gewissenhaftigkeit nicht förmlich, sondern von ganzem Herzen. Für die Übersetzung des Textes im Ganzen danke ich Frau Marianne Hanson.

Der Inhalt des Buches spiegelt meine Überzeugung sowie meine methodischen und interpretativen Entscheidungen wider, für die natürlich einzig ich verantwortlich bleibe. Doch neben den Namen meiner italienischen Lehrer – Pietro Piovani und Fulvio Tessitore – kann ich die Namen hervorragender deutscher Wissenschaftler nicht verschweigen, auf deren Lehren und historiographische und philosophisch-spekulative Anregungen ich mich oft berufen habe: Manfred Riedel, Ferdinand Fellmann, Stephan Otto, Jürgen Trabant. Ihre Forschungen zu Vico im besonderen und im allgemeinen zur Philosophie der Geschichte, zur historischen Vernunft, zur Sprache und zur Hermeneutik stellten für mich, trotz der Verschiedenheit der Standpunkte, einen konstanten Bezugs- und Anlaufpunkt fruchtbarer dialektischer Begegnung dar.

Einen ganz besonderen Dank muß ich jedoch Stephan Otto, emeritierter Professor der Universität München, entgegenbringen. Auch aus den Seiten dieses Bandes läßt sich herauslesen, wie tiefgreifend der Einfluß seiner Analyse und Interpretation Vicos gewesen ist. Durch seine Bücher, Aufsätze, Vorlesungen und Seminare, deren Hörer ich ab den frühen 80er Jahren gewesen bin, habe ich viel gelernt, wofür ich ihm unendlich dankbar bin. Ihm widme ich dieses Buch.

ERSTES KAPITEL

Die Geschichte als philosophisches Problem
Metaphysik, Zeit, Wahrheit und Faktizität

Die Geschichte als Gegenstand philosophischer Reflexion steht in Vicos Werk in engem Zusammenhang mit seiner spezifischen Sicht der Erkenntnis, die ihrerseits nur innerhalb Vicos genereller Konzeption von Metaphysik verstehbar ist. Diese Konzeption wird vor allem in einem schmalen Band von 1710 dargelegt: *De antiquissima italorum sapientia ex linguae eruenda*. *De antiquissima* sollte ursprünglich in drei Bänden erscheinen, einer Metaphysik, einer Physik und einer Ethik, doch schrieb Vico nur das *Liber Metaphysicus*. Darin zeigt der Philosoph aus Neapel sich noch stark von einem metaphysischen Modell neuplatonischer Prägung beeinflußt.

Gemäß dem Grundgedanken der Philosophie Vicos – der auch in seinem Hauptwerk, der *Neuen Wissenschaft* [*Scienza nuova*] weitestgehend unverändert bleibt – besteht eine ursprüngliche Verschiedenheit zwischen Gott und Mensch, eine Differenz, die den Bereich der Erkenntnis ebenso wie den des Handelns betrifft. Für Vico ist die Gott eigene Fähigkeit das *intellegere*, welches der absoluten und vollkommenen Erkenntnis der konstituierenden Eigenschaften des Objektes entspringt. Die Fähigkeit des Menschen ist das *cogitare*, das im allmählichen Erkennen des gegebenen externen Gegenstandes besteht. Gerade das Wissen um eine solche Verschiedenheit erlaubt es dem Menschen jedoch, die geschichtliche Welt als die zu erkennen, die er hinsichtlich seiner Erkenntnis zu beherrschen vermag. Tatsächlich manifestiert sich das Handeln Gottes in der Erschaffung der Welt; in diesem Akt fallen Handeln und Erkenntnis zusammen, das *verum*, das Wahre, ist identisch mit dem *factum*, dem Geschaffenen. Das menschliche Handeln ereignet sich in der Geschichte, die wir genau deshalb erkennen können, weil sie durch den Menschen erschaffen wurde. Das platonische Schema kommt in kohärenter Weise zur Anwendung. Die Metaphysik versteht sich dabei als kontinuierliche Suche nach den Arten der Beziehung zwischen der Endlichkeit des von Menschen Geschaffenen und der Unendlichkeit des göttlich Wahren. Die Geschichte als ein Aspekt der Endlichkeit des Menschen entsteht in diesem Raum der Differenz zwischen dem göttlichen und dem menschlichen Handeln. Die Wissenschaft des Menschen nimmt ihren Anfang somit in einem ursprünglichen Mangel seines Geistes, darin, daß es ihm unmöglich ist, die Unendlichkeit der Dinge in sich zu enthalten. Nur dank der Abstraktion kann der Mensch die Elemente der Dinge rekonstruieren und sie in Vorstellungen, Symbolen und Ideen ordnen.

Vicos erkenntnistheoretisches Prinzip, wonach *verum* und *factum* identisch sind und man demnach nur das erkennen kann, was man erschafft, trägt zur Bestimmung der Grenzen menschlicher Erkenntnis bei. Der Mensch wird niemals die Totalität der Erkenntnisse der natürlichen Welt besitzen können, denn diese ist das Werk Gottes. Aber er wird Elemente der Wahrheit erobern können, je nach dem, was er selbst erschafft: so zum Beispiel die Punkte und Linien der Mathematik. Der Mensch kann ferner Zugang zur Wahrheit und Wirklichkeit der Resultate seines Handelns haben, zu dem, was der historischen Welt angehört. Es ist demnach verständlich, wenn Vico seine Wissenschaft als *neu* definiert. Das Prinzip der Konvertierbarkeit von Wahrem und Geschaffenem, angewendet auf die Welt des Menschen bedeutet, daß in der Geschichte das Individuum nicht als physikalisch-natürliche Tatsache und ebensowenig als metaphysische Entität angesehen wird, sondern als etwas, das durch sein Tun und Schaffen entsteht. Deshalb ist es notwendig, die Gesetze, die Prinzipien und die Methoden einer Wissenschaft festzulegen, die sich darauf verstehen soll, die Realität der geschichtlichen Welt zu untersuchen. Man könnte deshalb von der Metaphysik Vicos als von einer „schwachen" Metaphysik reden, im Sinne einer der Endlichkeit des menschlichen

Denkens angepaßten Metaphysik – wie der neapolitanische Philosoph im *Liber metaphysicus* selbst feststellt.

In diesem Punkt wird die Bedeutung einer für Vicos Philosophie zentralen Redewendung klar:

„*Die ewige ideale Geschichte*, nach der die Geschichte aller Völker in der Zeit abläuft."

Die Entdeckung, daß die Geschichte erkennbar ist, da sie vom Menschen geschaffen wurde, bedeutet keine Reduktion der Erkenntnis auf einfache Fakten und deren philologische Absicherung. Hinzu kommt die Erkenntnis der Rolle der Ideen des Geistes in der Geschichte, der gemeinsamen Prinzipien, die sich im historischen Werdegang der Nationen wiederfinden. Dies ist eine weitere große Intuition in der Philosophie Vicos: die Theoretisierung der *geschichtlichen Universalien* (welche vom menschlichen Geist erarbeitet werden, sich in den Strukturen der menschlichen Gesellschaft entwickeln und sich darin zu erkennen vermögen), als auch der *phantastischen Universalien*, die sich in den Formen der poetischen Phantasie und der sprachlichen Aktivität der Völker zeigen.

Die „neue" Wissenschaft Vicos ist also in ihrem Programm auf die Erweiterung der Theorie der Erkenntnis von der natürlichen auf die moralisch-bürgerliche Welt gerichtet. Es gibt eine kosmische Universalität, die dem Komplex der göttlichen Erkenntnisformen überlassen bleibt, also der Theologie und den Naturwissenschaften, und es gibt eine bürgerliche Universalität, welche als Geschichte dem überlassen bleibt, was Vico als „rationale politische Theologie der göttlichen Vorsehung" definiert. Es gibt demnach eine göttliche Souveränität über das Universum und eine menschliche Souveränität in der Geschichte und im Staat.

*****

Ein grundlegendes Thema charakterisiert *De Antiquissima* an erster Stelle: Der Mensch kann zur Wahrheit der natürlichen Welt keinen Zugang haben, da diese Wahrheit erst durch den Schöpfungsakt Gottes möglich wird. Bekanntlich ganz anders gelagert ist das Erkenntnisproblem im Hinblick auf die historische Welt.

Nach der Feststellung, daß die „erste Wahrheit" in Gott, dem „ersten Schöpfer" enthalten ist und der göttliche Geist über eine unendliche und vollständige Intelligenz verfügt, gewährt Vico in dem Kapitel, das sich dem Verhältnis zwischen *verum* und *factum* widmet, dem menschlichen Geist den Raum des Denkens, der *cogitatio*.

> „Denn Gott ‚liest zusammen' alle Elemente der Dinge, sowohl die äußersten als auch die innersten, weil er sie in sich begreift und in eine Anordnung bringt. Der menschliche Geist aber, da er begrenzt ist, mag sich zwar bemühen, die äußersten Elemente aller übrigen Dinge außer ihm, die nicht durch ihn da sind, zusammenzutragen, er sammelt sie dennoch nie alle. Daher ist er zwar teilhaftig des Verstandes, nicht aber seiner Vernunftbedingungen völlig mächtig."[1]

Während das göttliche Wahre in dem selben Moment erzeugt wird, in dem Gott es erkennt, entsteht das menschliche Wahre in dem Moment, in dem es vom Menschen erfaßt wird. Der menschliche Geist ist demnach fähig, ein System von Erkenntnissen zu erarbeiten. Dieses System ist auf einen Tatsachenbereich anwendbar, der vom Menschen erstellt und gleichzeitig erkannt wurde, nämlich den der Geschichte. Die Wissenschaft, sagt Vico auf unmißverständliche Weise, „wird zur Erkenntnis der Art oder der Modalität, in der die Sache zur Entstehung kommt, zu einer Erkenntnis, in der der Geist, während er diese Modalität begreift, weil er die Elemente der Sache zusammenfügt, die Sache erschafft".[2]

Hierin besteht die vielleicht grundlegendste theoretische Hypothese Vicos: die Konvertierbarkeit von *verum* und *factum*. Das Wahre als Objekt der Erkenntnis des Menschen ist konvertibel mit dem vom Menschen Geschaffenen und Erkannten. Nur in Gott besteht eine vollständige Identität zwischen Wahrheit und Schöp-

---

[1] G.B. Vico, Liber metaphysicus, hrsg. von S. Otto, München 1979, S. 37. Für diesen Band steht im folgenden die Abkürzung LM.
[2] Ebd.

fung, während der menschliche Verstand das Wahre nur in dem Maße erkennt, in dem er es erschafft. Alles, was der Mensch in seinen Denkvorgängen, Sprachschöpfungen und durch seine historische Erfahrung aufbaut, ist für ihn begreifbar und wahr, da es durch ihn selbst hervorgebracht wurde. Tatsächlich leitet die Argumentation Vicos, die auf den ersten Blick die antike Definition der Metaphysik als höchste Wissenschaft vom Seienden zu wiederholen scheint, fast in Form eines subtilen negativen Beweises, die Möglichkeit einer Begründung der Wissenschaft vom Menschen ein.[3]

So leitet sich aus der absoluten Unergründlichkeit des göttlich Wahren die Möglichkeit eines Kriteriums ab, das dazu dient, die von der menschlichen Wissenschaft hervorgebrachten Wahrheiten als solche zu erkennen. Insofern es dem Menschen im Unterschied zu Gott nicht gegeben ist, die Totalität[4] zusammenzusetzen und zu begreifen, so besteht dieses Kriterium in der „Zerlegung", in der beinahe anatomischen Untersuchung der „Werke der Natur".[5] Somit leiten sich aus der Unterscheidung zwischen Körper und Geist, Verstand und Willen, Gestalt und Bewegung, dem Seienden und dem Einen die verschiedenen Wissensgebiete ab, als da sind: Metaphysik, Arithmetik, Geometrie, Mechanik, Medizin, Logik und Ethik. Der Mensch ist demnach gerade ausgehend vom Bewußtsein der Grenzen seines Geistes dazu imstande, „die Natur der

---

[3] „Gott ist der Schöpfer der Natur. Die Seele, es sei mir erlaubt dies zu sagen, ist der Gott und Schöpfer der Künste." Dies erklärt Vico in der ersten seiner *Orazioni inaugurali*, welche sich der Selbsterkenntnis widmet. Zitat aus: G.B. Vico, Le orazioni inaugurali, I-VI, hrsg. von G. Visconti, Bologna 1982, S. 81. Für dieses Werk steht ab jetzt die Abkürzung OI.

[4] Die zweite seiner *Orazioni inaugurali* hat unter anderem die „Weisheit" zum Kernthema. An dieser Stelle spricht Vico von der Vernunft als dem Mittel, das dem Weisen die Teilhabe an der universellen Republik des Wissens und der Wissenschaft ermöglicht. Jedoch zeigt sich die Rationalität in Gott als Fähigkeit, alles zu erschaffen, während die des wissenden Menschen vom Verstehen abhängig ist. (Vgl. OI, S. 115)

[5] Ebenfalls in der ersten Inauguralrede von 1699 hebt Vico unter den „göttlichen Kräften des menschlichen Geistes" die des „Verstehens" (*percipiendi*), die des „Verbindens und des Unterscheidens" (*componendi secernendique*) und ferner die des „Argumentierens" (*ratiocinandi*) hervor, vgl. OI, S. 83.

Dinge zu erforschen". Er bedient sich dabei der *Abstraktion*, durch die es ihm gelingt, sich den Punkt und das Eine und somit die Inhalte der Geometrie und der Mathematik vorzustellen. Vico hält fest:

> „Da also die menschliche Wissenschaft ihren Ursprung hat in einem Mangel unseres Geistes, nämlich in seiner äußersten Unzulänglichkeit, deretwegen er sich allen Dingen äußerlich gegenüber befindet und deretwegen er das, was er wissen möchte, nicht in sich enthält, bringt unser Geist die Wahrheiten, um die er sich bemüht, auch nicht hervor. Darum sind jene Wissenschaften die gewissesten, die den Mangel ihres Ursprungs auslöschen und im tätigen Hervorbringen der göttlichen Wissenschaft ähnlich werden, wie es in jenen Wissenschaften der Fall ist, in denen das Wahre und das Geschaffene konvertibel sind."[6]

Das Prinzip der Konvertierbarkeit von *verum* und *factum* ist auch der Ausgangspunkt von Vicos Polemik gegen Descartes. Diese dreht sich, wie später noch verdeutlicht werden soll, um den zentralen Platz, den bei Vico der *Gemeinsinn* einnimmt, und um dessen Hintergrund, die Welt der *Wahrscheinlichkeit*, die Welt der menschlichen Produktivität.[7] Besonders in *De Antiquissima* skiz-

---

[6] LM, S. 45.
[7] In *De nostri temporis studiorum ratione* hebt Vico die Notwendigkeit hervor, *Topik* und *Kritik* nebeneinander zu stellen. Es reicht also nicht aus und für Vico ist es sogar verkehrt, die Methode des Studiums nur auf die Kritik, auf die vermutliche Suche nach dem von Wahrscheinlichkeit befreiten und fehlerfreien Wahren zu beschränken. Vielmehr gilt es nach Meinung des neapolitanischen Philosophen, dem *Wahrscheinlichen* Beachtung zu schenken, da besonders in den jungen Menschen die Phantasie und der Gemeinsinn überwiegen. So schreibt Vico: „Ferner hält man heutzutage nur die kritische Wissenschaft hoch. Die Topik wird nicht nur vorangeschickt, sondern ganz und gar vernachlässigt. Auch das erregt Bedenken; denn wie die Auffindung der allgemeinen Beweisgründe naturgemäß früher ist als das Urteil über ihre Wahrheit, so muß die Lehre der Topik früher sein als die der Kritik" (vgl. G.B. Vico, Opere, Bd. I, hrsg. von A. Battistini, Mailand 1990, S. 107; dt. Übers. Vom Wesen und Weg der geistlichen Bildung, hrsg. von

ziert Vico die Grundstruktur seiner Kritik an dem auf „deutlichen und klaren" Ideen beruhenden cartesischen Wahrheitsbegriff. Das Umkehrverhältnis von Wahrem und Geschaffenem und die Festlegung des Kriteriums für das menschlich Wahre im „Es-erschaffenhaben", machen es unmöglich, die deutliche, klare Idee zum Maßstab des Geistes zu erheben. Folglich kann sich auch jene Metaphysik des „ersten Wahren", dieses „unanzweifelbaren" Wahren, von dem die „zweiten Wahrheiten aller übrigen Wissenschaften" sich ableiten, nicht aus den Widersprüchen, die sowohl zum Dogmatismus als auch zum Skeptizismus führen, entwirren.

Im Gegensatz dazu zweifelt Vicos Metaphysik nicht daran, daß das „erste Wahre" das göttliche Wahre sei, welches fähig ist, unendlich viele Wesenheiten und Ursachen in sich zu vereinen. Man muß lediglich erkennen, daß das „menschliche Wahre" deshalb einen einzigen Weg hat, ein Wahrheitskriterium herauszufinden, weil es nicht über jene Unendlichkeit verfügt. Dieses Kriterium entspricht der Identifikation seiner selbst mit seiner Verwirklichung. Die menschlichen Wahrheiten, die in den menschlichen Wissenschaften, in der Geometrie wie in der Geschichte strukturiert werden, müssen sich natürlich am Maßstab des göttlich Wahren messen. Doch Vico erklärt:

F. Otto, mit einem Nachwort von C. Fr. von Weizsäcker, Godesberg 1947, S. 29. Im folgenden wird die Abkürzung WW verwendet.). Im Hinblick auf die Methode der Erkenntnis und die Einbettung des Wissens in die Wissenschaften vom Menschen befürwortet Vico also aus Überzeugung eine integrale Vorgehensweise. Er setzt sich daher für eine Methode ein, die nicht Vernunft und Phantasie, Logik und Handlung trennt oder sogar Elemente einer Unterordnung der Phantasie unter die Vernunft, der Handlung unter die Logik einführt. „Damit nun beide Fehler vermieden werden, sollte man, meine ich, die jungen Leute in allen Wissenschaften und Künsten, ohne ihrem Urteil vorzugreifen, unterrichten, so dass sie für die Gemeinplätze der Topik reichen Gehalt gewinnen können, und inzwischen durch den Allgemeinsinn zur Klugheit und zur Redekunst heranwachsen, und in Phantasie und Gedächtnis sich für die Künste, deren Stärke diese Geisteskräfte sind, befestigen; dann sollten sie das kritische Denken lernen, und nun erst damit anfangen, über das, was man sie gelehrt hat, selbstständig zu urteilen, und sich üben, sowohl dafür wie dagegen zu sprechen". (WW, S. 36-37)

> „... das menschliche Wahre ist jenes, dessen konstitutive Elemente wir uns selbst erdenken, Elemente nämlich, die wir als erdachte in unserem Geist haben und die wir auf dem Weg der Postulatensetzung in unbegrenzter Weise zur Anwendung bringen. Indem wir diese Wahrheitselemente zusammensetzen, bringen wir das Wahre auf dem Wege der zusammensetzenden Erkenntnis hervor; und deswegen sind wir im Besitz der Gattung oder der Form, mit deren Hilfe wir geistig tätig sind."[8]

Die hier von mir vorgeschlagene Weise, Vico zu lesen, entfernt sich damit sowohl von den traditionellen Schemata, die den neapolitanischen Philosophen noch in die christliche Metaphysik verwickelt sahen, als auch von den überholten Interpretationen, die glaubten, die Metaphysik übergehen zu können, indem sie das Verhältnis *verum-factum* in eine ausschließlich praktische Richtung entwickelten. Vico selbst versorgt uns mit dem passenden Schlüssel für den Zugang zur Problematik. In den Schlußfolgerungen des *Liber metaphysicus* spricht er explizit von einer „Metaphysik, die der menschlichen Schwäche angemessen ist".

Es handelt sich um eine Metaphysik, die nicht vorgibt, den Menschen mit dem Schlüssel zu allen möglichen Erkenntnissen zu versehen, sondern nur zu denen, die im Hervorbringen entstehen. Sie beabsichtigt auch nicht, die Wahrheiten der Religion in Frage zu stellen, gerade weil sie zwischen göttlichem Wahren und menschlichem Wahren zu unterscheiden weiß. Vielmehr erkennt sie im göttlichen Wissen die Regeln allen menschlichen Wissens. Getreu der Linie der modernen Wissenschaftstradition im Sinne Galileis[9] sagt uns Vico allerdings auch, daß gerade die Begrenzt-

---

[8] LM, S. 55.
[9] „So ist es sachgemäß, einzelne Naturvorgänge unter Anwendung mechanischer Experimentierverfahren zu erklären, in denen das geometrische Wissen zur Anwendung auf den Einzelfall kommt. Hierum bemühten sich in unserem Italien der große Galilei und andere hervorragende Physiker, die lange vor der Übertragung der geometrischen Methoden auf die für sich unzählige Naturphänomene in dieser Weise erforschten" (vgl. ebd., S. 137). Auf die

heit der menschlichen Erkenntnis die Grundlage für die Regel bildet, „die der experimentierenden Naturwissenschaft [...] dienlich ist und kraft derer wir nur das in der Natur als wahr ansehen, was wir in Experimenten darstellen können".[10]
Nur Gott kennt die naturwissenschaftlichen Sachverhalte, aber der Mensch kennt und schafft Punkte, Linien und Zahlenverhältnisse und, was noch entscheidender ist, er ist sich bewußt darüber, daß die von ihm erworbenen Kenntnisse mangelhaft und unvollständig sind.

„Ferner, daß die Vernunft, indem sie sich auf ihre Erkenntnisobjekte richtet, in schöpferischer Weise Gedankengebilde hervorbringt, die menschliche Vernunft hypothetisches Wahres, die göttliche Vernunft absolut Wahres. Hieraus folgt, daß das *ingenium* dem Menschen zum Wissen im Sinne von tätigem Hervorbringen gegeben ist."[11]

Besonderheiten des Experimentalismus der südeuropäischen Philosophie eingehend, hat Pietro Piovani den Akzent auf das Zusammentreffen von Wissenschaft und Geschichte, Experimentalismus und Historismus gelegt. „Es ist keine Naturwissenschaft, die sich auf die Mathematik bezieht, sondern eine experimentelle Naturwissenschaft [...], die sich mit der im Rechtssystem anerkannten historischen Erfahrung kreuzt. So will das Experimentieren mit der *Natur* sich ausweiten zum Experimentieren mit der *Natur der Dinge*. Dabei wird bereits eingesehen, daß die *Natur der Dinge* in ihrem *Hervorbringen* besteht, aber es wird noch darauf bestanden, daß der Entstehungsprozeß experimentell rekonstruiert wird" (vgl. Pietro Piovani, Il pensiero filosofico meridionale tra la nuova scienza e la "Scienza nuova" (1959), in: La filosofia nuova di Vico, hrsg. von F. Tessitore, Napoli 1990, S. 37).

[10] LM, S. 149.
[11] Ebd., S. 151. Vico beobachtet andererseits ironischerweise, daß auch die Anhänger des Descartes trotz der Reduktion des Wahrheitskriteriums auf jenes *Cogito ergo sum*, das sie aus dem eigenen Bewußtsein ziehen, am Ende darauf angewiesen sind, auf die Mathematik und Geometrie zurückzugreifen, also auf dieses „von uns selbst erstellte Wahre" (ebd., S. 139). Nebenbei bemerkt, präzisiert Vico die Erfindungsgabe als besondere Eigenschaft des Wissens in der ersten von zwei Antworten auf Bemerkungen zum *Liber metaphysicus* 1711 folgendermaßen: „Wie sich in der Natur des Universums

Im Gegensatz zu Gott, der in der Welt der realen Dinge wirkt, nutzt der Mensch Abstraktionen und kann auf diese Weise seine Konstruktionen begreifen und am Ende mit Hilfe der Mathematik und Geometrie den Übergang von der Metaphysik zur Physik ermöglichen.[12]

Die Metaphysik im Sinne der „Metaphysik des menschlichen Geistes" entwickelt sich, wie zu Recht bemerkt wurde,[13] zum Hauptmotiv für Vicos Werk. Dies zeichnet sich bereits im *Liber metaphysicus* ab und ist in der *Scienza nuova* vollends ausgearbeitet. Es handelt sich um eine Metaphysik besonderer Art, die sich nicht mehr in die klassischen Typologien einordnen läßt, welche Kant später einer vernichtenden Kritik unterzogen hat. Von Beginn an geht es um eine „Metaphysik des menschlichen *geschichtlichen* Geistes". Der cartesische Standpunkt wird völlig umgekehrt, da ein Evidenzkriterium für die Wahrheit, das sich allein auf das Bewußtsein des *cogito* aufbaut, nicht ausreicht, um eine menschliche Wissenschaft zu gründen. Gerade deshalb muß diese in einer Metaphysik des menschlichen Geistes verwurzelt sein, in welcher sich die notwendige Interaktion zwischen *verum* und *factum,* Rationalität und Ingenium, Kritik und Topik aufbaut.

---

    das göttliche *Ingenium* zur Darstellung bringt, so ist das menschliche *Ingenium* die Mitte der Welt der Wissenschaften". (Vgl. LM, S. 171) In der zweiten Entgegnung von 1712 heißt es, „das Ingenium ist auch die Kraft des Findens neuer Dinge". (Ebd., S. 217)

[12] Vgl. Zweite Entgegnung, LM, S. 227 ff.

[13] Vgl. S. Otto, Giambattista Vico. Grundzüge seiner Philosophie, Stuttgart-Berlin-Köln 1989, S. 10. In den zahlreichen Hinweisen und Rezensionen, die ich dem Buch Stephan Ottos widmete (in: Bollettino del Centro di Studi vichiani – von nun an BCSV – und in den gemeinsam mit G. Cantillo verfaßten Aufsätzen über die deutsche Vico-Rezeption), habe ich auf die Fruchtbarkeit des originellen Zugangs zu Vicos Werk über die Transzendentalphilosophie hingewiesen. „*Vicos Metaphysik ist eine Metaphysik der Erzeugungs- und Handlungsstrukturen des Denkens* und insofern […] eine transzentalphilosophisch aufgebaute Metaphysik, die ein wahrheitsfindendes Handeln in den Wissenschaften ermöglichen will […]. Eine derartige Metaphysik des menschlichen Geistes in seiner Handlungsstruktur kann eine tragfähige Basis für die *Neue Wissenschaft* mit ihrer Betrachtung des menschlichen Tätigwerdens in der Geschichte abgeben." (Vgl. Otto, S. 63)

Nunmehr dürfte, glaube ich, klar geworden sein, wie sich die Beziehung betrachten läßt, die bei Vico zwischen Metaphysik und Geschichte entsteht, ebenso der Sinn der Behauptung, daß die Geschichte im Werk Vicos eine wesentlich philosophische Bedeutung hat. Wie zu sehen war, ist der menschliche Geist eine Schöpfung Gottes, doch trägt er nicht das Merkmal der Endgültigkeit und Vollständigkeit. Er repräsentiert vielmehr die Welt der Unbestimmtheit und der Möglichkeit. In *Sinopsi del diritto universale* schreibt Vico, daß die Natur Gottes „*nosse, velle, posse infinitum*" (unendliches Wissen, Wollen, Können, d.Ü.) sei, wovon die menschliche Natur das zeigte, was „*nosse, velle, posse finitum, quod tendat ad infinitum*" (endliches Wissen, Wollen, Können, das zum Unendlichen strebt, d.Ü.) sei.[14] Deshalb wird in diesem Zusammenhang die Rolle der Geschichte entscheidend. Nie kann der menschliche Geist zur absoluten Wahrheit gelangen, aber durch die Geschichte kann er die Veränderungen der menschlichen Erkenntnis wie auch die Artikulationen dieser Veränderungen im menschlichen Geist wahrnehmen.

Auf diese Weise wird das Konzept der „ewigen idealen Geschichte" klar, das „sowohl große als auch neue" Thema, welches von den ersten vorhandenen Zeugnissen an den Geist Vicos bewegte, das heißt, wie man in der *Autobiografia* lesen kann, die Suche nach einem „Prinzip", „das alles menschliche und göttliche Wissen vereint".[15] Wie später noch besser erkennbar wird, setzt Vicos Metaphysik der Geschichte ganz bewußt das große philosophische Problem der Beziehung zwischen Fakten und Ideen, zwischen Zeitlichkeit und Ewigkeit voraus. Die ewige ideale Geschichte ist als Geschichte der Ideen zu verstehen, allerdings nicht im Sinne einer Reduktion der Geschichte auf metaphysische Ideen, die vorausbestimmt vor dem menschlichen Bewußtsein existieren. Es handelt sich um Ideen, die der menschliche Geist ent-

---

[14] G.B. Vico, Sinopsi del diritto universale (1720), in: Opere giuridiche, mit einer Einführung von N. Badaloni, hrsg. von P. Cristofolini, Firenze 1974, S. 5. Für dieses Werk steht ab jetzt die Abkürzung OG.

[15] G.B. Vico, Vita scritta da se medesimo, in: Opere, hrsg. von A. Battistini, Bd. I, Milano 1990, S. 36. Für dieses Werk steht ab jetzt die Abkürzung O.

wickelt hat, dessen kreative Fähigkeiten das soziale, wie auch das historische Handeln des Menschen leiten.

In einem vor nunmehr vierzig Jahren verfaßten Text, auf den bereits verwiesen wurde, erklärt Pietro Piovani mittels einer Argumentation, die nichts an Relevanz eingebüßt hat, wie die Verbindung von Metaphysik und Geschichte bei Giambattista Vico zu verstehen ist. Der Umstand, daß die Geschichte erkennbar ist, weil sie das Werk des Menschen ist, entgeht nicht dem Problem, welche Rolle die Ideen und der „Geist" spielen. So gesehen ist die Geschichte „ausgeübte Rationalität",[16] und das geschichtliche experimentelle Bestimmen des menschlich Gewissen kann sich nicht auf eine bloß philologische Überprüfung beschränken. Diese muß sich vielmehr messen lassen an den Bewegungen und Konstanten der ewigen idealen Geschichte, die sich in der gemeinsamen Natur der Nationen entfaltet. „Die Individualität, die in ihrem Keimen und Wachsen in der Geschichte verfolgt wird, ist vor allem ein Beweis oder besser der Beweis für den geschichtlichen Weg, der sich anschickt, über das philologische Wissen eine neue Metaphysik zu werden: Sei es auch ‚eine Metaphysik des menschlichen Geschlechtes': eine neue, ‚natürliche Theologie'."[17] Indem er eine nicht unbegründete Parallele zwischen Leibniz und Vico zieht, die in den folgenden Jahren aufgenommen und vertieft wurde, verbindet Piovani die von Vico angenommene Notwendigkeit, die Individualität zu universalisieren (das Feststellen des Wahren in einer „harmonisierenden Vorsehung"), mit Leibniz' Gedanken, die Individuen einer vorgegebenen Harmonie anzuvertrauen. Es ist dies nicht der Ort, jene Parallele[18] zu vertiefen. Hier gilt es, das Entste-

---

[16] Pietro Piovani, La filosofia nuova di Vico, S. 43.
[17] Ebd.
[18] Im Gegensatz dazu bestritt bekanntlich Croce (B. Croce, La filosofia di G. Vico, Bari 1965, S. 226) jegliche Ähnlichkeit, da bei Leibniz ein „potenzierter Cartesianismus" überwog, gemeinsam mit einem noch unhistorischen und antidialektischen Denken. Zum Verhältnis Leibniz-Vico sind jedoch ferner heranzuziehen: A. Corsano, Leibniz, Napoli 1952; ders., Vico, Bari 1956. Unter den neueren Arbeiten zum Thema sind zwei Aufsätze gleichen Titels von V. Mathieu zu nennen: Vico e Leibniz; 1. in: Omaggio a Vico, Napoli 1968, S. 269-301; 2. in: Quaderni Contemporanei, II, 1969, S. 171-

hen einer gemeinsamen Bemühung hervorzuheben, „ein universelles Fundament für das Individuelle" zu finden, wenngleich Piovani von seinem eigenständigen spekulativen Standpunkt aus meint, daß die Untersuchung darauf hinauslaufen werde, die Radikalität der ursprünglichen Intuition zu bestreiten, also die Möglichkeit, diese Universalität im Innersten des Individuums zu entdecken. „Vico und Leibniz, jeder für sich, suchen in der Geschichte den erkannten Wert der Individualität. Aber sehr rasch weiten sie die Grenzen der untersuchten Geschichte aus, indem sie diese zu einer kosmischen Ordnung universalisieren, die ohne weiteres mit der Totalität dieses Wertes zusammenfällt."[19] Deshalb ist die Metaphysik Vicos – die erneuerte Metaphysik, die nichts mehr mit der traditionellen Metaphysik des ewigen unveränderlichen Wesens gemeinsam hat – unverzichtbar für das Programm, das im Mittelpunkt der *Scienza nuova* steht, nämlich die „Vergeschichtlichung der Vernunft". Es ist, wie zu sehen war, eine Metaphysik des Menschengeschlechtes, die in der ewigen idealen Geschichte keinen Ausgangspunkt unverwandelbarer, ein für alle Mal gegebener Ideen findet, sondern eine einzigartige *inventio rationis*, die Entdeckung von *logos-lex, nous-nomos*, als „bürgerliche Allgemein-

---

184. Corsano hat das Thema nochmals behandelt in: Bayle, Leibniz e la storia, Napoli 1971. Ein neuer Forschungsweg wurde in den letzten Jahren in Deutschland eröffnet, indem das Verhältnis Vico-Leibniz auch im Hinblick auf das Gebiet der Geometrie untersucht wurde: vgl. S. Otto, Imagination und Geometrie: die Idee kreativer Synthesis. Giambattista Vico zwischen Leibniz und Kant, in: Archiv für Geschichte und Philosophie, LXIII, 1981, 3, S. 305-324. S. Otto hat die Thematik in „Giambattista Vico", S. 46 ff. wieder aufgegriffen. Unter den neueren Beiträgen vgl. S. Velotti, Universali fantastici e universali astratti: note su Locke, Leibniz, Vico e l'estetica; S. Gensini, Criticism of the Arbitrariness of Language in Leibniz and Vico and the "Natural" Philosophy of Language, in: R. Simone (Hg.), Iconicity in Language, Amsterdam 1995, S. 3-18; R. Bonito Oliva, Teleologia e teodicea in Leibniz e Vico, in: G. Cacciatore-V. Gessa-Kurotschka-H. Poser-M. Sanna (Hg.), La filosofia pratica tra metafisica e antropologia nell'età di Wolff e Vico, Napoli 1999, S. 225-249.
19   P. Piovani, La filosofia nuova di Vico, S. 44.

begriffe".[20] Und man kann hinzufügen, daß sie die Entdeckung der geschichtlichen Allgemeinbegriffe ist, welche sich in den Formen der Zivilisation und Sozialisation der Menschheit darlegen, der phantastischen Allgemeinbegriffe, welche sich in den Formen poetischer und sprachlicher Kreativität der Völker und Nationen zeigen. „Demnach entsprangen, einem wohlbekannten Motiv der *Scienza Nuova* zufolge, die Prinzipien der Metaphysik, der Logik, der Moral nicht den Akademien, sondern entstanden auf dem Marktplatz Athens."[21]

Vicos Philosophie des Geistes kann nur mittels einer gewaltsamen Verzerrung der Texte als radikale Negation der Metaphysik interpretiert werden. Wie bereits festgehalten, stellt sie vielmehr den Beginn der philosophischen und erkenntnistheoretischen Wissenschaft vom Menschen dar, einen Prozeß, der direkt vom Bewußtsein der radikalen Differenz ausgeht zwischen dem, was dem göttlichen Wahren zugänglich ist und dem, was der unvollständigen Perfektibilität des menschlichen Wissens bleibt. Wie gleichfalls Piovani sehr überzeugend dargelegt hat, findet man nirgends in der *Scienza Nuova* eine explizite Ablehnung der Metaphysik, sondern man kann einen „impliziten Verzicht, den Verzicht auf die Metaphysik als umfassende Erkenntnis vom Natürlichen als auch vom Übernatürlichen", gewahr werden.[22]

Ein anderer großer Vico-Forscher hat zu Recht festgehalten, daß Vicos Philosophie des Geistes sich in kein Schema idealistischen Denkens einordnen läßt, da sie von Vico nicht außerhalb des Zusammenhangs von natürlicher und menschlicher Welt entwickelt wurde. Zwar ist einer der Grundzüge der menschlichen Angelegenheiten „der Wille zum Handeln", aber dieser ist immer „auf metaphysische Art durch die Natur bedingt, die eine ihr eigene Ökonomie der Interessen aufzwingt, indem sie sich in *analoger* Weise in Gegenwart *gemeiner* Reize entwickelt."[23] Gerade die Ge-

---

[20] P. Piovani, Vico e la storicizzazione della ragione, in: La filosofia nuova di Vico, S. 402.
[21] Ebd.
[22] P. Piovani, Vico e la filosofia senza natura, (1969), in: La filosofia nuova di Vico, S. 80.
[23] N. Badaloni, Introduzione a G.B. Vico, Milano 1962, S. 404.

genwart der Analogien dieser allgemeinen Elemente, dieser Konstanten erlaubt es, die Geschichte wie einen Ort zu betrachten, an dem gleichzeitig die Vernunft und der Wille wirken, deren Vergeschichtlichung in den immer entwickelteren Formen der Sozialisation und politischen Handlungen deutlich wird. „Dieser ganze Prozeß entspringt dem menschlichen Geist, insofern er als Wille und in der Natur verwurzelte kreative Fähigkeit interpretiert wird, nicht aber einer Vernunft, die festlegt und vorherbestimmt. Diese beinhaltet die gleichzeitige Bewegung der menschlichen Massen, ohne die der Plan des Geistes ohne Sinn bliebe."[24]

Um die geschichtlichen Abläufe zu verstehen, bedarf es somit aller Hilfsmittel der philologischen Wissenschaften (der Altertumswissenschaft, der Etymologie, der Chronologie), aber mehr noch muß man die geschichtlichen Entwicklungen anhand der idealen Strukturen des menschlichen Geistes vermessen, also an den Strukturen der natürlichen Ordnung, die im Laufe der Zeit das Leben der Menschen und der Nationen durchziehen. Wenn Vico z. B. in *De Uno* die Begriffe „Herrschaft", „Freiheit" und „Schutz" untersucht, nennt er sie dem Menschen angeborene Fähigkeiten, auch wenn ihre Entwicklung von bestimmten historischen Umständen abhängt. So gab es die Freiheit, bevor der Brauch, in Kriegen Gefangene zu nehmen, die Institution der Sklaverei entstehen ließ. Der Grundbesitz existierte, bevor die Aufteilung des Bodens eingeführt wurde. Schutz und Selbsterhaltung gab es, bevor die Erziehung und die Vernunft Sinne und Affekte kontrollierten.[25] Vico kann demnach eine Theorie über die Unterscheidung aufstellen zwischen einem vom Willen abhängigen *ius naturale prius*, „das den Stoff allen willentlichen *ius* bietet und in der Freiheit und der Herrschaft und dem Schutz über diese und jene besteht", und einem *ius naturale posterius*, welches von der ewigen Vernunft abhängt, „welche der Freiheit, der Herrschaft und dem Schutz das rechte Maß gibt und die ewige Form des Gerechten".[26]

---

[24] Ebd., S. 405.
[25] Vgl. OG, S. 90.
[26] G.B. Vico, Sinopsi, in: OG, S. 6. Vgl. auch *De Uno*, in: OG, S. 90-91.

Kommen wir also auf die Grundzüge von Vicos Konzept der „ewigen idealen Geschichte" zurück und auf deren Rolle für die neue Bedeutung der Metaphysik im Denken Vicos. Richten wir einen Moment unsere Aufmerksamkeit auf die „Erklärung des Bildes" – die bekanntlich die *Scienza Nuova* in der Art einer synoptischen Darstellung des ganzen Werkes und einer Gedächtnisstütze für den Leser eröffnet – so können wir mühelos einige Anhaltspunkte finden.[27] Wie Battistini[28] zutreffend festgestellt hat, konzentrieren sich hier die „tragenden Axiome und das gesamte erkenntnistheoretische Gerüst".

Im Zentrum des Bildes erscheint – sei es symbolisch oder als Begriff – die Metaphysik, die „Frau mit beflügelten Schläfen", die auch in der figürlichen Darstellung die ganze Erdkugel, d. h. die natürliche Welt beherrscht. Es ruht auf ihr der Strahl der Vorse-

---

[27] Die Bibliographie hinsichtlich des „Bildes" hat sich im Laufe der Jahrzehnte akkumuliert. Diese in ihrer Gesamtheit hier wiederzugeben, ist nicht möglich. Zu den überzeugendsten und vollständigsten Beiträgen gehört der von M. Papini, Il geroglifico della storia. Significato e funzione della dipintura nella Scienza nuova di G.B. Vico, Bologna 1984. Vgl. aber auch D.P. Verene, Vico's Frontispiece and the Tablet of Cebes, in: Man, God and Nature in the Enlightenment, Newark 1988, S. 3-11. Doch kann man zu diesem Thema natürlich die zahlreichen und umfassenden bibliographischen Hilfsmittel zu Rate ziehen. Die sind neben den Bibliographien, die sich im Anhang zu: Badaloni, Introduzione a Vico, Roma-Bari 1984 und die Mondadori-Edition der *Opere*, hrsg. von Battistini finden, die nun schon klassischen Werke dieser Art, v. a. die *Bibliografia vichiana* di Croce e Nicolini, Napoli 1947-1948, gefolgt von M. Donzelli, Contributo alla bibliografia vichiana (1948-1970), Napoli 1973. Für Arbeiten aus jüngerer Zeit vgl. A. Battistini, Nuovo contributo alla bibliografia vichiana (1971-1980), Napoli 1983; Terzo contributo alla bibliografia vichiana (1981-1985), hrsg. von R. Mazzola, Beilage zum BCSV, XVII-XVIII, 1987-1988; Quarto contributo alla bibliografia vichiana (1986-1990), hrsg. von A. Stile und D. Rotoli, Beilage zum BCSV, XXIV-XXV, 1994-1995; Quinto contributo alla bibliografia vichiana (1991-1995), hrsg. von M. Martirano, Napoli 1996; vgl. insbesondere A. Fletcher, Dipintura: The Visual Icon of Historicism in Vico, in: ders., Colors of the Mind: Conjectures on Thinking in Literature, Cambridge/Mass. 1991, S. 147-165; M. Papini, A Graph for the Dipintura, in: New Vico Studies, IX, 1991, S. 138-141.
[28] Vgl. die Anmerkungen zu O, Bd. II, S. 1472.

hung, der vom voraussehenden Auge Gottes ausgesandt wird. Und noch bevor Vico sich anschickt, den Sinn dieser Darstellung zu erklären, erklärt er bezeichnenderweise, daß er dem Leser eine „Tafel der politischen Verhältnisse" bieten wolle.[29] Damit zeigt er den Vorrang des spezifischen Objektes der neuen Wissenschaft auf: den Zivilisierungs- und Sozialisierungsprozeß der Menschheit. Übrigens hat der Abschnitt zur *Idee des Werkes*, der die Ausgabe von 1725 einleitet, bereits klargestellt, wie im Buch über eine Wissenschaft „der Natur der Nationen" argumentiert wird.

Es beginnt auf der Ebene, auf der die politischen Verhältnisse durch das Menschliche bestimmt werden. Wenn aber die Menschheit in der Religion ihren Ausgangspunkt hat, so findet sie durch „die Wissenschaft, deren Disziplinen und die Künste"[30] zu ihrer Vollendung. Auf dem Bild des Frontispiz' beschränkt sich die Metaphysik nicht darauf, Gott „über die Ordnung der natürlichen Dinge hinaus" zu betrachten. Im göttlichen Auge betrachtet sie auch die Welt der menschlichen Geister, um so das Wirken der Vorsehung in der politischen Welt, also der Welt der Völker, zu zeigen. Vico hat demnach ganz und gar nicht die Absicht, die Rolle der Vorsehung im Leben und in der Menschheitsgeschichte zu leugnen. Das bedeutet jedoch nicht, daß er keinen Bereich der Autonomie für das Machen (*facere*) des menschlichen Willens einräumt. Dieser Freiraum kann und muß das Objekt der Wissenschaft werden, die Vico sich zu gründen und zu entwickeln anschickt. Wie schon im *Liber metaphysicus* taucht wieder die Differenz zwischen der Allwissenheit des göttlichen Geistes, wel-

---

[29] Vgl. G.B. Vico, Prinzipien einer neuen Wissenschaft über die gemeinsame Natur der Völker (1744), deutsche Übersetzung von V. Hösle und C. Jermann, Hamburg 1990. Von nun an: NW, s. hier S. 3-4.
[30] SN(1725), in: O, S. 979. „Die gewöhnliche Weisheit des Menschengeschlechts", schreibt Vico, „begann mit den Religionen und Gesetzen, und vervollkomnete sich mit den Wissenschaften, den Disziplinen und den Künsten" (ebd., S. 984). Die beiden eindeutigen Prinzipien, von denen Vicos Überlegung ausgeht, sind einerseits die Vorsehung, die bei der Regelung der menschlichen Dinge mitwirkt, und andererseits die Willensfreiheit. Die Wahl des Menschen, „in Gerechtigkeit zu leben", zeigt die wichtige Rolle, welche der menschlichen Willenskraft zukommt (ebd., § 9).

che die Gesamtheit der Natur geschaffen und erkannt hat, und der Begrenztheit des menschlichen Geistes, der jedoch das Bewußtsein eines speziellen Handlungs- und Erkenntnisraumes erlangt hat, auf. Die Erdkugel zu Füßen der geflügelten Frau ruht, wie Vico erklärt, deshalb nur auf einer Seite des Altares, um zu verdeutlichen, daß die Philosophen, indem sie „die göttliche Vorsehung bisher nur unter dem Gesichtspunkt der natürlichen Ordnung betrachtet haben, ...von ihr nur einen Teil erwiesen" haben. Es handelt sich um den Teil, der den Menschen „eigentümlicher" ist, „zu deren Natur als Haupteigenschaft gehört, gesellig zu sein".[31]

Man wird unten genauer sehen, wie nahe Vicos Vorstellungen über die Geselligkeit der menschlichen Natur den Überlegungen Kants zum Ursprung der Geschichte und der Gesellschaft und zur Rolle der Finalität der Natur für diesen Ursprung und die daran anschließende Entwicklung sind. Hier beschränke ich mich darauf, die Gedankenfolge der Argumentation Vicos festzuhalten. In der Ordnung der menschlichen Dinge, die von der Vorsehung aufgestellt wurde, befindet sich der Mensch seit dem Sündenfall anfangs im Zustand der Einsamkeit und Bestialität, doch stets mit dem Ziel, „der Nützlichkeit zu dienen". Der menschliche Wille übernimmt also eine entscheidende Rolle, da auch seine Neigung Entgegengesetztes und Verschiedenes zu tun (Kant sagt, daß man „bei hin und wieder anscheinender Weisheit im Einzelnen doch endlich alles im Großen aus Torheit, kindische Eitelkeit, oft auch aus kindischer Bosheit und Zerstörungssucht zusammengewebt findet"[32]), es zustande bringt, daß nämlicher Nutzen (den, wie Kant sagen würde, nur der „Plan der Natur" zu formen vermag) die Menschen dazu bringt, „mit Gerechtigkeit zu leben, sich in Gesellschaft zu erhalten und auf diese Weise ihre gesellige Natur zu bestätigen; diese wird in vorliegendem Werk als die wahre politische Natur des Menschen erwiesen werden, so daß auf diese

---

[31] NW, S. 4.
[32] I. Kant, Idee zu einer allgemeinen Geschichte in weltbürgerlicher Absicht, in: Akademie-Ausgabe, 1. Abt., Bd. VIII, Berlin 1923, S. 18.

Weise bewiesen werden kann, daß es von Natur aus ein Recht gibt".[33]

Immer weiter definiert und präzisiert sich die Rolle der Geschichte des Menschen und des Zivilisierungsprozesses der Menschheit, so daß sich auch die zentrale Stellung der Gesellschaftsformen und der politisch-rechtlichen Organisation erklärt. Wenngleich es sich dabei um die Entwicklung von Intuitionen handelt, die sich schon in *De antiquissima* finden, wurde diese erst möglich, als mit der *Scienza Nuova* die Philosophie Vicos eine „Philosophie ohne Natur" wurde, wie Pietro Piovani in einem berühmten Artikel festhielt. Dies gilt nicht etwa, weil der neapolitanische Philosoph den spezifischen Bereich der Erkenntnis und Realität der physisch-natürlichen Welt bestreiten wollte, sondern es dient dazu, die Interessenverlagerung hin zur Welt des Menschen und seiner Geschichte festzuhalten, die bislang von den Philosophen übergangen und unterbewertet wurde.

So hat Vico den „Weg zum Studium der *moralischen Welt*" geebnet. „Aber nur in der besonderen Untersuchungsform der neuen Wissenschaft tritt diese Richtungsweisung aus dem Status des Allgemeinen heraus und bezeichnet eine methodologische Wahl zwischen moralischer und natürlicher Welt."[34]

Das theoretische Grundprinzip, auf dem die neue Wissenschaft aufbaut, ist die Gewißheit über die Existenz einer durch Menschen entstandenen „politischen Welt", und die Philosophie, durch die philologische Methode angereichert, kann sich mit der Erkenntnis „der Wahrheiten, die von den Menschen geschaffen wurden", befassen.[35] Indem er ein Thema vom Beginn des Buches – wo er das Motiv der heiklen Position der Erdkugel auf der Kante des Altars erklärt hat – erneut aufgreift, macht Vico im Abschnitt *Dé principi* klar, was er im Auge hat, wenn er von einer Wahrheit spricht, die absolut unanzweifelbar ist – und dies ist die politische Welt als Produkt des menschlichen *facere*. Doch kritisiert er gleichzeitig,

---

[33] NW, S. 4.
[34] P. Piovani, Vico e la filosofia senza natura, in: La filosofia nuova di Vico, a.a.O., S. 75.
[35] Ebd., S. 77.

daß die Philosophie bis zu diesem Zeitpunkt es nicht verstanden habe, alle Konsequenzen aus dieser Wahrheit zu ziehen.

> „Folgendes muß bei jedem, der darüber reflektiert, Staunen erregen – wie nämlich alle Philosophen sich ernsthaft darum bemüht haben, Wissen zu erlangen von der Welt der Natur, von der doch, weil Gott sie schuf, er allein Wissen haben kann, und wie sie vernachlässigt haben, diese Welt der Völker oder politische Welt zu erforschen, von der, weil die Menschen sie geschaffen hatten, die Menschen auch Wissen erlangen konnten."[36]

Vico hält somit die „Entdeckung der wahren Elemente der Geschichte" für möglich. Wieder einmal sind sie ausgehend von der Natur der Menschen festzustellen und nicht ein für allemal von einem geschichtslosen universellen Geist vorgegeben. Die *ewige ideale Geschichte* ist bekanntlich nicht zu trennen von der historischen Zeit der Nationen. Allein aus der Natur der Menschen entwickeln sich die Sitten und aus diesen wiederum die Regierungen, die ihrerseits Gesetze ins Leben rufen, auf deren Grundlage sich die „politischen Sitten" entwickeln und schließlich die Konstanten, die das Leben der Völker kennzeichnen. Vico hält fest:

> „Die wahren Elemente der Geschichte scheinen diese Prinzipien der Moral, der Politik, von Recht und „Jurisprudenz der Menschheit" zu sein, die für diese neue Wissenschaft der Menschheit wiederentdeckt wurden und nach denen sich die Weltgeschichte der Völker richtet und deren Ursprung, Entwicklung, Bestehen, Niedergang und Ende wiederum die neue Wissenschaft beschreibt."[37]

---

[36] NW, S. 142-143.
[37] SN(1725), in: O, S. 1083. Dieses Motiv wird in der *Scienza nuova* von 1744 wieder aufgenommen, wo Vico von der idealen ewigen Geschichte spricht, in der die Zeiten der Völker enthalten sind „mit ihrem Entstehen, Fortschritt, Höhepunkt, Niedergang und Ende". (Vgl. NW, S. 154) Battistini (ebd., S. 1534-1535) weist auf die Bedeutung hin, die das Thema vom Verlauf der

All dies wird, wie wir wissen, gemäß der göttlichen Vorsehung eingerichtet. Doch bringt es gerade das Wesen der Geschichte, die in der menschlichen Natur und in den politischen und gesellschaftlichen Formen der Zivilisation verankert ist, mit sich, daß die Wissenschaft, die das Objekt der Überlegungen Vicos ist, sich als eine „rationale politische Theologie der göttlichen Vorsehung" darstellt.[38] Noch einmal stellt sich hier das Problem der Vorsehung. Die Tatsache, daß Vico die Wissenschaft, die Gegenstand seines Buches ist, als rationale politische Theologie der Vorsehung betrachtet, läßt keine gewaltsame Interpretation zu, weder von der Seite einer absoluten Laisierung und Immanenz, noch von der Verabsolutierung der religiösen Vorsehung. Es genügt, sich an die Schriften Vicos zu halten, um zu erkennen, daß das Problem sich nicht in Form eines Bestätigens oder Anzweifelns der Rolle der Vorsehung stellt, sondern als eine bewußte Unterscheidung, die weit mehr methodologisch und erkenntnisbezogen als ontologisch ist. Diese Unterscheidung hat Piovani angesiedelt zwischen „einer kosmischen Universalität, die als Natur Gott überlassen bleibt, und einer politischen Universalität, die als Geschichte dem Menschen und den von ihm anerkannten Autoritäten überlassen bleibt".[39]

Vico bestimmt, ohne je den göttlichen Ursprung aller natürlichen und menschlichen Realität in Frage zu stellen, den Ort, an dem der menschliche Wille sich in Analogie zur göttlichen Allmacht am stärksten und freiesten entfaltet. Zum Beispiel illustriert Vico in *De Uno* diese Analogie zwischen göttlicher Souveränität über das Universum und der Souveränität der *potestas civilis* im Staat, zwischen der ewigen Vernunft Gottes, aus der alles Ge-

---

Geschichte von ihrem Ursprung und ihrer Entwicklung bis zum Niedergang in der Geschichtsschreibung des 18. Jahrhunderts besaß. Zum Thema der „ewigen idealen Geschichte" vgl. auch M.F. Pierlott, Vico's Principle of Authority and the Ideal Eternal History. The Transcendence of Human Limitation, in: Dialogue, 42, 2-3, 2000, S. 46-52. Zur allgemeinen Auffassung der Geschichte in Vico vgl. M. Galceran-Huguet, El tiempo de la historia, in: Logos, 1-2, 1999, S. 287-303.

[38] NW, S. 4.
[39] P. Piovani, Vico e la filosofia senza natura, in: La filosofia nuova di Vico, a.a.O., S. 82.

schaffene entspringt und der Souveränität des Staates, der jede öffentliche und private Macht und die Gesetzesformen entspringen.

> „Gott ist durch jene absolute Freiheit fest in seiner ewigen Vernunft, an der er unveränderlich festhält und durch die Gottesähnlichkeit gehorcht auch die politische Gewalt ihrer Vernunft und ihren Gesetzen ohne durch irgendeine Kraft dazu gezwungen zu sein und deshalb im spontanen Akt der souveränen Freiheit."[40]

So ist das politische Universum, auf das die neue Wissenschaft angewendet werden soll, wie sich unten zeigen wird, wesentlich die Welt der *auctoritas*, einer menschlichen *auctoritas*, deren Souveränität in ihrem Wirkungsbereich der göttlichen gleicht. Daher erklärt sich auch die zentrale Position, die in Vicos Werk Recht und Politik einnehmen. Der Mensch ist also mit einer „natürlichen" Autorität begabt, „die ihn seine Souveränität auf alle sterbliche Natur ausdehnen läßt". Er ist mit einer „monastischen" Autorität begabt, die ihn „Herr in der Einsamkeit" werden läßt. Er ist mit einer „ökonomischen" Autorität begabt, die „in der Familie den Vater zum Souverän" macht. Und schließlich ist ihm eine „politische" Autorität gegeben, die „im Staate eine politische Gewalt zum Souverän macht".[41]

Vico gedenkt also nicht, die Universalität der Formen zu bestreiten, in denen sich die göttliche Präsenz in der Welt (durch die ewige Vernunft) manifestiert. Es ist auch nicht seine Intention, sie durch eine logische oder natürliche Universalität entgegengesetzter Art zu ersetzen. Es ist vielmehr so, daß er von der Entdeckung einer Universalität der menschlichen Welt ausgeht, für welche es der Instrumente der Erkenntnis (andere noch als die der Erfahrung) bedarf, um erfahren und verstanden zu werden, die denen der Physik und der Metaphysik nicht analog sein können. Das Konzept ist unmißverständlich im letzten Abschnitt der Erklärung des „Bildes" ausgedrückt. Es gibt immer eine teleologische Ord-

---

[40] G.B. Vico, De Uno, in: OG, S. 134.
[41] Ebd.

nung, die alles beherrscht und die in sich die Etappen des Werdeganges des menschlichen Geistes enthält, welche dieser durchlaufen muß, um sich zum Himmel zu erheben. Doch geschieht dieser Werdegang in Phasen und durchläuft verschiedene „Welten".

„Alle Hieroglyphen, die man auf der Erde sieht, bezeichnen die Welt der Völker [der von Vico dargestellte Weg beginnt, wie man sieht, mit einer sehr weltlichen und der Wirklichkeit des Menschen nahen Ebene, G.C.], der sich vor allen anderen Dingen die Menschen gewidmet haben. Die Kugel in der Mitte repräsentiert die Welt der Natur, die später von den Naturphilosophen beobachtet wurde. Die Hieroglyphen über ihr bedeuten die Welt des Geistes und Gottes, die schließlich die Metaphysiker betrachteten."[42]

Vico scheint sich also seiner Entdeckung bewußt zu sein, dieses „großen neuen Themas", das von den Physikern so lange vernachlässigt wurde, da sie sich nur mit der natürlichen Welt beschäftigten, und ebenso von den Philosophen, die die Welt ausschließlich von der Seite der Metaphysik aus betrachtet haben und dadurch diese neue und unerforschte Welt der Geschichte und der menschlichen Zivilisation unbeachtet ließen.

---

[2] NW, S. 39.

ZWEITES KAPITEL

Vicos Hermeneutik zwischen Philosophie und Philologie

Die Verbindung von Philosophie und Philologie gehört bekanntlich zu den wichtigsten Charakteristika von Vicos Denken. Will man diese Verbindung verstehen, so muß man von dem allgemeinen Prinzip ausgehen, welches der Erkenntnistheorie Vicos zugrunde liegt: der Konvertierbarkeit von *verum* und *factum*. Das Auffinden der historischen Fakten und allgemeiner des menschlichen Handelns und seiner Bedeutung als ihrem Bezugsrahmen bleibt nicht allein einer, wenn auch unverzichtbaren, philologischen Dimension verhaftet. Es bedarf der Verbindung zu begrifflichen Strukturen des Denkens, d. h. zur Arbeit der Philosophie. Die Wahrheit des Faktums ist nicht zu trennen vom Faktisch-Werden des Wahren in der Geschichte. Die ewige ideale Geschichte verbleibt nicht unbeweglich im Himmel der Metaphysik; sie entfaltet sich, wie Vico betont, entlang der zeitlichen Bestimmung der menschlichen Nationen. Gerade die Zivilisierungsprinzipien der Gesellschaft (Religion, Familie, Recht) besitzen sicherlich einen universellen Charakter, finden jedoch ihren Ausdruck in der Historizität der menschlichen Sitten und der gesellschaftlichen Institutionen. Daher liegt eines der grundlegenden Motive der philosophischen Hermeneutik Vicos im Konzept des *Gemeinsinns*, welcher mehr als jedes abstrakte und mathematisierende Urteil hilft, die unabdingbare Verbindung zwischen Philosophie und Philologie zu verstehen.

Laut Vico gibt es im natürlichen Recht der Völker *wesentlich einheitliche Aspekte*, deren Verständnis hilfreich ist, um die historischen, juristischen und moralischen Unterschiede zwischen den Nationen zu verstehen und zu erklären. Das Erfassen jener Aspekte gestattet es, das von Vico so genannte *geistige Wörterbuch* zu erstellen. Dieses Instrumentes bedient sich die ewige ideale Geschichte, um sich in den je einzelnen Geschichten darzustellen. Hier öffnet sich einer der bedeutendsten philosophischen Wege hin zum Begreifen des theoretischen Profils von Vicos Hermeneutik. Wenn die Philologie – so wie Vico es will – in eine Wechselbeziehung mit der Philosophie tritt, nimmt sie nicht so sehr und nicht ausschließlich die Form einer Technik zur Erforschung der Worte, sondern die einer wahren Wissenschaft an, die es dem Menschen erlaubt, den Plan und die Erscheinungsformen der ewigen idealen Geschichte zu *entdecken*. Ausgangspunkt des neapolitanischen Philosophen war die Kritik an den einander entgegengesetzten Einseitigkeiten der Philologen (achtsam nur auf die Empirie der Fakten) und der Philosophen (angezogen ausschließlich von der Abstraktheit der Vernunft). Nunmehr gelangt er entsprechend zu einer Interaktionshypothese zwischen der historischen Struktur der Vielfalt und der begrifflichen Struktur der Universalität. Vicos Hermeneutik ist in diesem Sinne vor allem eine philosophische *Erkenntnistheorie*, deren Ziel es ist, durch Analyse und Studium der historischen Welt, jene Prinzipien der Wahrheit zu prüfen, die der Metaphysik des Geistes angehören.

Im Lichte all dessen läßt sich die volle Tragweite der herausragenden Rolle der Sprache in Vicos Werk verstehen. Es geht tatsächlich nicht nur darum, den Wert der Sprache für das Erkennen und das Ausdrücken zu unterstreichen, sondern auch darum, ihre Bedeutung für eine Hermeneutik der politischen und institutionellen Formen der menschlichen Erfahrung zu erfassen. Das vom menschlichen Geist erarbeitete universelle Wörterbuch wird zu einem der grundlegenden Instrumente, deren sich die „neue Wissenschaft" bedient, um die Struktur der Ausdrucksformen „geselligen" Lebens zu verstehen, so, wie diese sich in den verschiedenen historischen Realitäten der menschlichen Gesellschaft darstellen. Die gemeinsame geistige Sprache übernimmt demzufolge auch eine wichtige politische und soziale Funktion.

Der fruchtbare Keim, der für Vico aus dem Zusammentreffen von Philologie und Philosophie entspringt, ist eine „neue kritische Kunst", die in der Lage ist, den Skeptizismus zu überwinden, welcher sich in den metaphysischen Schlußfolgerungen der rationalistischen Kritik einnistet. Sie vermag dies, indem sie sich auf die Topik und demnach auf die Erzeugnisse des Ingeniums, des Wahrscheinlichen, der Kreativität gründet.

Durch diese neue Betrachtungsweise des Verhältnisses von Kritik und Topik definiert sich klar Vicos Zirkel von Philosophie – Geschichte – Philologie und damit die „neue Wissenschaft" als Verstehen der Formen, durch die sich die menschliche Welt ausdrückt (Poesie, Mythos, Geschichte, Recht, Sprache). Die Philologie selbst erlangt durch Vico eine weitreichendere und umfassendere Bedeutung – im Vergleich zur begrenzten Relevanz eines Studiums der Worte. Für Vico überliefert die Philologie mittels der Worte die Geschichte und versucht, deren Ursprünge und Entwicklungen zu erklären. Vor diesem Hintergrund ist die Philologie Vicos nichts anderes als der Vorbote der modernen Geschichtswissenschaft, weil sie sich im vollen Umfang komparativer Verfahren zu bedienen weiß. Doch ist sie ebenso die Vorwegnahme einer wahren hermeneutischen Theorie, da für Vico die Philologie nicht bei der Analyse des linguistischen Ausdrucks haltmacht, sondern zur Forschung nach möglichen Verbindungen zwischen Worten und Dingen, zwischen Subjekt und Welt wird. Daher darf die große und wichtige Rolle der Philologie als allgemeine Wissenschaft all dessen, was die Handlungen des Menschen betrifft, nicht verwundern.

Somit verzichtet Vicos Metaphysik nicht darauf, das Licht der göttlichen Vorsehung zu nutzen, um das Wissen über die gemeinsame Natur der Völker zu vertiefen, aber sie benötigt auch die Philologie und das Wissen über die Geschichte als Instrumente, um zu den Ursprüngen jener menschlichen Formen des Rechtes vorzudringen, welche sich bekanntlich im Verlauf der drei Zeitalter der Geschichte artikulieren: den Zeitaltern der Götter, der Helden, der Menschen. Auf diese Weise definiert sich klar der Zusammenhang von Philosophie und Philologie, von der Wissenschaft des Wahren und dem Wissen des Gewissen. Beide Bereiche behalten jedoch eine genau definierte Autonomie, da nicht nur die Sphäre der philosophischen Prinzipien, sondern auch die der Willkür und des menschlichen Willens ihre volle Würde besitzen. Tatsächlich können die Menschen niemals die universelle Wahrheit vollständig durchdringen, welche nur der Geist Gottes besitzt. Doch zumindest bemühen sie sich, das Gewisse zu erforschen und zu verstehen, das durch die Geschichte, die Poesie, die Gesetze, das Handeln der Individuen und der Nationen hervorgebracht wird. Von daher ist es leicht zu verstehen, warum die praktisch-erkenntnistheoretische Dimension des menschlichen Bewußtseins das bevorzugte Objekt der neuen Wissenschaft darstellt.

Die weise und suggestive Verbindung, in die Vico seine vier Autoren (Platon, Tacitus, Bacon, Grotius) bringt, zeigt, daß die neue Wissenschaft, die er im Sinn hat – die Wissenschaft von der Geschichte –, gewiß die theoretischen Prinzipien der Philosophie benötigt. Doch steht der ideale Charakter der Prinzipien in Beziehung zur Faktizität der politischen Welt der Nationen, also zu den Produkten der politischen und praktischen Weisheit. Andernfalls bliebe die menschliche Vernunft Gefangene bloßer begrifflicher Abstraktionen. Die praktische Funktion der Philosophie besteht gerade in der Verbindung, die Vico explizit zwischen Philosophie und Recht zieht, zwischen die ideale Dimension des Wahren und die reale Dimension der Gesellschaft und der menschlichen Leidenschaften.

Die Definition, die Vico zu Beginn seines Hauptwerkes von seiner Wissenschaft gibt – „rationale politische Theologie der göttlichen Vorsehung" – klärt erschöpfend den genetischen Charakter ihrer Herkunft, d. h. die Idee einer rationalen Analyse der Weisen, durch die der Plan der Vorsehung sich in den konkreten Schritten der Geschichte zeigt, ausgehend von jenem grundlegenden Ursprungsort, der von der „gewöhnlichen Weisheit der Gesetzgeber", also von der Weisheit der Gründer der politischen Nationen gebildet wird. Auch das theoretische Fundament der „Philosophie der Autorität", demnach eines der Hauptmotive im Zentrum der neuen Wissenschaft, hat ihren Daseinsgrund in der Verbindung von Philosophie und Philologie – um mit Vicos Worten zu sprechen: in der Verbindung zwischen dem Gebrauch der „philosophischen Beweise" und dem der „philologischen Beweise".

Der Philosoph Vico bleibt überzeugt von der Notwendigkeit einer philosophischen Suche des Wahren, doch soll an deren Seite die Aufgabe der Erforschung der Geschichte treten. Letztere braucht die Vernunft, um die Präsenz der Wahrheit in der Welt zu bestätigen, aber die Vernunft wiederum bedarf von Mal zu Mal der Bestätigung durch die Geschichte, um ihrer Rolle als Regulierin der Gesellschaft und als Bändigerin der Leidenschaften gerecht zu werden.

*****

Die enge Beziehung zwischen „Ewigkeit" und „Zeitlichkeit" zeichnet sich bei Vico auch jenseits des Kernthemas Religion und Vorsehung ab.[1] Sie läßt sich in ihrer Besonderheit – als zentrales

---

[1] Von den zahlreichen Schriften, die hierzu herangezogen werden können, reicht es, das Anfangskapitel der *Scienza nuova* von 1725 zu nennen. Obwohl er anerkennt, daß das natürliche Recht der Nationen seinen Ursprung in deren „gemeinsamen Sitten" hat, erstellt Vico eines der grundlegenden metaphysischen Prinzipien, auf dem sich sowohl die „neue Wissenschaft", als auch die jeweiligen „Praktiken", die mit dieser Wissenschaft verbunden sind, aufbauen: Es ist die Tatsache, daß die Nationen ihren Ursprung immer in der Religion haben. Es ist wohl wahr, daß es ein im „am Grunde der menschlichen Seele verborgenen Gemeinsinn" verwurzeltes allgemeines Verlangen der menschlichen Seele nach dem ewigen Leben und der Unsterblichkeit der Seele gibt. Doch ist auch wahr, daß der Sinn für die Ewigkeit und die Überwindung der Begrenztheit der menschlichen Natur in einer „über der Natur stehenden Kraft [...], in einem Gott, der nicht Natur sei [...] also einem ewigen und unendlichen Geist" gesucht wird. Vgl. O, Bd. II, S. 983, § 8. Zum Thema „Religion" gibt es eine umfangreiche und kontroverse Bibliographie. Neben den älteren bekannten Beiträgen von Croce bis Gentile, von Corsano bis Amerio, von Bellofiore bis Löwith und Piovani (vgl: *Bibliografia vichiana* von Croce und Nicolini und die bibliographischen Ergänzungen des „Centro di studi vichiani" in Neapel) wären zu nennen: L. Pompa, Vico: a Study of the "New Science", Cambridge 1975; G. Modica, La filosofia del "senso comune" in Giambattista Vico, Caltanissetta-Roma 1983; A.M. Jacobelli Isoldi, Vico. Per una "scienza della storia", Roma 1985; S. Otto, Vico. Grundzüge seiner Philosophie, Stuttgart-Berlin-

Thema der vichianischen Spekulation – im allgemeineren Kontext der Bedeutung verstehen, welche die Metaphysik in ihrem Bezug zur Geschichte und zur politisch-bürgerlichen Dimension menschlichen Handelns annimmt.[2] Und die Metaphysik Vicos kann nicht ohne die fundamentale Entdeckung des Prinzips der Konvertierbarkeit von *verum* und *factum*[3] auskommen. Wenn der Konvertie-

---

Köln 1989; F. Botturi, La sapienza della storia. Giambattista Vico e la filosofia pratica, Milano 1991; J. Milbank, The Religious Dimension in the Thought of Giambattista Vico, in I: The Early Metaphysics. Study in the History of Philosophy, Lewiston N.Y. 1991, II: Language, Law and History, 1992; J. Faur, Imagination and Religious Pluralism: Maimonides, ibn Verga and Vico, in: New Vico Studies, X, 1992, S. 36-51; U. Galeazzi, Ermeneutica e storia in Vico. Morale, diritto e società nella "Scienza nuova", L'Aquila-Roma 1993 (insbesondere S. 17 ff. und 192 ff.); R. Mazzola, Religione e Provvidenza in Vico, in: BCSV, XXVI-XXVII, 1996-97, S. 101-126; V. Mathieu, La Provvidenza e Vico, in: M. Agrimi (Hg.), Giambattista Vico nel suo tempo e nel nostro, Napoli 1999, S. 581-587.

[2] Dies ist als Grundorientierung der Forschung Vicos schon lange vor dem Erscheinen der *Scienza Nuova* bezeugt, unter anderem in der Widmung für Paolo Mattia Doria, mit der das *Liber metaphysicus* beginnt. Wenn man von dem anfänglichen „gelehrten" Vorhaben absieht, Vermutungen über die Aussagen der alten italienischen Gelehrten anzustellen, die sich um „das erste Wahre, die höchste Gottheit und die menschliche Seele" drehen, kann einem die Tatsache nicht entgehen, daß Vico sich als einer der „modernen Denker" versteht und sich daher bemüht, das erste Wahre auf „menschlichen Nutzen und menschliche Erfahrung" anzuwenden. Die Überlegung zu den gegenwärtigen „metaphysischen Sachverhalten" scheint also nicht getrennt zu sein von der Erforschung der Grundlagen einer „Politik" (*civilis doctrina*), die für jenen „Herrscher" und jene Staatskunst die Grundlage bildet, welche sich „den christlichen Gesetzen" unterwerfen und umso „wünschenswerter für das Glück der Staaten" sind. (Vgl. LM, in: FN 1, S. 31) Die Literatur zur „praktischen Philosophie" in Vicos Werk hat in den letzten Jahren beträchtlich an Umfang zugenommen. In eher skizzenhafter Weise habe auch ich dazu publiziert; in: Vico e la filosofia pratica, in: BCSV, XXVI, 1996. Hier verweise ich auf die zur Verfügung stehenden Bibliographien.

[3] Unter den jüngsten Interpretationen ist die von S. Otto, besonders S. 112 ff., diejenige, welche mit Nachdruck auf einem Zusammenhang zwischen Metaphysik des Geistes und dem historisch-empirischen Handeln der Menschen besteht (wenn auch im Rahmen eines allgemeinen philosophisch-transzendentalen Ansatzes). Der Geist nehme nach Vico eine sozusagen transzendentale Struktur an, wodurch seine Metaphysik jeglichen substantialistischen

rungsprozeß einmal nicht mehr nur einseitig interpretiert wird, sei es nun rein in praktizistischem und immanentistischem Sinne oder auf ebenso einschränkende Weise rein metaphysisch und transzendent, läßt er sich so verstehen, daß die Grundlage für die Be-

---

Charakter verliere. Der Zusammenhang der Konvertierbarkeit von *verum* und *factum* wird also nicht mehr im Sinne einer Widerspiegelung oder im Sinne einer hierarchischen Ableitung interpretiert, sondern im Licht einer epistemologischen Beziehung zwischen *Kritik* und *Topik*, zwischen der Bestimmung des Wahren und seiner konstanten Wiederkehr in den historischen Formen des Wahrscheinlichen gesehen. M. Lilla bestreitet in seinem Buch „G.B. Vico. The Making of an Anti-Modern", Cambridge Mass.-London 1993, S. 29 ff., meiner Meinung nach auf fragwürdige Art und Weise, die epistemologische Bedeutung der *verum-factum*-Relation, um einen Vorrang der metaphysischen Kausalitätstheorie zu vermuten. Wie dem auch sei, auch der amerikanische Forscher erkennt die zentrale Funktion, welche die „Metaphysik des Geistes" bei Vico einnimmt, mit ihrer Fähigkeit, die universellen Strukturen und Formen zu verstehen und zu erarbeiten, die sich im *Gemeinsinn* der Nationen Ausdruck verleihen (S. 158 ff.). Hierzu siehe auch M. Sevilla Fernandez, Giambattista Vico: metafisica de la mente y historicismo antropológico. Un estudio sobre la concepción viquiana del hombre, de su mundo y de su ciencia, Sevilla 1988. Durch eine genaue Analyse des Begriffes und der Merkmale der „Metaphysik des Geistes" erstellt der spanische Forscher eine Interpretation der Philosophie Vicos im Sinne einer historisch-anthropologischen Herangehensweise. Diese basiert vor allem auf dem Zusammenhang zwischen den Strukturen des Geistes und der geschichtlich-sozialen Realität der Menschen. Vgl. außerdem C. Castellani, Dalla cronologia alla metafisica della mente. Saggio su Vico, Bologna 1995. Indem sie im Zentrum der Reflexionen Vicos die Identität von Philosophie und Philologie sieht, beobachtet Castellani meiner Meinung nach zu Recht, daß der Geist „Bedingung für die Historizität" wird, sei es nun in seiner mytisch-poietischen Aktivität und in seiner Tätigkeit als Erzeuger von Bildern und von Sprache oder sei es in der Tätigkeit universeller Synthese (vgl. S. XIII). Zur Korrespondenz im Sinne Vicos zwischen den Prinzipien des Geistes und den Prinzipien der Dinge vgl. S. 40 ff. Eine Überlegung zu den Verbindungen zwischen einer sog. „historischen" Veranlagung im Hinblick auf Formen der Individualität und einer metaphysischen und ontologischen Sicht auf die Geschichte, die also die Komplexität und den spezifischen Charakter im Begriff der „idealen ewigen Geschichte" berücksichtigt, findet sich bei E. Nuzzo, Vico, la storia, lo storicismo, in: G. Cacciatore-G. Cantillo-G. Lissa (Hg.), Lo storicismo e la sua storia. Temi, problemi, prospettive, Milano 1997, S. 50-68.

deutung der Fakten jenseits der Dinge selbst zu finden ist. Der Vorgang könnte als „hermeneutisch" im Sinne der *Topik* verstanden werden. Die Tatsachen selbst bleiben in ihrer Dimension als geschichtliche Ereignisse der Vergangenheit der unerläßliche Erfahrungskomplex, von dem die neue Wissenschaft ausgeht. Im *factum* verkörpert sich das *verum*, aber die Tatsache bleibt bedeutungslos, wenn sie sich nicht auf ein Prinzipienschema bezieht. Unter Rückgriff auf den begrifflichen Kontext Vicos könnte man sagen: Wenn sie sich nicht auf die konstanten mentalen Strukturen bezieht, auf die *Eide* des Geistes.

In der Möglichkeit, die sich dem Geist seiner konstitutiven Disposition gemäß bietet, den Zusammenhang von *Ewigkeit-Zeitlichkeit, Universalem-Besonderem* zu erkennen, verdichtet sich die Bedeutung von Vicos Zentralbegriff, der *ewigen idealen Geschichte*. Belegt wird dies durch eine wohlbekannte und daher immer wieder zitierte Textstelle aus der *Scienza Nuova* von 1744. Vico ist sich der Bedeutung seiner Entdeckung bewußt genug, um festzustellen, daß die Wahrheit, die aufgrund der „Anmaßung der Völker"[4] und der „Anmaßung der Gelehrten" lange unerkannt blieb, ganz unverhofft die „dichte Nacht voller Finsternis, mit der die erste von uns so weit entfernte Urzeit bedeckt ist", aufzuhellen vermag. Die „Anmaßung der Völker" erschwert die Arbeit der Philologen, und die „Anmaßung der Gelehrten" macht oft die geschichtliche Arbeit der Philosophen auf der Suche nach den Prinzipien der neuen Wissenschaft sinnlos. Jene Wahrheit besteht nun zweifellos darin, daß „*diese politische Welt sicherlich von den Menschen gemacht worden ist*". Aber diese Wahrheit wäre unvollständig, würde man nicht hinzufügen, daß die Realität der menschlichen Welt mit den Prinzipien, die sich „*innerhalb der Modifikationen unseres eigenen menschlichen Geistes*"[5] wiederfinden, zusammenhängt.

---

[4] Zur Anmaßung der Gelehrten und der Nationen vgl. NW, Bd. I, S. 89, § 124. Zum literarischen *Topos* vgl. die Beobachtungen von A. Battistini in seinem *Commento*, vgl. O, Bd. II, S. 1519.

[5] SN(1744), in: O, Bd. I, S. 541-542, § 331; dt. NW, S. 142. Auf diesen wichtigen Paragraphen in Vicos Werk werden wir später noch zurückkommen.

Auch wenn man akzeptiert, daß der Ursprung und die Ableitung solcher Prinzipien sich in der Allwissenheit des göttlichen Geistes finden, so sind doch ihre „hermeneutische" Feststellung und ihr „topisches" Aufspüren außerhalb der historischen Wirklichkeit der Welt der Völker nicht möglich.[6] Nur in dieser Welt lassen sich die Aspekte der Kultur erkennen, auf die sich alle Menschen geeinigt haben und sich immer wieder einigen. Aus diesen Aspekten leiten sich die „allgemeinen und ewigen Prinzipien ab, wie sie zu jeder Wissenschaft erforderlich, und auf deren Grundlage alle Völker entstanden sind und sich alle als solche erhalten".[7] Hier zeigt Vico

---

[6] Gusdorf hat deshalb nicht Unrecht, wenn er in Vico einen der ersten Denker erkennt, welche die „intrinsische Kohärenz der Verständlichkeit in einem kulturellen Moment (la cohérence intrinsique de l'intelligibilité au sein d'un moment culturel)" hervorheben. Vgl. G. Gusdorf, Les origines de l'herméneutique, Paris 1988, S. 141. Auch Gusdorf geht von der radikalen Trennung von göttlicher Schöpfung und der Machbarkeit der Welt der Völker durch den Menschen aus. Deshalb stellt sich das geschichtliche Wissen als eine neue Form des Verständnisses dar, und zwar von dem Moment an, von dem die Menschen „in einer Welt der Bedeutungen, die sich im Laufe der Zeit herauskristallisieren", leben. Mit Bezug auf die bekannten Abschnitte 331 und 332 der SN 1744 stellt Gusdorf die Hauptaspekte der Hermeneutik Vicos zusammen: „Die von Vico verkündete erkenntnistheoretische Revolution drängt den Menschen, in sich selbst zu kehren, um sich selbst in den Formen, die er der sozialen Welt aufgedrängt hat, wiederzuerkennen" (ebd., S. 142). Die Beziehung zwischen den Prinzipien der menschlichen Welt und den Veränderungen unseres Geistes stellt den augenscheinlichsten Aspekt für die Begründung einer „Hermeneutik der universellen Geschichte" dar. Nach der Meinung Gusdorfs kommt Vico der Verdienst zu, als erster einen Begriff des *Geistes der Kulturen* vorgeschlagen zu haben. „Nunmehr ist es erforderlich, ein Dokument in den ihm eigenen kulturellen Kontext einzubetten, um es interpretieren zu können. Dieses Einbetten richtet sich nach den Richtlinien der strukturellen Formen, als da sind: Sprachen, Institutionen, Traditionen und Mythen" (ebd., S. 143). Es sei vermerkt, daß die Überlegungen Gusdorfs nicht immer frei sind von übertriebenen Vereinfachungen im Bezug auf Vico als Vorläufer sowohl der hegelianischen Verkörperung des Geistes in der Geschichte, als auch Schellings Philosophie der Identität.

[7] Vgl. SN(1744), in: O, Bd. I, S. 542, § 332; dt. NW, S. 143. Hier kann man sicher mit Lollini, Le muse, le maschere e il sublime. Vico e la poesia nell' età della "ragione spiegata", Napoli 1994, S. 57, übereinstimmen, wenn er die Philologie, die Vico meint, als eine „philosophische und hermeneutische

deutlich, wie seine „philosophische Entdeckung" umfassende epistemologische Geltung gewinnt, also nicht nur auf die geschichtlich-philologische Wissenschaft beschränkt ist.

Trotz der räumlichen und zeitlichen Diversifikation, welche die Geschichte der Völker kennzeichnet, und trotz ihrer unterschiedlichen geschichtlichen, politischen und kulturellen Grundlagen (geschichts-hermeneutisch modern ausgedrückt sind es die Lebensäußerungen, die sich in Texten und Kontexten offenbaren), gibt es, Vicos Lesern wohlbekannt, mindestens „drei menschliche Sitten", die in allen Phasen der menschlichen Evolution wiederkehren und die die Menschheit selbst zu erhalten versucht, da sie sonst Gefahr läuft, wieder der Barbarei zu verfallen. Religion, Ehe und Bestattung sind die obersten, ewigen und allgemeinen Prinzipien der von Vico „versuchten" neuen Wissenschaft.

Hier geht es nicht so sehr darum, den Verlauf von Vicos Argumentation über das Naturrecht und die Universalität der drei Prinzipien nachzuvollziehen, ebensowenig die ausführlichen Polemiken Vicos gegen die modernen, skeptischen und epikuräischen Philosophien, welche die Existenz einer „vorhersehenden Gottheit" negiert haben. Vielmehr geht es wieder einmal darum, die „theoretische" Struktur von Vicos Argument herauszuarbeiten, in der es darum geht, die Zusammenhänge zwischen Wahrheit und Gewißheit, zwischen „philosophischer" Universalität der Ideen und „hermeneutisch-philologischer" Historizität der menschlichen Sitten und der politischen Institutionen offenzulegen. Im oben zitierten Text weist Vico auf eine *Degnità* hin, eines der Axiome also, auf die sich diese Wissenschaft gründet, die „über die gemein-

---

Philologie" betrachtet. Die zentrale Rolle der Einbildungskraft im vichianischen Denken dient weniger der Begründung einer Ästhetik als einer bewußten „Hermeneutik der primitiven Welt". In dieser vorrangig anthropologischen Anschauung „treffen sich die Philosophie und die Philologie in dem Versuch einer semantisch-etymologischen Rekonstruktion der Sprache und der Kultur am Beginn der Menschheit". Zur philosophischen Bedeutung der Philologie Vicos vgl. O. Pöggeler, Philologiam ad philosophiae principia revocare. La recezione di Vico in Auerbach, in: BCSV, XXII-XXIII, 1992-1993, S. 307-324.

same Natur der Völker erwägt".⁸ Die Einleitung der *Degnità* XIII erklärt deutlich:

„Entstehen gleichförmige Ideen bei ganzen Völkern, die miteinander nicht bekannt sind, so müssen sie einen gemeinsamen wahren Hintergrund haben."⁹

Wie die Leser der *Scienza Nuova* wissen, vertieft Vico hier das theoretische Fundament des *Gemeinsinns* als eines der zentralen und ursprünglichsten Themen seiner Philosophie.¹⁰ Zwar stellt

---

⁸ Vgl. SN(1744), in: O, § 119; dt. NW, S. 88.

⁹ Ebd., S. 499, § 144; dt. NW, S. 93. Battistini bemerkt in seinem Kommentar, daß es bei einem der vier Autoren Vicos, nämlich bei Grotius, eine analoge Idee gibt: „quod ubi multi diversis temporibus ac locis idem pro certo affirmant, id ad causam universalem referri debet." („daß, wo viele zu verschiedenen Zeiten und an verschiedenen Orten dasselbe als gewiß erklären, dies auf eine universale Ursache zurückzuführen ist" aus: De jure belli ac pacis. Prolegomena, § 40).

¹⁰ Es ist nicht möglich, die umfangreiche Sekundärliteratur zum Thema „Gemeinsinn" bei Vico vollständig anzugeben. Ich beschränke mich darauf, die m. E. wichtigsten Beiträge zu nennen. G. Giarrizzo, Del "senso comune" in Vico, in: ders., Vico, la politica e la storia, Napoli 1981, S. 125-141; E. Grassi, La priorità del senso comune e della fantasia in Vico, in: E. Riverso (Hg.), Leggere Vico, Milano 1982, S. 128-142; J.M. Krois: Vico's and Peirce's "Sensus communis", in: G. Tagliacozzo (Hg.), Vico: Past and Present, Atlantic Highlands 1982, S. 58-71; G. Modica, La filosofia del "senso comune", in: Giambattista Vico, Roma-Caltanissetta 1983; A.M. Jacobelli Isoldi, insbesondere das Kapitel "Senso comune" e "pudore", S. 21 ff.; J.D. Schaefer, Sensus communis. Vico, Rhetoric and the Limits of Relativism, Durham 1990; J. Gebhardt, Sensus communis: Vico e la tradizione europea antica, in: G. Cacciatore/G. Cantillo (Hgg.): Vico in Italia e in Germania. Letture e prospettive, Napoli 1993, S. 43-64. M. Signore, "Sensus communis" e fonti retoriche e fantastiche in Vico per la "comprensione dell'agire umano, in: A. Verri (Hg.), Vico e il pensiero contemporaneo, Lecce 1991, S. 202-217; A. Livi, Vico: senso comune e consenso sociale, in: ders., Il senso comune tra razionalismo e scetticismo (Vico, Reid, Jacobi, Moore), Milano 1992, S. 63-78; J. Gebhardt, Sensus communis: Vico e la tradizione europea antica, in: G. Cacciatore/G. Cantillo (Hgg.): Vico in Italia e in Germania. Letture e prospettive, Napoli 1993, S. 43-64; M. Levin, Common Sense and History in Gramsci and Vico, in: New Vico Studies, XII, 1994, S. 81-85; D. Barbieri, Vico e Kant: due visioni politiche, due accezioni di "senso comune", in: R. Cotteri (Hg.), Giambattista Vico (1668-1744). Nel 250. An-

sich dieser als ein „Urteil ohne jede Reflexion"[11] dar, aber als etwas, das vom Menschengeschlecht allgemein wahrgenommen wird. Und genau aus diesem Grunde wird es zum entscheidenden Element für eine „neue kritische Kunst", auf der Vico schon in der „Erklärung des Bildes"[12] die nötige Wechselwirkung zwischen Philosophie und Philologie basieren ließ. Der Gemeinsinn, natürlich immer von der Vorsehung angewiesen, wird so zum Kriterium, um „das Gewisse bezüglich des natürlichen Rechtes der Völker zu bestimmen".[13] Das grundlegende Instrument zur Feststellung eines solchen Rechtes ist das Verständnis für die „wesentlich einheitlichen Aspekte",[14] auf die sich Völker trotz Veränderungen und Unterschieden hinentwickeln. Die Entdeckung der „wesentlich einheitlichen Aspekte" erlaubt die Zusammenstellung eines „*geistigen Wörterbuches*", das der idealen ewigen Geschichte dazu dient, „die Geschichte aller Völker in der Zeit" wiederzugeben.[15] Das geistige Wörterbuch als Thema greift Vico später noch einmal auf, um den Ursprung der Sprachen und ihrer Verschiedenheit zu definieren.[16]

---

niversario della morte, Merano 1996, S. 24-52; L. Amoroso, Vico, Kant e il senso comune, in: ders., Nastri vichiani, Pisa 1997, S.73-95; D.Ph. Verene, Gadamer and Vico on Sensus Communis and the Tradition of Human Knowledge, in: Lewis Hahn (Hg.), The Philosophy of H.G. Gadamer, Chicago & Lasalle 1997, S. 137-153; J. Mali, Sensus communis and Bildung: Vico and the Rehabilitation of Myth in Germany, in: New Vico Studies, XVII, 1999, S. 11-33; F. Tessitore, Senso comune teologia della storia e storicismo in Vico, in: M. Herling (Hg.), Studi in onore di Gennaro Sasso, Napoli 1999, S. 399-422; A. Lamacchia, Senso comune e socialità in Vico, Bari 2001.

[11] Vgl. SN(1744), in: O, S. 498, § 142; dt. NW, S. 93.
[12] Den Abschnitt, der von Vico der „neuen kritischen Kunst" und der Philologie als Geschichtswissenschaft der „Autorität" gewidmet wird, findet man in: SN(1744), S. 419, § 7; dt. NW, S. 7 ff. Im folgenden wird darauf noch genauer eingegangen.
[13] Vgl. SN(1744), S. 499, § 145; dt. NW, S. 93.
[14] Der ital. Ausdruck ist „unitá sostanziali" und stammt von Vico selbst. Vgl. ebd.
[15] Vgl. nochmals § 145.
[16] „Es ist notwendig, daß es in der Natur der menschlichen Dinge eine allen Völkern gemeinsame geistige Sprache gibt, die in gleichförmiger Weise die Substanz der Dinge, die im geselligen Leben der Menschen vorkommen

können, begreift und sie in ebensovielen verschiedenen Modifikationen ausdrückt, als diese Dinge verschiedenen Aspekte haben können" (vgl. O, S. 503, § 161; dt. NW, S. 98). Auch zu diesem Thema ist die Bibliographie reich an Beiträgen. Ich nenne hier nur die wichtigsten: A. Pagliaro, La dottrina linguistica di G.B. Vico, in: Atti dell'Accademia nazionale dei Lincei, CCCLVI, Serie VIII, Bd. VIII, 6, 1959, S. 379-486; K.O. Apel, Die Idee der Sprache in der Tradition des Humanismus von Dante bis Vico, Bonn 1963; V. Verra, Linguaggio, storia e umanità in Vico e Herder, in: Omaggio a Vico, Napoli 1968, S. 335-362; S. Hampshire, Vico and the Contemporary Philosophy of Language, in: G. Tagliacozzo/V. White (Hgg.), Giambattista Vico. An International Symposium, Baltimore 1969, S. 475-481; M. Mooney, The Primacy of Language in Vico, in: Giambattista Vico's Science of Humanity, hrsg. von G. Tagliacozzo und D.P. Verene, Baltimore-London 1976, S. 191-210; D.P. Verene, Vico's Science of Imaginative Universals and the Philosophy of Simbolic Forms, ebd., S. 295-317; T. De Mauro, Giambattista Vico: dalla retorica allo storicismo linguistico, in: ders., Idee e ricerche linguistiche nella cultura italiana, Bologna 1980, S. 29-44; A. Di Luzio, Zur Bedeutung von Vicos Neuer Wissenschaft für die Sprachwissenschaft, in: Allgemeine Sprachwissenschaft, Sprachtypologie und Textlinguistik, hrsg. von M. Faust, Tübingen 1983, S. 221-235; M. Agrimi, Ontologia storica del linguaggio in Vico, in: L. Formigari (Hg.), Teorie e pratiche linguistiche nell'Italia del Settecento, Bologna 1984, S. 37-60; G. Wohlfart, Denken der Sprache. Sprache und Kunst bei Vico, Hamann, Humboldt und Hegel, Freiburg-München 1984; L. Formigari, Ermeneutica giuridica e teoria della lingua in Vico, in: Intersezioni, VII, 1987, 1, S. 53-71; A. Pennisi, La linguistica dei mercatanti. Filosofia linguistica e filosofia civile da Vico a Cuoco, Napoli 1987; G. Modica, Sulla fondazione del linguaggio in Vico, in: Prospettive di storia della linguistica, hrsg. von L. Formigari und F. Lo Piparo, Roma 1988, S. 175-190; A. Pieretti, Vico e l'odierna riflessione sul linguaggio, in: Annuali della Pubblica istruzione, XXXVII, 1991, S. 230-237; R. Titone, From Images to Words: Language Education in a "Vichian" Pespective, in: Rassegna italiana di Linguistica applicata, XXIII, 1991, S. 201-214; J. Trabant, Parlare cantando: Language Singing in Vico and Herder, in: New Vico Studies, IX, 1991, S. 1-16; D. Di Cesare, Parola, lógos, dabar: linguaggio e verità nella filosofia di Vico, in: BCSV, XXII-XXIII, 1992-1993, S. 251-287; G. Cantelli, Alcune considerazioni sulla tesi vichiana che la prima lingua dell'umanità è stata parlata dagli dei, ebd., S. 119-129; J. Trabant, Immagine o segno. Osservazioni sul linguaggio in Vico e Humboldt, ebd., S. 235-250; E. Hidalgo-Serna, Vives, Calderon y Vico. Lenguaje Metafórico y Filosofar ingenioso, in: Cuadernos sobre Vico, II, 1992, S. 75-88; A. Jacobelli Isoldi, La teoria vichiana del linguaggio, in: Il Cannocchiale, 1992, 1, S. 3-24; N. Struever, Giambattista Vico, in: M. Dascal (Hg.), Sprachphiloso-

In dieser entscheidenden Passage findet man den Schlüssel, um die grundlegende theoretische Dimension zu verstehen, die das Problem der Hermeneutik und in weiterem Sinne das Problem der Kommunikation bei Vico annimmt. Jenseits der verschiedenen historischen und linguistischen Kontexte ist es möglich, die identi-

---

phie: Ein internationales Handbuch zeitgenössischer Forschung, Berlin 1992, S. 330-338; S. Otto, Sprachzeichen, geometrische Zeichen, Metaphysik. Vicos neue Wissenschaft des Anfänglichen, in: Vico und die Zeichen, hrsg. von J. Trabant, Tübingen 1995, S. 3-15; J. Trabant, Über das Dizionario mentale comune, ebd., S. 63-39; E. Coseriu, Von den Universali fantastici, ebd., S. 73-80; D. Di Cesare, Dal tropo retorico all'universale fantastico, ebd., S. 81-92; M. Agrimi, Et "factum" et "verum" cum verbo convertuntur. Lingua divina e "primi parlari" delle nazioni in Vico, ebd., S. 113-129; G. Cantelli, Umanità sacra e umanità profana. Dalla lingua divina degli eroi ai parlari prosaici del volgo, ebd., S .131-143; G. Modica, Oltre la filosofia del linguaggio. Sul rapporto vichiano tra *logos* e mythos, ebd., S. 157-177; S. Gensini, *Ingenium* e linguaggio. Note sul contesto storico-teorico di un nesso vichiano, ebd., S. 237-256; J. Trabant, Neue Wissenschaft von alten Zeichen: Vicos Sematologie, Frankfurt am Main 1994. M. Danesi, Vico, Metaphor, and the Origin of Language, Bloomington and Indianapolis 1993; S. Luft, Inhabiting the Labyrinth: Vico, Derrida. Genesis and the Originary Power of Language, in: The Eighteenth Century: Theory and Interpretaion, 1993, 1, S. 65-84; A. D'Alfonso, Metaphor and Language Learning: a Vichian Perspective, in: M. Danesi (Hg.), Giambattista Vico and Anglo-American Science. Philosophy and Writing, Berlin-New York 1994, S. 51-61; R.J. Di Pietro, Vico and Second Language Acquisition, ebd., S. 87-98; M. Danesi, Language, Mind, and Human Nature: Vichian Observations on Recent Works in Language and Cognition, in: New Vico Studies, XII, 1994, S. 86-94; P. Fry, Is Reading a Metaphorical Process? A Vichian Approach to Language and Thought, in: Reading Psychology: An International Quarterly, XV, 1994, S. 273-280; F. Nuessel, Vico and Contemporary Views of Language, in: M. Danesi-F. Nuessel, The Imaginative Basis of Thought and Culture: Contemporary Perspectives on Giambattista Vico, Toronto 1994, S. 85-97; M. Danesi, What is Language? Vichian Remarks on Recent Work on the Nature of the Capacity for Language, in: New Vico Studies, XIII, 1995, S. 43-54; D. Di Cesare, Verum, Factum and Language, ebd., S. 1-13; F. Nuessel, Vico's Views on Language and Linguistic, in: Romance Languages Annual, IX, 1997, S. 280-287; G. Cantelli, De la lengua heroica del Diritto Universale a la lengua divina de la Scienza Nuova, in: Cuadernos sobre Vico, IX-X, 1998, S. 57-74.

schen und wiederkehrenden Bedeutungen zu erkennen.[17] Obwohl jedoch das „geistige Wörterbuch" hilft, die „einheitlichen Aspekte" der Dinge zu erfassen, ist es ebenso wahr, daß es das grundlegende hermeneutische Hilfsmittel wird, um die Erscheinungsformen der ewigen idealen Geschichte zu durchdringen und zu begreifen.
Wenn das geistige Wörterbuch mit seinen hermeneutischen Kriterien den menschlichen Völkern durch die Vorsehung gelehrt wird, so mindert dies nicht die Bedeutung der Tatsache, daß die Menschen den Komplex der Elemente, die eine ganz konkrete Strukturierung und den allmählichen Aufbau des Gemeinsinnes im menschlichen Geist und in der Erinnerung der Völker bewirken, nicht selbst „schaffen", wohl aber „entdecken" können. Deshalb erinnert Vico schon am Beginn der *Scienza Nuova* daran, daß die Aufgabe der Philosophie von dem Moment an, an dem sie beginnt, „die Philologie zu überprüfen", darin besteht, diese auf die „Form einer Wissenschaft" zurückzuführen, um es dem Menschen zu ermöglichen, den Plan der ewigen idealen Geschichte nicht zu erschaffen, denn das ist die Aufgabe Gottes, sondern ihn zu *entdecken*.[18]
Unter diesen Prämissen wird noch deutlicher, was auch in stilistischer Hinsicht als ein suggestives Oxymoron definiert worden war: *Die ewige ideale Geschichte*.[19] Dieser Begriff bringt Vicos systematischen Versuch zum Ausdruck, das Verhältnis *verum-factum* in seinen theoretisch-erkenntnisbezogenen und historisch-philologischen Erscheinungsformen zu begründen und zu entwickeln. Vico erarbeitet ein Modell der Wechselwirkung zwischen der begrifflichen Struktur der Universalität und der historischen Struktur der Vielfältigkeit, um zu vermeiden, daß das menschliche Wissen so wie in der Vergangenheit unter der jeweiligen Einseitigkeit der

---

[17] Wertvoll sind an dieser Stelle die Hinweise von A. Pagliaro, Lingua e poesia secondo Vico, in: Altri saggi di critica semantica, Messina-Firenze 1951, S. 316 ff.
[18] Vgl. SN(1744), S. 419, § 7; dt. NW, S. 8.
[19] Vgl. Battistini, Kommentar, S. 1481.

abstrakten Vernunft der Philosophen und dem empirischen Determinismus der Philologen leide.

Wie ein bedeutender Theoretiker[20] der gegenwärtigen Hermeneutik nahe gelegt hat, kann der berühmte Abschnitt 331 der *Scienza Nuova*[21] ebenfalls in diesem Sinn gelesen werden. In diesem Teil des Werkes geht es nicht um eine metaphysische und aprioristische Ableitung der Geschichte aus den Prinzipien des menschlichen Geistes, sondern um die Entwicklung derjenigen Prinzipien in den Daseinsformen und im Verhalten, durch die sich der menschliche Geist konkret offenbart und ausdrückt.[22] Indem er ein Grundprinzip seiner hermeneutischen Theorie wieder aufgreift, stellt Betti fest, daß sich bei Vico zum ersten Mal der Vorgang einer Umkehrung des *genetischen Weges* zum *hermeneutischen Weg* erkennen läßt, also: Die Wendung des Entstehungsprozesses zum Interpretationsprozeß.[23]

---

[20] Vgl. E Betti, I principi di scienza nuova di G.B. Vico e la teoria dell'interpretazione storica (1957), in: Diritto Metodo Ermeneutica. Scritti scelti, hrsg. von G. Crifò, Milano 1991, S. 459 ff.

[21] „Doch in solch dichter Nacht voller Finsternis, mit der die erste von uns so weit entfernte Urzeit bedeckt ist, erscheint dieses ewige Licht, das nicht untergeht, folgender Wahrheit, die auf keine Weise in Zweifel gezogen werden kann: daß diese *politische Welt sicherlich von den Menschen gemacht worden ist*; deswegen können (denn sie müssen) ihre Prinzipien innerhalb *der Modifikationen unseres eigenen menschlichen Geistes* gefunden werden" (vgl. O, S. 541-542, § 331; dt. NW, S. 142-143).

[22] Vgl. Betti, S. 462.

[23] Offensichtlich enthält diese Wendung vom Genetischen zum Hermeneutischen, die Betti im Werk Vicos unterstreicht, eine klare Distanzierung von in reduktionistischer Weise historistischen und genetisch-rekonstruierenden Interpretationen. Das Problem ist aber nicht so sehr, die genetische Ebene gegenüber der hermeneutischen zu betonen und umgekehrt. Es geht vielmehr darum, mit Hilfe der theoretischen Implikationen, die bei Vico die Konzepte „ewige ideale Geschichte" und „Gemeinsinn" markieren, das richtige Gleichgewicht zwischen historischer Forschung nach dem Gewissen und der hermeneutischen Erkenntnis der Prinzipien des Wahren zu finden. Man kann daher nur zustimmen, wenn Betti nahelegt, daß das hermeneutische Vorgehen Vicos „uns das innerste wissenschaftliche Anliegen der *Scienza Nuova* enthüllt, in Antithese zu jenem der „Geschichtsphilosophie": Vico ist nicht nur und nicht so sehr daran gelegen, konkrete Erklärungen für einzelne hi-

„Die phänomenale Tatsache, auf die sich dieses Prinzip gründet, ist dem Schaffensprozeß der verschiedenen Zivilisationsformen entnommen, aus denen die ‚politische Welt, die sicher von den Menschen gemacht worden ist', besteht. Aus dem genetischen Weg dieser Formen leitet sich der spontane Charakter der formenden Kraft ab und das ist der menschliche Geist in seinen verschiedenen Verhaltens- und Daseinsformen. Von dieser kreativen Spontaneität läßt sich nicht auf die Zulässigkeit einer Geschichte a priori [...] schließen, wohl aber auf die Legitimität des hermeneutischen Weges und seine erkenntnistheoretische Fruchtbarkeit. Indem der hermeneutische Weg den genetischen Weg umdreht, geht er auf die formende Kraft zurück und sucht sie in den verschiedenen Verhaltens- und Daseinsformen unseres menschlichen Geistes."[24]

Generell darf man die durchaus mögliche Einordnung Vicos in eine Strömung der hermeneutischen Philosophie nicht allein als Bereitstellung einer Reihe historisch-philologischer Interpretati-

---

storische Fakten zu finden (und noch weniger, eine universelle Geschichte nachzuzeichnen), als vielmehr einen Weg zu öffnen und darüber hinaus eine methodische Richtung zu weisen, die für eine gründliche Erforschung dieser „politischen Welt" geeignet ist (vgl. ebd., S. 463). Zur Hermeneutik Vicos vgl. V. Carravetta, Toward a Study of Rhetorics and Hermeneutics in Vico and Heidegger, in: ders., Prefaces to the Diaphora. Rhetorics, Allegory and the Interpretation of Postmodernity, West-Lafayette 1991, S. 239-252; M. Lollini, La sapienza, l'ermeneutica e il sublime in Vico, in: Annali di storia dell'esegesi, IX, I, 1992, S. 101-140. Ch. Jermann, Gadamer und Vico. Zwei Modelle philosophischer Hermeneutik, in: Wiener Jahrbuch für Philosophie, XXV, 1993, S. 145-161; E.L. Paparella, Hermeneutics and Philosophy of Vico: a Revolutionary Humanistic Vision for the New Age, San Francisco 1993; A. Damiani, Hermenéutica y metafisica en la Scienza Nuova, in: Cuadernos sobre Vico, V-VI, 1995-1996, S. 51-65; L. Pompa, Vico and Metaphysical Hermeneutics, in: A. O'Hear, Verstehen and Human Understandig, Cambridge 1997, S. 29-46; F. Botturi, L'etica ermeneutica di Vico, in: A. Ferrara-V. Gessa Kurotschka-S. Maffettone (Hgg.), Etica individuale e giustizia, Napoli 2000, S. 213-239; U. Galeazzi, Vico e la conoscenza storica. Sul sapere ermenetico della Scienza Nuova, in: A. Quarta-P. Pellegrino (Hgg.), Humanitas. Studi in memoria di Antonio Verri, Lecce 1999, S. 321-343.

[24] Vgl. Betti, a.a.O., S. 462-463.

onsinstrumente der menschlichen Welt und ihrer Ursprünge verstehen, sondern vielmehr als eine philosophische Erkenntnistheorie,[25] die, wie Betti zu Recht bemerkt, auf der „Bedingung der Möglichkeit der Erkenntnis (im Sinne Kants)"[26] basiert. Es geht

---

[25] „Wenn man nun Vicos Werk in den einzelnen Teilen analysiert, findet man im ersten Buch, das der Grundlegung der Prinzipien gewidmet ist und sowohl die Epistemologie als auch die Methodologie beinhaltet, auf der einen Seite eine allgemeine hermeneutische Theorie dargelegt [...]. Auf der anderen Seite findet man als Beweis einer solchen hermeneutischen Theorie eine ganze Reihe von ausgearbeiteten hermeneutischen Darstellungen, bestehend aus historischen Interpretationen" (ebd., S. 471). Es überrascht demnach nicht, daß der eigentliche Nachfolger Vicos von Betti nicht unbedingt in Hegel erblickt wird, sondern bezeichnenderweise im Droysen der *Historik*. Andererseits hat schon Dilthey, einer der großen Philosophen und Theoretiker der historistischen Hermeneutik, unterstrichen, daß Vico im modernen Prozeß der Verortung der Hermeneutik im Gebäude des „natürlichen Systems der menschlichen Wissenschaften" des 18. Jahrhunderts eine Sonderstellung zukommt. Verweise auf Vico sind in diesem Zusammenhang in der *Einleitung in die Geisteswissenschaften* (in: Gesammelte Schriften, Bd. I, Stuttgart-Göttingen ⁹1990, S. 99) zu finden. Dort ist Vicos Anliegen, die allen Völkern gemeinsame historische Entwicklung zu ergründen, was als „wirkliche historische Forschung in philosophischer Absicht" interpretiert wurde. Einen weiteren Beleg bietet der Exkurs zur Geschichte der Hermeneutik in *Aus dem Leben Schleiermachers* (Bd. II, Berlin 1966, S. 597 ff.). Hier wird die *Scienza nuova* zu den „größten Triumphen des menschlichen Denkens" gezählt. Das Werk wird als eine „höchst fruchtbare Verbindung von Geschichte und Philosophie" angesehen. „Die Methode der Interpretation ältester Dichter, wie er sie in seiner ‚poetischen Metaphysik' und in seiner ‚poetischen Logik' aufstellt, enthielt ... die ... *Auffassung der Auslegungskunst als einer spekulativ-historischen Wissenschaft*." (ebd., S. 698; Hervorhebung von mir G.C.). Vgl. ferner Dilthey, Die Entstehung der Hermeneutik (Gesammelte Schriften, Bd. V, Stuttgart-Tübingen 1968, S. 318 ff.) Für eine allgemeine Analyse der Beziehung Diltheys zu Vico mit besonderer Berücksichtigung der Hermeneutik darf ich auf meinen Aufsatz „Vico e Dilthey. La storia dell'esperienza umana come relazione fondante di conoscere e fare", in: Storicismo problematico e metodo critico, Napoli 1993, S. 17-58 hinweisen, außerdem auf den Beitrag „Individualità ed etica: Vico e Dilthey", in: A. Ferrara-V. Gessa-Kurotschka-S. Maffettone (Hgg.), Etica individuale e giustizia, Vorwort von G. Cantillo, Napoli 2000, S. 241.

[26] Vgl. Betti, S. 464. Hier nimmt Betti eine der interessantesten Interpretationsrichtungen der letzten Jahrzehnte vorweg: nämlich Vico nicht mehr in idea-

dabei um die Möglichkeit, Prinzipien der politischen Welt in den Modifikationen des menschlichen Geistes zu erkennen. Aber der vielleicht entscheidende Beweis für diese Wendung zum hermeneutischen Weg bei Vico zeigt sich erneut im Konzept des *Gemeinsinns*.[27] Eines der entscheidenden Ergebnisse, zu denen die Metaphysik des Geistes gelangt, ist das allmähliche Erarbeiten eines universellen Wörterbuches, dank dessen die neue Wissenschaft die Fähigkeit erlangt, über die empirische Faktizität hinaus, die „Substanz der im geselligen Leben zu behandelnden Dinge" zu verstehen, nachdem sie die Prüfung des geschichtlich *Gewissen* und seiner verschiedenen und vielfältigen Ausprägungen durchlaufen hat. Somit muß die gemeinsame geistige Sprache vor allem eine gleiche politische und soziale Funktion haben können.[28] Es ist dem-

---

listisch-historischem Sinne zu lesen, sondern transzendental-kantianisch. Ich beziehe mich dabei auf S. Otto, *Giambattista Vico*, und auf seine zahlreichen anderen Aufsätze. Teils zustimmend, teils kritisch habe ich mich dazu in Beiträgen im BCSV geäußert.

[27] Betti, S. 466 ff. Unter anderen war es Gadamer, der nicht nur auf die methodische und epistemologische Bedeutung, sondern auch auf die philosophisch-politische Relevanz von Vicos Konzept des *Gemeinsinns* aufmerksam gemacht hat. „Sensus communis meint hier offenkundig nicht nur jene allgemeine Fähigkeit, die in allen Menschen ist, sondern er ist zugleich der Sinn, der Gemeinsamkeit stiftet. Was dem menschlichen Willen seine Richtung gebe, meint Vico, sei nicht die abstrakte Allgemeinheit der Vernunft, sondern die konkrete Allgemeinheit, die die Gemeinsamkeit einer Gruppe, eines Volkes, einer Nation oder des gesamten Menschengeschlechts darstelle. Die Ausbildung dieses gemeinsamen Sinnes sei daher für das Leben von entscheidender Bedeutung." H.G. Gadamer, Wahrheit und Methode, Tübingen [6]1990, S. 26.

[28] Bereits in der *Scienza Nuova* von 1725 hatte Vico erklärt, was er unter der Formulierung: „Wörterbuch der geistigen Wörter, die allen Völkern gemein sind" verstehe. Der Zweck eines solchen Wörterbuches, das die historische Erfahrung uns gerade in „gemeinsamer" Art und Weise in verschiedenen Nationen zu finden lehrt, ist es, die Genese gleichförmiger Ideen in Bezug auf diese „Substanzen", d. h. die Prinzipien der Zivilisierung und der Politik, zu erklären und also auch zu verstehen. Dabei wird von verschiedenen historischen Realitäten ausgegangen, die die Völker kennzeichnen und davon, daß diese „über die gleichen menschlichen Bedürfnisse oder den allen gemeinsamen Nutzen" nachdenken. Vgl. SN(1725), in: O, Bd. II, S. 1164.

nach nicht verwunderlich, daß gerade seitens angesehener Sprachphilosophen und Sprachforscher überzeugende Interpretationsanregungen kamen, die nachdrücklich darauf verweisen, daß die „Herrschaft der Sprache", wie sie in der *Scienza Nuova* dargestellt wird, im Sinne eines „Prinzips des politischen Überganges, des Wandels zu den modernen Formen der Institution" gedeutet werden könne.[29]

Doch wird das Konzept der *ewigen idealen Geschichte* auch zum Instrument, um einer der bedeutendsten Schlüsselstellen der modernen Wissenschaft vom Menschen Kraft zu verleihen. Es ist sogar eine der für ihre gnoseologische und methodologische Begründung unverzichtbare Passage: Die *neue kritische Kunst*, die aus der Verbindung von Philologie und Philosophie hervorgeht. Daß Vico ausdrücklich von einer „neuen kritischen Kunst" spricht, beweist, wie bewußt er sich des innovativen Charakters seines Vorschlages im Unterschied zu allen anderen „Kritiken" ist, seien es nun die rein philologisch-gelehrten oder die rationalistisch-metaphysischen,[30] und zwar sowohl auf methodologischem als auch auf philosophisch-systematischem Gebiet.

---

[29] Dies ist der Grundgedanke bei L. Formigari, Ermeneutica giuridica e teoria della lingua, in: G.B. Vico, a.a.O., S. 53. Nach einer genauen Analyse von *De Uno* stellt Formigari die Figur des Rechtsgelehrten, der gleichzeitig auch Philosoph und Philologe sein sollte, in den Mittelpunkt von Vicos Rekonstruktion. Dies bedeutet, daß der Rechtsgelehrte die Rolle der „ewigen Vernunft der Gesetze" wertschätzen, aber auch „den Ursprung der Worte studieren und dadurch die Quellen des Rechtes, die *Ratio* der Gesetze ergründen muß, die sich Schritt für Schritt in den Institutionsformen realisiert, von denen eine eben die Sprache ist". Alles in allem weckt Vicos ursprüngliches Interesse an den zwischenmenschlichen Organisationen und der Errichtung einer Gemeinschaft sein Interesse an der Sprache, denn das Recht wie jede andere Erfahrung gesellschaftlichen Lebens scheint von Beginn an „in die Formen der Sprache eingebettet" zu sein; ebd., S. 55.

[30] Zu den wichtigen Merkmalen, wodurch sich die „Kritik" Vicos, welche sich auf das *unreflexive* Urteil des Gemeinsinns und dessen phantastische und wahrscheinliche Inhalte gründet, von der rationalistischen und reflexiven Kritik des Descartes unterscheidet, vgl. D.P. Verene, Vico's Science of Imagination, Ithaca and London. Speziell zum Thema vgl. auch A.R. Caponigri, Filosofia e filologia: la "nuova arte della critica" di Giambattista Vico, in: BCSV, XII-XIII, 1982-1983, S. 29-61; G. Ferroni, Una "nuova arte critica",

In einem wichtigen Brief an Francesco Saverio Estevan aus dem Jahre 1729 unterstreicht Vico die Tugend des Ingeniums, das „einzig der Vater aller Erfindungen" sei. Dabei greift er ein Konzept wieder auf, das schon im Zentrum seines Werkes *De Ratione* stand. Die Anwendung der Topik (von den zeitgenössischen Logikern irrtümlicherweise übersehen und verachtet) kann, gerade weil sie eine vor jeder begrifflichen Reflexion liegende Wahrnehmung anregt, für das Urteil selbst eine Kritik vorbereiten, die „je besser gesichert, desto nützlicher für eine Wissenschaft ist, für die Erfahrung der Natur und für die neuen Entdeckungen der Künste. Sie nützt der Klugheit, um die Ahnungen der Dinge und Tatsachen festzuhalten, sie richtig zu beurteilen und in nützlicher Weise damit umzugehen".[31]

Die Kritik, an die Vico hierbei denkt, hat weder etwas zu tun mit jener „metaphysischen Kritik", die im Skeptizismus endet, die ursprüngliche menschliche Tendenz zum Gemeinsinn abschwächt und, was noch schlimmer ist, den Menschen aus der zivilen Gemeinschaft in die egoistische Einsamkeit des Eigennutzes treibt. Noch steht sie im Zusammenhang mit jener „gelehrten Kritik", die überhaupt nicht dazu beiträgt, „denjenigen, die sie kultivieren, zur Weisheit zu verhelfen".[32]

---

in: ders., Storia della letteratura italiana. II. Dal Cinquecento al Settecento, Torino 1991, S. 371-373.

[31] G. Vico, Epistole. Con aggiunte le epistole dei suoi corrispondenti, hrsg. von M. Sanna, Napoli 1992, S. 143-144.

[32] Ebd., S. 144. Die neue kritische Kunst ist nicht nur von methodologischem und gnoseologischem Wert. Darüber hinaus erweist sie die grundlegend „praktische" Orientierung der Philosophie Vicos in aller Klarheit. Wenn nun die kritische Kunst zu beurteilen vermag, wie das Schaffen der Menschen sich den gegebenen Umständen anpassen muß, so ist sie damit „eine sehr weise Kritik des menschlichen Willens, welcher von Natur aus sehr unsicher ist, und deshalb äußerst wichtig für die Staatsmänner" (ebd., S. 145). Deshalb verurteilt Vico ausdrücklich die Tendenzen, die er der Dominanz der cartesischen Methode zuschreibt, jener Kritik, welche die Methode von den mathematischen auf alle anderen Wissenschaften übertragen will. Indem sie alle Sachverhalte auf eine vermeintliche Klarheit des Verstandes reduziert, schwächt sie die Ingenien und nimmt ihnen jegliche Kraft.

Das cartesische Wahrheitskriterium der „klaren und distinkten Wahrnehmung" endet, wie gesagt, im Skeptizismus, „der die Wahrheiten, die in uns selbst geboren sind, verkennt und deshalb diejenigen Wahrheiten weniger oder nicht beachtet, die es außerhalb zu finden gilt, die man in der Topik auffinden muß, um das Wahrscheinliche, den Gemeinsinn und die Autoritäten des menschlichen Geschlechtes festzuhalten. Deshalb mißbilligt man die Studien, die dazu nötig sind, die der Redner, der Historiker, der Poeten, sowie der Sprachen, die jene benutzen".[33] Der Kreis Philosophie-Geschichte-Philologie, der sich systematisch auf die ursprüngliche Konvertierbarkeit von *verum* und *factum* und auf das methodische Verhältnis von Kritik und Topik gründet, schließt sich in der Einheitlichkeit der neuen Wissenschaft. Diese ist zugleich Studium der Ausdrucksformen der menschlichen Erfahrung wie es Poesie, Geschichte, Recht und Sprache sind, und konstituiert sich als Philosophie der Autorität. Als solche ist sie einerseits gehalten, eine „erhabene Metaphysik, der Kontemplation und daher über Gott als Attribut der Vorsehung zu betreiben", andererseits braucht sie eine Kritik, die feststellt, was Geschichte und Poesie über den Ursprung der Völker gesagt und geschrieben haben.[34]

Im Lichte dieser Betrachtungen erstaunt die Kontinuität nicht, die Vico beim Erarbeiten der Verbindung Philosophie-Philologie, besonders auf dem Höhepunkt seiner theoretischen Reflexionen, an den Tag legt. Es genügt, daran zu erinnern, daß bereits auf dem „Bild" der Strahl der Metaphysik aufgefangen wird, wenn er sich auf der Statue Homers bricht, „dem ersten Autor des Heidentums".[35] Dies soll noch einmal zeigen, daß die Metaphysik engstens mit der Geschichte der menschlichen Ideen verbunden ist, mit der Geschichte also, die ihren Anfang darin findet, daß die Menschen zu denken und ihr Denken in Worten, Gesten und Schriften weiterzugeben beginnen.

---

[33] Ebd., S. 147.
[34] Vico, Epistole, S. 147.
[35] Vgl. SN(1744), Abs. 6; dt. NW, S. 7.

Homer verkörpert vor allem die „poetische Weisheit", also „die erste Weisheit der Welt für die Heiden".[36] Deshalb erlangt die Philologie eine wichtige Rolle bei der Definition der „neuen kritischen Kunst", an der es bislang, aufgrund eines Übermaßes an leerer Gelehrtheit und überheblicher Metaphysik, gefehlt hat. Doch muß die Philosophie selbst ihrer „Anmaßung" eine Grenze setzen und endlich bereit sein, über die Ergebnisse der philologischen Forschung zu reflektieren. Es handelt sich um ein Thema, das Vico in seinen wesentlichen Zügen bereits in der *Constantia Philologiae*[37] umrissen hatte. Hier ist nicht allein die Unterscheidung der Einflußbereiche von Philosophie und Philologie[38] schon vorgenommen. Bezeichnenderweise beginnt das grundlegende Einleitungskapitel (wo gerade „nova scientia tentatur") mit einer Definition der Philologie, die nicht nur bereits ein weit gefaßtes, modernes Konzept der Philologie als historische Wissenschaft,

---

[36] Ebd., S. 7.
[37] Bereits im ersten Buch von *De Uno* legt Vico mit extremer Genauigkeit das Forschungsprogramm fest, das er dann im folgenden Buch ausführt. Im Kapitel zu den „heldenhaften Etymologien" spricht Vico die Vorahnung aus, daß „die Geschichte der dunklen Zeit, die uns von der heldenhaften Sprache in der Hülle von sagenhaften Erzählungen überliefert worden ist, uns eines Tages den Stoff für eine Etymologie geben wird". Vico erklärt aber sogleich, daß die Untersuchung einer solchen Zeit des Ursprunges wissenschaftlicher Natur sein muß, indem der traditionelle Interessenbereich sowohl der Etymologie und als auch der Philologie erheblich erweitert werden muß. Man darf sich daher nicht mehr damit zufriedengeben, „in den Worten eine mehr oder weniger sinnreiche und begründete Ähnlichkeit von Silben und Buchstaben zu finden". Die historisch-philosophische Absicht der philologischen Forschung Vicos wird offenkundig, sofern man von „denselben Dingen und Wahrheiten" nicht nur auf die Ursprünge der griechischen und lateinischen Sprache, sondern auch auf die Ursprünge, „die allen Sprachen gemein sind" schließen kann. Dazu vgl. OG, S. 240-241.
[38] Der Mensch ist entweder aus Intellekt oder aus Willen erschaffen und alles menschliche Wissen, so wie jedes Wissensgebiet, ist entweder auf die Vernunft oder auf die Willkür der Autorität zurückzuführen. „Die Philosophie gewährleistet die Kohärenz der Vernunft (*constantiam rationis*): sehen wir, ob die Philologie die der Autorität gewährleistet." Vgl. dazu OG, S. 387-388.

sondern auch einen Zentralgedanken der hermeneutischen Theorie Vicos vorstellt.

Die Philologie ist „das Studium der Rede" (*studium sermonis*), aber ihre Beschäftigung mit den Worten geht über deren Buchstaben hinaus, denn sie „läßt die Geschichte der Worte, wieder lebendig werden, indem sie deren Ursprünge und Entwicklungen erklärt". So wird gleichzeitig ein historisch-wissenschaftliches und ein philosophisch-erkenntnistheoretisches Programm[39] der Philologie dargestellt: Einerseits geht sie vergleichend vor, denn „sie ordnet die Sprache nach Epochen, um ihre Eigenschaften, Veränderungen und Anwendungen zu verstehen"; auf der anderen Seite hat sie eine hermeneutische Funktion, sofern „den Worten die Vorstellungen der Dinge entsprechen, kommt der Philologie die Aufgabe zu, die Geschichte der Dinge zu verstehen".[40]

In diesem Sinne läßt sich eine zentrale Stellung der Hermeneutik bei Vico festhalten, indem man genau den theoretischen Wert des Integrationsprozesses zwischen Philologie und Philosophie erneut bestätigt. Dieses besteht darin, daß die Rolle der Interpretation nicht so sehr und nicht nur auf der rein bestimmenden Ebene der Analyse des linguistischen Ausdrucks und des historisch Gegebenen liegt, sondern auch und vor allem in der Möglichkeit der Vermittlung zwischen Subjekt und Welt, die eben dem Wort ob-

---

[39] Die Grundzüge dieses Programms rekonstruiert und synthetisiert P. Cristofolini in einem Abschnitt, der genau der *De constantia philologiae* gewidmet ist, in seinem Buch „Scienza nuova. Introduzione alla lettura", Roma 1995, S. 26-27.

[40] OG, ebd. Weiter unten auf der selben Seite, zur weiteren Bestätigung der konstanten „praktischen" Konnotation der neuen vichianischen Wissenschaft, erfährt man, wie die Arbeit der Philologen sich hauptsächlich darum dreht, die Sitten, Gesetze, Institutionen, Republiken, „die Werke der Menschen des Volkes", Rednertexte, Texte von Philosophen, Poeten und Historikern zu rekonstruieren und zu kommentieren. Die Philologen versuchen, indem sie sich nicht nur auf die reine Philologie, sondern auch auf die Münzkunde, die Chronologie und die Epigraphie berufen, die Zeugnisse der Antike ans Licht zu bringen. „Aus ihnen zieht die Republik enormen Nutzen, nämlich die Möglichkeit, die alte Sprache der Religion und der Gesetze zu interpretieren."

liegt.⁴¹ Andererseits ist es schon zu einer anerkannten Interpretationsströmung in der Sekundärliteratur der letzten Jahre geworden, sowohl den erkenntnistheoretischen als auch den ethisch-praktischen Wert der Rhetorik Vicos in den Mittelpunkt zu rücken. Einer der wichtigsten Forscher hat zu Recht hervorheben können,

---

41 Ich verweise hier auf eine sehr überzeugende Anregung von P. Miccoli, L'ermeneutica del linguaggio poetico in Vico, in: J. Kelemen-J. Pál (Hg.), Vico e Gentile, Soveria Mannelli 1995, S. 115 ff. Unter anderem schreibt Miccoli: „Indem Vico das Wort bevorzugt, als notwendige Vermittlung zwischen Mensch und Welt, zwischen Mensch und Gott, verbindet er Öffentliches mit Privatem. Dies steht ganz im Gegensatz zu Descartes der diese beiden komplementären Aspekte trennt, indem er aus der Philosophie das Feld der ‚aufgespaltenen Innerlichkeit' macht, wohingegen die wahre, nicht ‚monastische' Philosophie von Natur aus ‚politisch', d. h. intersubjektiv ist." Die philologisch-hermeneutischen Instrumente vermitteln die Fähigkeit, die Produkte der Phantasie, der Mythen und der poetischen Vorstellung neu entstehen zu lassen. Diese Fähigkeit schafft die Grundlage für den Prozeß des Eindringens in das *humanum*, aber auch den Weg, um der „ethischen Tat" selbst sozusagen normative Substanz zu geben, „denn ansonsten würden nur die Leidenschaften die Art der gesellschaftlichen Lebens bestimmen" (ebd., S. 117-118). Im selben Band findet sich der Aufsatz von B. Somlyó, Vico nella tradizione ermeneutica, ovvero la lode della limitatezza (ebd., S. 127 ff.). Nach Meinung des ungarischen Wissenschaftlers kann Vico ganz klar in die hermeneutische Tradition eingeordnet werden. Ein Ansatzpunkt findet sich stets im Abschnitt 331, beim Prozeß der Rekonstruktion der Geschichte, der mit dem Prozeß der Veränderung des eigenen Geistes beginnt und der einige Nähe zum Vorgehen Diltheys besitzt. Dies ist die Methode der „anthropologischen Identifikation" der Interpretation des eigenen Ich mit dem Fremden, zwischen dem Schöpfer-Ich der Geschichte und seinen Produkten. „Die ganze historische Welt der *Scienza Nuova* ist dem Eingeständnis nach eine linguistische Welt und die sprachlich-poetischen Aktionen werden direkt zu Schöpfern der Geschichte" (ebd., S. 132). Nach Miccoli (ebd., S. 119) können Vicos Analysen der poetischen Sprache und das Auffinden der für eine solche Analyse nützlichen hermeneutischen Kriterien als die Vorwegnahme der „Richtlinien des historistischen Bewußtseins Diltheys" und „des Kanons der allgemeinen Hermeneutik der unterschiedlichen Übersetzungen der Sprache von K.O. Apel, H.G. Gadamer oder von P. Ricoeur gewertet werden. Vico ist von der Übersetzbarkeit der Ausdrucksformen der Sprache überzeugt und unterstreicht die Einheit des menschlichen Geschlechtes in seiner geschichtlichen Kontinuität auf der Grundlage der Fähigkeit, zu verstehen und zu kommunizieren".

wie Vico „die institutionelle und pädagogische Rolle der Rhetorik" unterstreicht, und „ihr die politische und kulturelle Verantwortung dafür zuschreibt, die Einheit der Erkenntnis und durch die Wortgewandtheit zugleich die Gemeinschaft der Menschen zu wahren".[42]

Mir scheint es daher völlig plausibel, daß die Rolle der Philologie ein auf die Disziplin selbst begrenzte Bedeutung überschreitet, um allgemeine Wissenschaft all dessen zu werden, was auf das Handeln des Menschen, den „menschlichen Willen", zurückzufüh-

---

[42] Vgl. A. Battistini, La sapienza retorica di Giambattista Vico, Napoli 1995, S. 67. Doch liegt es hier nahe, ein Buch zu Rate zu ziehen, das von vielen als Wendepunkt, nicht nur in der Bewertung der Rhetorik als Kernthema bei Vico angesehen wird, sondern auch darin, daß man der Rhetorik im allgemeinen eine besondere erkenntnistheoretische und philosophische Kraft zuerkennt. Hier befindet man sich in den Spuren der bekannten Positionen von Perelmann. Vgl. M. Mooney, Vico in the tradition of rhetoric, Princeton 1985 (ital. Bologna 1991, mit einer Einl. von A. Battistini). Vgl. auch: A. Verri, Vico e la retorica, in: Idee, VI, 20, 1991, S. 107-112; E. Di Magno, Vico nella tradizione della retorica senza metafisica?, in: G. Cacciatore-G. Cantillo (Hgg.), Vico in Italia e in Germania. Letture e prospettive, Napoli 1993, S. 203-209; A. Giuliani, Il binomio Retorica-Procedura giudiziaria nella filosofia retorica di Vico, in: Scritti in onore di Elio Fazzalari, Bd. I, Milano 1993, S. 69-87; P.H. Hutton, The Art of Memory Reconceived: from Renaissance Rhetoric to Giambattista Vico's Historicism, in: ders., History as an Art of Memory, Hannover-London 1993, S. 27-51; A. Battistini, Three Essays on Vico. I. Vico and Rhetoric, in: New Vico Studies, XII, 1994, S. 1-15; D. Di Cesare, Dal tropo retorico all'universale fantastico, in: J. Trabant (Hg.), Vico und die Zeichen, Tübingen 1995, S. 81-92; G. Costa, Retorica e filosofia, in: ders., Vico e l'Europa. Contro la "boria" delle nazioni, Milano 1996, S. 113-145; C.L. Hobbs, Vico, Rhetorical Topics, and Historical Thought, in: P.H. Hutton, Vico for Historians, in: Historical Reflexions, XXII, 3, 1996, S. 559-585; L. Catana, Vico and Literary Mannerism: A Study in the Early Vico and His Idea of Rhetoric and Ingenuity, New York 1999 (dänische Originalausgabe, 1996); A. Giuliani, Il binomio retorica-procedura giudiziaria nella filosofia retorica di Vico, in: F. Ratto (Hg.), All'ombra di Vico, Ripatransone 1999, S. 259-270. Schließlich vgl. G. Crifò (Hg.), Retorica e filosofia in Giambattista Vico. Le Institutiones Oratoriae. Un bilancio critico, Einleitung von T. Gregory, Aufsätze von G. Crifò, M. Gigante, M. Agrimi, A. Trione, B. De Giovanni, P. Cristofolini, J. Trabant, A. Giuliani, M. Torrini, E. Garin.

ren ist. Darunter sind die Sprachen, die Sitten, die „Umstände des Friedens sowie der Kriege der Völker" zu verstehen.[43] So weist Vico der Philologie ein Gebiet zu, welches just das der Kulturwissenschaften ist, jener Wissenschaften, welche die Philosophie und

---

[43] Ebd. Grundlegend zu diesem Thema bleibt der klassische Aufsatz von E. Auerbach, Giambattista Vico und die Idee der Philologie (zuerst 1936), in: ders., Philologie der Weltliteratur. Sechs Versuche über Stil und Wirklichkeitswahrnehmung, Frankfurt am Main 1992, S. 62-74. Der deutsche Philologe und anerkannte Vico-Forscher scheint überzeugt davon zu sein, daß unter den möglichen Definitionen und den unterschiedlichen Themen der *Scienza Nuova*, die von dem Denker aus Neapel vorgeschlagen wurden, „die Geistesform des Menschen in den Frühzeiten der Gesittung" klar herausragt. Die eigentliche und große Entdeckung Vicos ist die Wissenschaft von den Ursprüngen, die allmähliche Rekonstruktion der vom menschliche Verstand angenommenen Formen in seinen sagenhaften Anfängen. Für diese Wissenschaft gibt es keine andere Methode als die philologisch-hermeneutische (ebd., S. 68). Wie die anderen Wissenschaftler, die sich auf die Hermeneutik Vicos konzentrierten, unterstrich auch Auerbach das in der Theorie Vicos auffällige Verständnis des *Gemeinsinns*. Das *certum*, das durch das Gemeinschaftsgefühl der Menschen und durch das Herausbilden sprachlicher, gesellschaftlicher, und politischer Gewohnheiten entsteht, „ist der Gegenstand der hermeneutischen Philologie, die er *nuova arte critica* nennt". In dieser Perspektive stellt der Gemeinsinn nicht nur ein objektives Element zur Identifikation der geschichtlichen Entwicklungsstufen dar, sondern wird auch und vor allem „zur subjektiven Begründung eines Geschichtsverständnisses, das heißt jener verstehenden Philologie, die Vico betreibt" (ebd., S. 70-71). Gusdorf, gleichfalls ein berühmter Kenner der Hermeneutik und der Kulturwissenschaften, schreibt gerade in Bezug auf Vico: „Die Philologie kann sich nicht mehr auf das Studium des Vokabulars und der Grammatik zurückziehen. Für eine bestimmte Epoche umfaßt sie den ganzen Rahmen der Elemente, aus denen die Kultur und die gemeinhin anerkannten Werte bestehen. Die Forschung umfaßt die ganze Bandbreite von Raum und Zeit dank einer synthetischen Methode interdisziplinärer Inspiration" (vgl. S. 143). Zur Beziehung Vico-Auerbach, vgl. O. Pöggeler, Philologiam ad philosophiae principia revocare. La recezione di Vico in Auerbach, a.a.O. Unverzichtbar ist auch der kurze aber sehr hilfreiche Artikel von M. Gigante, Vico nella storia della filologia classica, in: BCSV, II, 1972, S. 52-58, der reich an Interpretationsvorschlägen und bedeutenden Anstößen für die Wissenschaft ist.

Epistemologie des ausgehenden 19. Jahrhunderts als „moralische Wissenschaften" oder „Geisteswissenschaften" bezeichnete.[44]

Die Philologen sind für Vico die Grammatiker und Historiker, generell die „kritischen Wissenschaftler", die, wie gesehen, sich mit den Sprachen und Sitten beschäftigen. Dazu gehören jedoch auch diejenigen, die sich den Gesetzen, dem Reisen und dem Handel widmen, also die Juristen, die Anthropologen und die Geographen. Die Philosophie war bislang gerade wegen der fehlenden philologischen Vertiefung, wegen der Dunkelheit der Ursachen und der Mannigfaltigkeit der Wirkungen noch nicht in der Lage, jene Wissenschaft ins Leben zu rufen, die fähig ist, den Plan der ewigen idealen Geschichte zu ergründen und zu rekonstruieren. Dank der Prinzipien dieser neuen kritischen Kunst kann man feststellen, welchen genau bestimmten Zeiten und welchen besonderen Anlässen die ersten poetischen Phantasien, die heroischen Bräuche und antiken Theogonien zuzuordnen sind. Deshalb geht auch die selbstgestellte Aufgabe Vicos, die „Entdeckung" des wahren Homer zu vertiefen, über die – wenn auch bedeutsame – philologische Betätigung hinaus, da „die zwei Dichtungen Homers sich als zwei große Schatzkammern erweisen für Entdeckungen

---

[44] Nach Meinung eines bekannten Forschers wie Apel, der keiner Sympathie für den Historizismus verdächtig ist, konnte sich die traditionelle Antithese zur nominalistischen Naturwissenschaft, dank Vico, erstmalig „zu dem modernen, methodologischen [Gegensatz] von Geisteswissenschaft und exakter Naturwissenschaft vertiefen; ja vom sprachphilosophischen Blickpunkt aus müssen wir in Vicos Deutung und Würdigung der humanistischen Topik bereits die entscheidenden Argumente aufspüren, die, in der Konstellation des 20. Jahrhunderts, der logistisch orientierten Kritik der geschichtlichen Sprache und der sprachgebundenen metaphysischen Tradition entgegenzusetzen sind" (vgl. K.O. Apel, S. 338). Auch laut Auerbach kann man gerade von Vico ausgehend die Philologie als Quintessenz der Geisteswissenschaften, als wahre und eigentliche geschichtlich-hermeneutische Wissenschaft vom Menschen betrachten. „Ihre Möglichkeit gründet sich auf die Voraussetzung, daß Menschen einander verstehen können, daß es eine gemeinsame, einem jeden gehörige, einem jeden zugängliche Welt der Menschen gibt; ohne das Vertrauen auf sie gäbe es keine Wissenschaft vom geschichtlichen Menschen, keine Philologie." (S. 74)

auf dem Gebiet des natürlichen Rechts der griechischen Stämme, als sie noch Barbaren waren".[45]

Vicos Metaphysik – diese neue Wissenschaft, deren enormer Tragweite er sich voll bewußt ist – nutzt so das Licht der Vorsehung, um „die gemeinsame Natur der Völker" zu betrachten. Aber sie bedarf auch der Instrumente der Philologie und des historischen Wissens, um die Ursprünge des Systems des natürlichen Rechts aufzufinden, das sich bekanntlich in den drei Epochen der menschlichen Zeit entwickelt und artikuliert: Dem Zeitalter der Götter, dem der Helden und endlich dem der Menschen.[46] Diesen Zeitaltern entsprechen drei Formen der Regierung, drei Formen der Sprachen, drei Formen des literarischen Ausdrucks und drei Formen der Jurisprudenz.[47]

In den „Anmerkungen zur chronologischen Tafel" erweist sich, daß Vicos Überlegungen über die Philologie hauptsächlich die Geschichte der menschlichen Nationen und den Zivilisierungsprozeß derselben in Betracht ziehen, gesehen im Licht der großen Prinzipien des Naturrechts, außerdem auf der Grundlage einer Konzeption von Geschichtsphilosophie, welche gewiß der Theorie von der Aufeinanderfolge der Zeitalter in der menschlichen Welt unterliegt. Die methodologische Funktion dieser Zeittafel ist es gerade, die Welt der antiken Nationen „vor dem Auge" synoptisch darzustellen. In der Aufeinanderfolge der Völker, die über lange Zeiträume die Bühne der Menschheit bestimmt haben, erscheinen laut Vico Menschen oder Fakten, die von den Gelehrten bestimmten Zeiten und Orten zugeordnet werden; es sei denn, man entdeckt, daß diese Menschen oder Fakten nicht zu jener Zeit oder an jenem Ort waren oder überhaupt nicht existierten.

Es geht also darum, die Begebenheiten von relevanter Bedeutung „aus weitausgedehnter Finsternis" hervorzuholen. Diese ganze historisch-philologische Arbeit zeigt, „wie ungesichert, unpassend, mangelhaft oder unhaltbar die Prinzipien der Humanität der

---

[45] SN(1744), in: O, S. 420, § 7; dt. NW, S. 9.
[46] Ebd., S. 438, § 31; dt. NW, S. 29.
[47] Ebd., vgl. aber auch NW, S. 28-29.

Völker sind".[48] Wie Vico am Ende der „Anmerkungen" schreibt, gründet sich diese historisch-philologische Methode auch und wesentlich auf das kritische Bewußtsein der ungewissen Ursprünge der heidnischen Völker.[49] Um einen Vergleich Vicos zu verwenden, bedeutet das, ein unbekanntes Gebiet, ein Niemandsland zu betreten, das dem zugesprochen wird, der es als erster entdeckt hat. Doch gerade diese Unsicherheit erlaubt es auch, verschiedene Meinungen über die Ursprünge der antiken Nationen zu formulieren, die den bisher vorhandenen widersprechen. Die einzige Beschränkung, die Vico hier nennt, hängt mit seinem philosophisch-epistemologischen Ansatz zusammen: Die Prinzipien der Humanität der Völker auf „wissenschaftliche Prinzipien zurückführen, durch die den Tatsachen der gesicherten Geschichte ihre ersten Ursprünge gegeben werden sollen, auf die sie sich stützen und durch die sie miteinander übereinstimmen können".[50]

Auf diese Art und Weise klärt und definiert sich der bedeutende Zusammenhang, den Vico zwischen Philosophie und Philologie setzt, immer mehr.[51]

---

[48] Ebd., S. 455, § 43; dt. NW, S. 41.
[49] Dies ist eine gelungene und scharfsinnige Einsicht von G. Capograssi, L'attualità di Vico, in: Opere, Bd. IV, Milano 1959, S. 399-400. Auch Battistini bezeichnet Vico als „Philosophen der Morgenröte", der nicht die Eule, sondern die Lerche bevorzugt, und schreibt: „Am Anfang, im Moment der *Arché* gab es noch nicht den *logos* des rationellen Diskurses, sondern das *pathos* des Bildes. Um die Grammatik der Mythen und der Poesie mit ihrer polisemischen und konnotativen Natur verstehen zu können, gibt es keine andere Methode als die Rhetorik, die an die nie ganz wörtliche, sondern immer allegorische Interpretation gewöhnt ist" (S. 77-78). Bei Battistini wie auch schon bei Capograssi findet sich die Verortung Vicos in einen Bereich, der nicht unbedingt jener ist, der in die „Ruhe der Dialektik Hegels" geführt hätte. Vicos Hermeneutik ist sozusagen eine anthropologische, die sich auf die menschliche Kreativität gründet und auf die Relativität der Prinzipien, die immer in den Veränderungen des menschlichen Geistes selbst zu finden sind. Es ist keine dialektische Lehre.
[50] Ebd., S. 493, § 118; dt. NW, S. 87.
[51] In ihrem letzten Buch hat Castellani, auf Grundlage der klassischen kritischen Beiträge Auerbachs, zu Recht festgestellt, daß der Wert der Philologie insbesondere in der Möglichkeit besteht, sich als wissenschaftlicher Diskurs

„Die Philosophie" liest man in der *Degnità* X „betrachtet die Vernunft, aus der die Wissenschaft hervorgeht; die Philologie beobachtet die Autorität des menschlichen Willens, aus der das Bewußtsein des Gewissen hervorgeht".[52]
Hier springt eine der innovativsten Passagen aus Vicos Werk ins Auge, die sich in der Kritik an den Auswüchsen des Rationalismus gleichzeitig an die Tradition der klassischen Rhetorik und an die bewußte Schaffung eines modernen Modells der Erkenntnis anlehnt, das jene Gebiete des menschlichen Wissens durchleuchtet, die nicht auf die Universalität und Legalität der rationalen Wahrheiten reduzierbar sind, wie die Geschichte, die Poesie, die Bereiche des Märchenhaften und Ethisch-Praktischen.[53]
Nunmehr wird verständlich, warum Vico auch mit einer wohlgewählten und wirksamen Dosis eigener Terminologie das Wahre mit der Wissenschaft und das Gewisse mit dem Bewußtsein verbindet. In der IX. *Degnitá* hatte Vico in der Tat festgestellt:

„Die Menschen, die das Wahre über die Dinge nicht kennen, bemühen sich darum, sich an das Gewisse zu halten, damit, da sie schon den Verstand mit der Wissenschaft nicht befriedigen können, wenigstens der Wille sich auf das Bewußtsein stütze."[54]

Die beiden Erkenntnisbereiche, der des Wahren und der des Gewissen, behalten ihre Autonomie, in dem Sinne, daß die Erkenntnis des Gewissen, also der vom menschlichen Willen geschaffenen historischen Welt, ihre volle methodologische und gnoseologische

---

über die Wahrheit darzubieten, somit in der Verbindung mit dem philosophischen Diskurs (vgl. S. 8-9).

[52] Ebd., S. 498, § 138; dt. NW, S. 92.
[53] Wie u.a. Battistini, S. 96 ff. richtig bemerkt, erlaubt es die Rehabilitierung der rhetorischen Tradition Vico, einen Prozeß des Verstehens der menschlichen Kultur zu fördern, der nicht auf der Logik beruht, sondern auf den Instrumenten der Einbildungskraft und der Erfindungsgabe. Deshalb erscheint Vicos Interesse am Mythos und an den rhetorischen Figuren, welche „die geeignetsten und funktionellsten hermeneutischen Mittel für eine Anthropologie der Ursprünge sind", vollkommen folgerichtig.
[54] Ebd., § 137; dt. NW, S. 92.

Würde besitzt. Die Menschen werden es nie schaffen, das Wahre vollständig zu durchdringen, dieses perfekte und universelle Wahre, das nur Gottes Geist umfassen kann. Aber sie können sich zumindest an das Gewisse halten, das vom historischen Wissen, von den poetischen Weisheiten, von den Institutionen und Gesetzen der Menschen, von den Taten Einzelner und ganzer Völker geboten wird. Auch deshalb wird die praktisch-erkennende Dimension des menschlichen Bewußtseins eines der fundamentalen Objekte der neuen Wissenschaft vom Menschen.

An dieser Stelle versteht man den wechselseitigen Wert, den Philologie und Philosophie dem besonderen methodischen und erkenntnistheoretischen Vorgehen zuweisen, um eine neue Wissenschaft vom Menschen zu gründen. Aus der Unterscheidung der Wirkungsbereiche von Philologie und Philosophie, also einmal der Betrachtung und Vergewisserung der menschlichen Fakten und zum anderen der Vernunft, die das Wahre betrachtet, geht die eigentliche Interaktionsmöglichkeit hervor, da bis jetzt, das heißt bis zum Augenblick der vichianischen „Entdeckung", sowohl die Philosophen, „die ihre Vernunftbeschlüsse nicht mit der Autorität der Philologie beglaubigten", als auch die Philologen, „die sich nicht darum kümmerten, die Autorität ihrer Zeugnisse durch die Vernunft der Philosophen zu bewähren", erwiesenermaßen einen Fehler begangen haben.[55]

Um das Zusammenspiel der philosophisch-begrifflichen und ethisch-praktischen Verbindungen zu unterstreichen und symbolisch sichtbar zu machen, bezieht sich Vico in seiner *Autobiografia* auf seine vier berühmten „Autoren". An erster Stelle stehen Platon und Tacitus. Die Metaphysik Platons erscheint Vico überzeugender als die des Aristoteles. Auf der Grundlage der ewigen Idee baut sich das Konzept der „idealen Gerechtigkeit" und der „idealen Republik" auf. Um diese Konzepte herum formierte sich

---

[55] Ebd., § 140; dt. NW, S. 92. Hier sei noch einmal die Wichtigkeit der praktisch-politischen Rolle hervorgehoben, die Vico seiner Wissenschaft ausdrücklich zuweist. Denn wenn die Philosophen und Philologen nicht versäumt hätten, ihre je eigenen Welten zu integrieren, „hätten sie den Republiken mehr genützt".

langsam der Schwerpunkt von Vicos Gedanken über ein „ewiges ideales Recht ... Dieses Recht wäre ganz universal nach der Idee oder dem Plan der Vorsehung anzuwenden. Und darauf wären hernach alle Staaten aller Zeiten und aller Nationen begründet".[56] Platon repräsentiert hier die Idee im Sinne eines Ideals und des Sollens. Doch um Platon zu ergänzen, zieht Vico Tacitus hinzu, so daß neben der Vision des Menschen, der sein soll, die Sicht des Menschen steht, der ist. Das Ideal muß sich messen an der Verwirklichung der Geschichte und der Praxis der menschlichen Handlungen.

„Und wie Platon nach jener universalen Wissenschaft alle Gebiete der Ethik behandelte, die den um die Idee Wissenden vollenden, so steigt Tacitus zu allen Plänen des Eigennutzes herab, damit der Mensch praktischer Lebensweisheit zwischen den unendlich vielen zufälligen Folgen von Bosheit und Glück zum Guten geleitet werde."[57]

Infolge des Gebrauches von sozusagen „symbolischen Allgemeinbegriffen" wie Platon und Tacitus, tritt auch in der Autobiographie die zentrale Stellung der Verbindung zwischen Philosophie und Philologie hervor. Hier wird sie anhand der notwendigen Integration von Theorie und Praxis exemplifiziert, der Verbindung des Menschen, der sich ganz der Vervollkommnung seiner idealen Weisheit widmet, mit dem Menschen, der dem gegenüber damit beschäftigt ist, die Orte und Momente seiner praktischen Weisheit zu definieren und aufzufinden.[58] Es ist dasselbe theoretische Mo-

---

[56] Vico, Vita di Giambattista Vico scritta da se medesimo (1723-1728), in: O, S. 15. Vgl. Giambattista Vico, Autobiographie, Zürich-Brüssel 1948, S. 25.
[57] Ebd., S. 55.
[58] Ferraris, Storia dell'ermeneutica, Milano 1988, S. 65 ff., beobachtet mit direktem Bezug auf die *Autobiografia*, daß der Ergänzungscharakter von Philologie und Naturwissenschaft sich bei Vico radikal vertauscht: „Es ist nicht so sehr die Philologie, die eine sachkundige Untersuchung der Natur ergänzen soll, sondern letztere, die sich an der humanistisch-philologischen Richtlinie orientiert, die aus einer einflußreichen Metaphysik des christlich-platonisch-augustinischen Typs hervorgeht." Die Sekundärliteratur zur Au-

dell, das Vico in den *Degnità* anführt, wo die Philosophie nochmals als Betrachtung des „Menschen, wie er sein soll", des Menschen, der in einer Republik Platons leben will, definiert wird und die Gesetzgebung, als Betrachtung des Menschen „wie er ist, um von ihm guten Gebrauch in der menschlichen Gesellschaft zu machen".[59] Die nötige Annäherung zwischen dem, was durch Platon dargestellt ist (die „geheime Weisheit"), und dem, was Tacitus repräsentiert (die „gewöhnliche Weisheit"), ist die Grundlage der Ausarbeitung des Konzeptes der idealen ewigen Geschichte „..., nach welcher die allgemeine Geschichte aller Zeiten abläuft. In dieser wird dargelegt, wie infolge gewisser ewiger Gegebenheiten der politischen Zustände Aufstieg, geordnete Verhältnisse und Verfall aller Nationen herbeigeführt werden".[60] Um aber die Integration von Philosophie und Philologie noch konkreter möglich und sichtbar zu machen, kommt der „dritte" Autor Vicos ins Spiel, jener Bacon, dem es in seiner ganz persönlichen Erfahrung gelang,

---

tobiographie Vicos ist inzwischen sehr umfangreich. Ich verweise hier nur auf die neuesten Beiträge: D.Ph. Verene, The New Art of Autobiography: an Essay on the "Life of Giambattista Vico Written by Himself", Oxford 1991; D. Tench, Vico's Many Vicos: Solitude and Company in: The Life of Giambattista Vico Written by Himself, in: Rivista di Studi Italiani, Toronto IV, 1992, S. 357-363; J. Sturrock, The Historiography of Self: Vico, Hume, Gibbon, in: ders., The Language of Autobiography: Studies in the First Person Singular, Cambridge 1993, S. 105-131; D.M. Parry, Reconstructing the Self: Philosophical Autobiography in Vico and Nietzsche, in: T. Heeney (Hg.), Nietzsche and Vico, Special Issue of the "Personalist Forum", X, 1994, 2, S. 89-102; D.Ph. Verene, L' Autobiografia di Vico e il Discours di Descartes, in: ders., Vico nel mondo anglosassone, Napoli 1995, S. 31-36; L. Amoroso, Nastri vichiani, Pisa 1997 (insbesondere vgl. das erste Kapitel, das einer vergleichenden Analyse der autobiographischen Modelle von Descartes und Vico gewidmet ist); B. Haddock, The Philosophical Significance of Vico's Autobiography, in: Italianist, XVII, 1997, S. 23-33; A. Martone, Il "tempo" dell'autobiografia. Senso e funzione della deissi temporale nella Vita vichiana, in: M. Agrimi (Hg.), G. Vico nel suo tempo e nel nostro, 1999, S. 461-476. Vgl. schließlich das erste Kapitel (L'autobiografia di un filosofo) des Buches von G. Mazzotta, La nuova mappa del mondo. La filosofia poetica di Vico, Torino 1999, S. 3 ff.

[59] SN(1744), in: O, S. 496-497, § 131-132; dt. NW, S. 90-91.
[60] Autobiographie, S. 55.

Doktrin und Praxis in sich zu vereinen, und der es verstand, „gleichzeitig erlesener Philosoph" und „großer Staatsminister Englands" zu sein.[61] Und Bacon ist nicht nur derjenige, der mit seinem Werk *De sapientia veterum* dazu beigetragen hat, neue

---

[61] Während Vico zum Ausdruck bringt, wie sehr er sich gegenüber Bacon verpflichtet weiß, unterstreicht er außerdem, daß die Weisheit der Antiken, die sich vor allem in den Erzählungen der Poeten wiederfindet – wodurch die Tätigkeit der Philologie natürlich noch unverzichtbarer wird – nicht ausschließlich auf die Manifestation der „geheimen Weisheit" zurückzuführen ist. Vicos Mythologie besteht auch und vor allem in der Feststellung, „wonach die Mythen eine rein historische Bedeutung hinsichtlich der ersten, ältesten griechischen Urstaaten haben. Auf dieser Grundlage setzt Vico die ganze mythische Geschichte der heroischen Gemeindewesen auseinander" (vgl. Vita, in: O, S. 43; dt. Autobiographie, S. 78). Battistini bemerkt in seinem Kommentar zutreffend: „Die Unzufriedenheit mit den mythologischen Thesen Bacons in *De sapientia veterum* [...] bringt Vico [...] zu einer anthropologischen Studie der Ursprünge der Gesellschaft, für welche Poesie und Sagen, weit entfernt davon, allegorische Schleier einer esoterischen Philosophie zu sein, als protohistorische Dokumente zur Rekonstruktion der Vergangenheit, die noch nicht mal eine Schrift kannte, fungieren" (vgl. O, Bd. II, S. 1283). Zur neuen und wissenschaftlich „modernen" Bedeutung, die Vico der Mythologie zuweist und zur Kritik an der traditionellen mythologischen Forschung vgl. SN(1725), in: O, S. 1103. „Unter *Mythos* ist eine ‚wahre Erzählung' zu verstehen und doch behielt er die Bedeutung von ‚Sage', die von allen bislang für eine ‚falsche Erzählung' gehalten wurde. Unter *Etymon* ist das ‚wahre Sprechen' zu verstehen und umgangssprachlich bedeutet es ‚Ursprung' oder ‚mündliche Geschichte'." Das Thema wird natürlich in SN 1744 erneut aufgenommen und vertieft. Dort heißt es: „Daher müssen die Mythologien die den Mythen eigentümlichen Redeweisen gewesen sein (denn das bedeutet dieses Wort); denn da die Mythen, wie oben bewiesen worden ist (§ 209), phantastische Grundbegriffe waren, müssen die Mythologien die ihnen eigentümlichen Allegorien gewesen sein" (vgl. SN(1744), S. 587; dt. NW, S. 190). Battistini hat in „La sapienza retorica di Vico", S. 72, bemerkt, daß in der Sprache für Vico nicht nur die notwendige Verbindung zu der bezeichneten Sache vorhanden ist, sondern „sie beinhaltet auch die Spuren des entfernten Mythos". Deshalb nützt die Rhetorik in dem Sinne, den Vico ihr gibt, „nicht nur, um die Rede überzeugend zu gestalten, sondern sie bringt auch Denken hervor". Zu Vicos Hermeneutik des Mythos und dem Licht, das sie auf die moderne zeitgenössische Debatte wirft (mit Bezug auf Heidegger, Grassi, Hirsch, Betti, etc.) vgl. die überzeugenden Beobachtungen von M. Lollini, S. 300 ff.

Wege in der Erforschung und dem Studium der entfernten Antike aufzuzeigen. Sein neues Organon war in der Lage, eine präzise methodologische Basis für eine empirische Wissenschaft zu entwickeln, welche fähig war, die Weisheit der Philosophen und die gewöhnliche Weisheit zu versöhnen.[62] Wenn für Platon die geheime Weisheit beinahe ausreichend ist – im Vergleich zu der die gewöhnliche Weisheit weniger als ein Ornament zu sein scheint – und wenn für Tacitus die wichtige Transformation der Metaphysik dank der vorherrschenden Beachtung moralischer und politischer Fakten zustande kommt – ohne daß da bereits ein System wäre, welches ihre Vielfalt einen könnte – so erkennt Bacon, „daß alles vorhandene menschliche und göttliche Wissen hinsichtlich dessen, was daran fehlt, ergänzt und hinsichtlich des bestehenden verbessert werden muß".[63]

Und trotzdem muß auch Bacon durch den vierten und letzten Autor Vicos ergänzt werden, durch Grotius. Tatsächlich gelang es dem englischen Philosophen laut Vico nicht, sich im spezifischen Bereich des Rechts allzuweit in „das Allgemeine des Städtewesens" zu erheben, noch eine Sicht zu vermitteln, die die Möglichkeit geboten hätte, „den geschichtlichen Ablauf aller Zeiten und die Ausbreitung aller Völker zu erfassen". Hingegen setzt Grotius die ganze Philosophie und Philologie in „das System eines allgemeinen Rechts".[64]

---

[62] Zum Stellenwert Bacons in der Philosophie Vicos vgl. E. De Mas, Bacone e Vico, in: Vico e l'instaurazione delle scienze, Lecce 1978, S. 11-74. Wichtige Beobachtungen zu dieser Beziehung finden sich bei G. Gentile, Studi vichiani, Firenze 1968 (erste Ausgabe 1914), S. 113 ff. Aber vgl. auch P. Rossi, Le sterminate antichità e nuovi saggi vichiani, Firenze 1999 (erste Ausgabe 1969), S. 351 ff. und S. 489 ff.
[63] Autobiographie, S. 81.
[64] Ebd., dt. S. 82. Zum Verhältnis zwischen Vico und Grotius ist stets G. Fasso, Vico e Grozio, Napoli 1971 relevant. Vgl. aber auch D. Faucci, Vico e Grozio "giureconsulti del genere umano", in: Vico e l'instaurazione delle scienze, S. 75-131. Vgl. auch: A. Droetto, Ugo Grozio nell'interpretazione di Vico, in: Annali della Scuola Normale Superiore di Pisa 1961, II, 1961, S. 163-169; F. Lomonaco, A proposito di "Giusnaturalismo e etica moderna": note su Grozio e Vico nella V Orazione inaugurale, in: Studi critici, II, 1992, S. 65-71.

Seit dem Beginn des intensiven Studiums dieser vier Autoren, der Analyse ihrer Grenzen und der Wertschätzung und Vertiefung ihrer Theorien, wurde Vico allmählich bewußt, daß er mit seiner *Scienza nuova* ein System ins Werk setzen mußte, worin sich die „beste Philosophie", die Philosophie Platons, und die wissenschaftlich vorgehende Philologie versöhnen lassen würden. Dies galt für die Geschichte der Sprachen, der alten „Reden über den sagenhaften Ursprung der Menschheit", ebenso wie für die „Geschichte der Dinge". Er mußte also ein System schaffen, das „auf harmonische Weise die Maximen der Weisen aus den Akademien als auch die Handlungsweisen aus dem Leben der weisen Staatsmänner"[65] vereinigen konnte.

So benötigt die Wissenschaft der Geschichte für Vico die leitenden Prinzipien der Philosophie. Und diese Prinzipien werden vor allem dann angewendet, wenn die Philosophie sich mit dem praktisch-politischen Wissen beschäftigt. Die praktische Aktivität des Menschen, die Politik, die lange historische Arbeit, durch welche die politische Organisation der Nationen entsteht, wird so zum privilegierten Ort der wesensmäßigen Verknüpfung von Idealität und Faktizität der Geschichte. „Die Philosophie", so liest man in der *Scienza nuova*, „muß, um dem Menschengeschlecht zu helfen, den gefallenen und schwachen Menschen aufrichten und leiten, nicht seiner Natur Gewalt antun noch ihn in seiner Verderbnis verlassen."[66]

Durch eine klare Stellungnahme für das, was wir mit der Terminologie des 20. Jahrhunderts „die praktische Funktion der Philosophie" nennen könnten, entwickelt Vico seine Polemik gegenüber den politischen Philosophien stoischer und epikuräischer Herkunft und gibt den „politischen Philosophen und vor allem den Platonikern" gegenüber den „mönchischen und ungeselligen Philosophen" den Vorzug. Es wird somit der enge Zusammenhang zwischen Philosophie und Gesetzgebung immer deutlicher, den die neue Wissenschaft zu entdecken und zu untersuchen aufgerufen ist. Der Übergang von der idealen Dimension der Philosophie

---

[65] Autobiographie, S. 83.
[66] SN(1744), in: O, S. 496, § 129; dt. NW, S. 90.

in die reale Dimension des Rechtes erlaubt den „guten Gebrauch" des menschlichen Handelns in der Gesellschaft, so daß die Leidenschaften und Laster vorteilhaft in Elemente der Stabilität, der Regulierung der Gesellschaft und der politischen Ordnung umgewandelt werden.[67] Doch fördert er auch die wichtigsten Ergebnisse von Vicos Argumentation zum Verhältnis von Metaphysik und Geschichte zutage, an erster Stelle die Herausbildung einer „politischen" Aufgabe der Philosophie.[68]

Andererseits ist die gegenwärtige Sekundärliteratur zu Vico fast einig[69] darüber, wie entscheidend – für eine Herausbildung des politischen Charakters von Vicos Spekulation[70] – das Band zwischen

---

[67] „... so macht sie aus der Grausamkeit, der Habsucht und dem Ehrgeiz, den drei Lastern, die das ganze Menschengeschlecht verwirren, das Militär, den Handel und den Hof und damit die Stärke, den Reichtum und die Weisheit der Staaten; und aus diesen drei großen Lastern, die sonst sicher das Menschengeschlecht auf Erden vernichten würden, macht sie einen glücklichen politischen Zustand" (ebd., S. 497, § 132; dt. NW, S. 91).

[68] Dieses Thema ist bei Vico auch schon in den Schriften vor der *Scienza nuova* präsent. In der zweiten der beiden Antworten von 1712, die als Antwort auf die Rezension von *De antiquissima* im „Giornale de' Letterati" verfaßt wurden, heißt es: „Philosophie hat in der Welt seit jeher dazu beigetragen, jene Nationen, bei denen sie zur Blüte kam, geistig beweglich, verständig, auffassungsfähig, kritisch und überlegt zu machen; dadurch erst wurden die Menschen auch in ihren Handlungen gewandt und spontan, großzügig, schöpferisch und klug". Vgl. Vico, Opere filosofiche, hrsg. von P. Cristofolini, Firenze 1971, S. 166 (von nun an OF); dt. LM, S. 259.

[69] Es gibt natürlich auch Auffassungen, welche die mögliche Verbindung zwischen Vico und „modernen" Formulierungen der Historisierung der Politik und der Gesellschaftstheorien bestreiten, oder zumindest in Frage stellen. Das jüngste Beispiel dafür ist das schon zitierte Buch des Amerikaners Lilla, wozu ich mir erlaube, G. Cacciatore-S. Caianiello, Vico antimoderno?, in: BCSV, Bd. XXVI, 1996 zu erwähnen. In eine völlig andere Perspektive stellt sich zum Problem der Modernität G. Mazzotta, La nuova mappa del mondo. La filosofia poetica di Giambattista Vico, Torino 1999 (insbesondere vgl. S. 52 ff.).

[70] Neben dem bereits erwähnten Giarrizzo, Vico, la politica e la storia, ist auch P. Piovani, Della apoliticità e politicità di Vico (1976), in: ders., La filosofia nuova di Vico, Napoli 1990, S. 137-159 (engl. Version in: Vico's Science of Humanity, Baltimore-London 1976, S. 395-408) zu berücksichtigen. Vgl. jedoch allgemein zur politischen Philosophie R. Caporali, Heroes Gentium.

der Polemik gegen die a priori konstruierten rationalen Schemen und der Formulierung eines dynamischen Konzeptes des politischen Lebens und der Gesellschaft ist, einer bewußten Vergeschichtlichung der Politik und des Rechtes.

Im Lichte des bisher Gesagten kann man, glaube ich, festhalten, daß die Relation der Konvertierbarkeit von *verum* und *factum* nicht nur für die Erkennbarkeit der Welt der Nationen bedeutsam ist, die gewiß von den Menschen gemacht und in den Modifikationen ihres Geistes wiederzufinden ist. Schließlich kann die historische Erkenntnis nicht allein in rein rationaler Aktivität, also Philosophie, bestehen. Vielmehr gehört auch Philologie dazu, d. h. die Feststellung der Tatsachen, insbesondere derjenigen, die die Genese und die Veränderung der politischen Autorität betreffen. Also bettet sich Vicos theoretische Betrachtung der Zusammenhänge zwischen Recht, Politik und Geschichte in den weiteren Kontext des sozusagen grundlegenden Problembereiches ein, der sich durch das allgemeine Verhältnis von Metaphysik und Geschichte auftut. Hier könnte eine Analogie zu Kant von Wert sein. Wie nämlich Kant den Zweck der Natur als Faktum der Vernunft in der Geschichte des Menschen betrachtet, so sieht Vico den göttlichen und natürlichen Zweck als Macht der Vernunft, die auch Realität der menschlichen Geschichte ist.

Vico erklärt nochmals die Bedeutung des genetischen Momentes der neuen Wissenschaft in den *Corollari:* Sie ist eine „rationale politische Theologie der göttlichen Vorsehung", was soviel bedeutet wie eine rationale Analyse der Manifestation eines Planes der Vorsehung, der sich in der menschlichen Geschichte ausdrückt.[71] Diese rationale Analyse hat jedoch immer einen genauen Ursprungsort, eine historisch und zeitlich bestimmte Genese, einen Anfang, den Vico in der „gewöhnlichen Weisheit der Gesetzgeber, die die Völker gründeten" erkennt. Aus dem eben genannten Grunde kann Vico feststellen, daß einer der Hauptaspekte der

---

Sapienza e politica in Vico, Bologna 1992; und M. Montanari, Vico e la politica dei moderni, Bari 1995.

[71] Ich erinnere an die Einleitung der SN 1744 und besonders an § 2. Vgl. O, S. 415-416; dt. NW, S. 3-4.

Wissenschaft, die er begründen will, eine „*Philosophie der Autorität*" ist.[72]

Hier tritt die doppelte Bedeutung des Konzeptes der Autorität zutage. Auf der einen Seite wendet die neue Wissenschaft sich der Suche nach den Ursprüngen der Nationen zu. Auf der anderen Seite muß diese Suche sich auf „autoritative" Gewißheiten gründen, die nur aus der rigorosen Anwendung der Instrumente der historischen und philologischen Wissenschaft resultieren können. Gewiß verzichtet Vico nicht auf das Modell der theologischen Herkunft jeder Philosophie, folglich auch jener der Autorität. Doch ist die Funktion dieser Philosophie ganz dem Verstehen der menschlichen Welt zugewandt. Sie hilft mit ihren „Beweisen", die Beweise der Philologie zu unterscheiden und zu erklären, so daß sie „die menschliche Willkür auf die Gewißheit" zurückführen kann. Vico schließt auf diesem Wege, daß man die Philologie „auf die Form einer Wissenschaft"[73] zurückführen kann.

Das erklärt, weshalb neben die „philosophischen Beweisen", deren sich die neue Wissenschaft bedient, die „philologischen" treten, nachdem der Mensch lange Zeit seinen Zivilisierungsprozeß dem Gemeinsinn und der „Autorität des Gewissen" anvertraut hat.[74] Diese Beweise demonstrieren z. B., daß die Mythen keine gewaltsamen und verfälschten Abbilder der Wirklichkeit sind, sondern die „politische Geschichte der ersten Völker, die offenbar überall natürlicherweise Dichter gewesen sind". Und sie zeigen, wie die „heroischen Redensarten mit der ganzen Wahrheit der

---

[72] Vgl. SN(1744) in: O, S. 577, § 386; dt. NW, S. 179. Vicos Beharren auf dem Begriff der Autorität zeigt nochmals wie sich als privilegiertes Objekt der neuen Wissenschaft das ursprüngliche Gegebensein der menschlichen Tendenz zur Geselligkeit und der fortschreitende Ausdruck dieser Tendenz in den Organisationsformen der Politik und Rechtsprechung herauskristallisiert.

[73] Vgl. ebd., S. 579, § 390; dt. NW, S. 181. Schon in *De Uno* hatte Vico unterstrichen, welche Distanz sich in der Antike zwischen Philologie und Philosophie gebildet hätte, und zwar im Hinblick auf das Problem der Ursprünge und Quellen der Jurisprudenz. Vico beklagt die Tatsache, daß die Jurisprudenz einmal auf die Prinzipien der Vernunft allein zurückgeführt wurde und einmal allein auf die einer einzelnen Autorität.

[74] Vgl. ebd., S. 552 ff., § 350 ff.; dt. NW, S. 155 ff.

Empfindungen und der ganzen Eigentümlichkeit der Ausdrücke" verständlich sind. Durch diese Beweise definiert sich die wichtige Rolle der Etymologie, des Ursprunges und der Geschichte der Bedeutungen der Worte und außerdem die Rolle der Geschichte der Sprachen bei der Erstellung eines „geistigen Wörterbuches der geselligen menschlichen Dinge".[75] Der Komplex der philologischen Beweise, d. h. die Gesamtheit des geschichtlich-philologischen Wissens hilft, das nicht unmittelbar vom Menschen erfaßbare Wahre, das lange in den „gewöhnlichen Traditionen" verborgen blieb, zu erkennen.[76] Es können so die bisher für die Wissenschaft unnützen, da isoliert und in ungeeigneter Weise betrachteten „großen Bruchstücke der Antike" nun „große Lichter" erstrahlen lassen.[77]

---

[75] Man kann also sagen, daß das Beharren Vicos auf den Formen des philologischen Wissens, auf den Analysen der linguistischen und mythologischen Ausdrücke der menschlichen Erfahrung, nicht nur eine Antwort auf ein methodologisches und gnoseologisches Bedürfnis ist. Vor diesem Hintergrund wird die grundlegende Absicht seines ganzen Werkes klar: Die Untersuchung und Erforschung der ursprünglichen Formen der sozialen und politischen Organisation der menschlichen Kultur. Es ist wiederum Battistini (S. 75), der dazu richtig bemerkt, daß „die rhetorische Perspektive Vicos auch bedeutet, daß die Erkenntnis immer einen Dialog, einen Vergleich, voraussetzt und daß der Mensch immer in einer Gemeinschaft betrachtet wird".

[76] Die philologischen Beweise Vicos als die „am eigentlichsten hermeneutischen" Beweise erwähnt Betti (S. 468 ff.). Sie „haben zum Gegenstand die Weise, wie die menschlichen Gesellschaften sich die Realität darstellen, wie sie sich ausdrücken und verhalten. Vico erstellt eine Reihe direktiver Kriterien, die jenen Gegenstand betreffen und entwickelt einen Methodenkanon, der als Anleitung für den Historiker dienen soll". Eine neue Interpretationshypothese, welche die Überlegenheit der philosophischen Beweise gegenüber den philologischen annimmt und somit eine Lesart vorschlägt, die auf einem notwendigen Vorrang der Philosophie gegenüber der Philologie und auf der „mathematischen Gründung der Historizität" beruht, bietet V. Vitiello, La favola di Cadmo. La storia tra scienza e mito da Blumenberg a Vico, Roma-Bari 1998, S. 75 ff.

[77] Ich stimme mit dem überein, was Galeazzi schreibt (S. 179 ff.). „Vicos Erforschung der Geschichte ist eine hermeneutische Arbeit, die aus den sich lückenhaft und fragmentarisch, anscheinend unzusammenhängend darbietenden Fakten versucht, das einheitliche Muster zu entdecken und zu rekon-

Auf diese Weise bestätigt sich noch mehr die zentrale theoretische Bedeutung, die der Beziehung zwischen Philosophie und Philologie zukommt, denn die philologischen Beweise „dienen dazu, uns in Wirklichkeit sehen zu lassen, was wir über diese Welt der Völker in der Idee betrachtet haben".[78] Wenn auch die philosophische Erforschung des Wahren ihren Vorrang behält, ist doch immer auch die Philologie nötig, die Absicherung durch die Geschichte. So brauchen einerseits die philologischen Beweise die Vernunft, um ihre Autorität bestätigt zu sehen und andererseits dienen diese Beweise mit ihrer Autorität dazu, „die Vernunft zu bestätigen". Entsteht auch die neue Wissenschaft im Umfeld der großen Prinzipien der Vorsehung, der Zähmung der Leidenschaften und der Unsterblichkeit der Seele, so definiert und gliedert sie jedoch ihre Funktionen im Lichte des Kriteriums der vor allem historisch-philologischen Entdeckung der Regeln des „geselligen Lebens", d. h. dessen, was „von allen oder der Mehrzahl der Menschen als gerecht empfunden wird". In diesen Prinzipien und in diesem Kriterium treffen sich endlich die gewöhnliche Weisheit der Gesetzgeber und die geheime der Philosophen und darin sind die Grenzen der menschlichen Vernunft gesetzt. „Und wer auch immer sich ihnen entziehen will, der sehe zu, daß er sich nicht der ganzen Menschheit entziehe."

---

struieren. Es ist eine geistige Rekonstruktion, die aus einer Logik der Entdeckung und des Zuhörens mit dem Ziel, ‚der Suche nach dem Wahren' in der Geschichte entspringt." Galeazzi ist wie Betti davon überzeugt, daß die Beziehung *verum-factum* im Sinne des hermeneutischen Kreislaufs interpretiert werden kann.

[78] Für dieses und die folgenden Zitate vgl. § 359 und § 360 in: O, S. 554 f.; dt. NW, S. 157-158.

DRITTES KAPITEL

Poesie und Geschichte

Zu Recht schreibt man Vico einen Umsturz in der traditionellen Hierarchie zwischen den Sphären menschlichen Wissens zu, demgemäß die Fähigkeiten des Menschen einer strengen Rangordnung unterliegen, welche vom ursprünglichen Mythos zur Vernunft, von der Phantasie zum wissenschaftlichen Bewußtsein führt. In Vicos Theorie der Erkenntnis und der Geschichte erlangt jedes einzelne Moment der komplexen menschlichen Natur einen eigenständigen und spezifischen Wert, der wie alle anderen dazu dient, den historischen Entwurf der menschlichen Kultur zu realisieren und zu definieren. Mythos, Poesie, Sagen, religiöser Glaube, die archaischen Rechtsformen erhalten bei Vico ihre volle erkenntnistheoretische, philosophische und ethisch-praktische Würde und bilden jene Sphäre des Vorlogischen und Vorreflexiven, die nicht die inferiore Stufe des Instinkthaften und Irrationalen darstellt, sondern die historische Manifestation eines Momentes der historischen Evolution der Menschheit, welche ihre Bedeutsamkeit den Produkten der Phantasie, der poetischen Metaphern und der religiösen Symbole anvertraut.

Im Lichte dieser ersten Betrachtung wird leicht erkennbar, warum Vico – schon in *De constantia* – behauptet, daß die Poesie nicht als eine künstliche Entscheidung der Menschen oder als bloß erbauliches Element ihrer Existenz in die Welt tritt, sondern als „natürliche Notwendigkeit", welche die Ursprünge der Gesellschaft historisch und real werden läßt und sie nicht als Unwahrheit und Erfindung betrachtet. Die poetische Wahrheit befindet sich also nicht auf einem Niveau unterhalb dessen, auf dem sich die logisch-rationale Wahrheit aufbaut. Wenn dem so wäre, verstünde man einen der neuralgischen Punkte der Philosophie Vicos nicht: den Versuch, eine philosophische und anthroposophische Hermeneutik des Mythos' und seiner poetischen und phantastischen Sprache zu gründen.

Doch die Einbildungskraft, Phantasie und erfinderische Tätigkeit bilden für Vico nicht nur relevante Phasen der erkennenden und kulturellen Erfahrung des Menschen. Sie sind Fähigkeiten, die eben dieser historischen Erkenntnis zugrundeliegen. Das Ingenium ist also nicht nur ein Aspekt der menschlichen Natur, der auf die Phantasie und das imaginative Tun begrenzt bleibt. Es ist auch und primär das notwendige erkenntnistheoretische Instrument, neben der Vernunft, welches dazu dient, die Zeichen und den Sinn der Dinge zu finden und zu synthetisieren, so wie diese sich in der ursprünglichen Geschichte der Menschheit manifestieren. Demnach ist das Ingenium das Antriebsprinzip der Phantasie, der Erstellung von Bildern und Symbolen, der Kreation von Metaphern, aber auch und vor allem ist es das unentbehrliche Instrument zur Aktivierung des ersten Impulses des Menschen zur Geschichte und zum Handeln. Das bedeutet, daß die erste Regung des menschlichen Geistes nicht die der begrifflichen Logik ist, sondern die der Phantasie und der Einbildungskraft. Somit kann Vico feststellen, daß die „poetische Weisheit" die erste Form der Weisheit des Menschengeschlechtes ist und, daß die ersten Völker sich als „Schöpfer" ansehen dürfen, weil sie eben vor allem Erfinder von „historischen Fiktionen", von Mythen und Metaphern waren.

So versteht man die bedeutende Rolle der Poesie in der philosophischen Geschichtstheorie Vicos, da sie nicht nur ein bestimmtes Segment der menschlichen Tätigkeit ist, sondern ein charakterisierendes Element einer ganzen Phase der historischen und kulturellen Evolution der Menschheit darstellt. Deshalb kann Vico z. B. behaupten, daß schon in den „ersten Sagen" – jenen, die auch als die „Geschichte der ersten Völker" bezeichnet werden – Elemente des politischen Lebens auftauchen. Die Poesie steht also nicht nur im Bezug zur Geschichte, sondern auch und in signifikanter Weise zu den Ursprüngen des Rechts und der politischen

Organisation der Völker. Wenn die Weisheit – nach der Definition, die Vico von ihr gibt – jene menschliche Fähigkeit ist, die ursprünglich den Komplex der Wissenschaften und der menschlichen Künste bewegt, so definiert sich die „poetische Weisheit" als spezifisches Niveau, auf dem das theoretische und praktische Wissen der Menschheit sich in seinen Anfängen manifestiert. Die Poesie, das Reich der Musen, der große Homer (und all das, wofür sein Name steht), stellen den Anfangsakt der Weisheit dar, das, was dem Entstehungsprozeß der Kultur der Menschen zugrunde liegt. Doch ist diese Initialbewegung sowohl diachronisch als auch synchronisch, denn es ist nicht nur der Anfang des Zivilisationsprozesses, sondern auch das konstituierende Moment der Aktivität des menschlichen Geistes. Vor jedem reflektierten Urteil steht stets eine erfinderische Aktivität des Wiedererkennens der Dinge. Phantasie und Erinnerung stellen sich in der theoretischen Argumentation Vicos nicht nur als Kategorien psychologischen oder ästhetischen Typs dar, sondern als wichtige Schlüssel zur Sphäre des Tuns, des Herstellens und des Nützlichen. Das von Vico erarbeitete poetisch-narrative Modell übersteigt das begrenzte Feld des Literarischen und Rhetorischen und bietet sich so als das prädestinierte hermeneutische Instrument zum Verständnis der Geschichte und Kultur des Menschen, wenigstens in seinen Anfängen, an. Damit wird der von Vico vorgeschlagene Ausdruck der Phänomenologie des „Poetischen" leicht verständlich: neben eine poetische Metaphysik stellen sich eine poetische Logik, eine poetische Moral, eine poetische Politik und so weiter.

Durch diese radikale Umwälzung im Verständnis der Poesie bleibt der Diskurs über den Ursprung der menschlichen Kultur nicht mehr auf die Erforschung der Äußerungen einer „geheimen Weisheit" beschränkt, die nur in den Sagen, den großen Epen oder in den Mythen, die der Rationalität vorausgingen oder sie ersetzten, erfaßbar ist. Ihr ist es auch möglich, die Weisen zu erklären, in denen sich die „gewöhnliche Weisheit" der antiken Gesetzgeber ausdrückte. In der Tat entspringt auch das Recht einer eindeutig poetischen Wurzel, wie Vico festhält, und zeigt sich durch die ersten Schriftzeichen und die ersten Sprachen, d. h. in den Sprachformen, in denen die Identifikation zwischen den ersten menschlichen Gesetzen und dem göttlichen Gebot am besten zum Ausdruck kommt (man denke an das archaische Recht oder noch mehr an das römische Recht, welches für Vico eine „ernsthafte Dichtung" war).

Zur Stützung dieser philosophischen und anthroposophischen Konzeption der Poesie erarbeitet Vico die bekannte Theorie der „phantastischen Allgemeinbegriffe", die im Wesentlichen die Notwendigkeit verdeutlicht, der poetischen Metaphysik eine „poetische Logik" zur Seite zu stellen. Die imaginative Fähigkeit muß durch eine semantische Fähigkeit vervollständigt werden, welche auf die Bestimmung der Bedeutung ausgerichtet ist. Auch diese ist ein beredtes Zeugnis für Vicos große theoretische Entdeckung der historisch-anthropologischen Dimension des Ursprungs der Sprachen. Dies ist somit ein weiteres Element zur Erklärung der Motive, die Vico dazu bringen, seine Aufmerksamkeit auf die Sagen der antiken Poeten, auf die Mythologie und allegorischen Diskurse, auf die Metaphern zu richten, die nicht nur als bildliche Ausdrücke, sondern als Mikro-Erzählungen interpretiert werden und fähig sind, ein ganzes Universum von Sinn und Bedeutung zu beinhalten.

So bestätigt sich mit aller wünschenswerten Klarheit die grundlegende und konstituierende Funktion der Poesie im Zivilisationsprozeß der Menschheit und somit auch ihr besonderes Verhältnis zur Geschichte. Die „poetische Sprache" übernimmt, gerade weil sie die ersten poetischen Züge der menschlichen Geschichte beinhaltet, eine präzise historische Funktion, denn sie beinhaltet nicht nur die Erzählung eines bestimmten Ereignisses, sondern wird zu einem unabdingbaren Teil des hermeneutischen Weges, um die historische Genese der menschlichen Nationen zu verstehen. Die poetische Sprache übernimmt aber auch eine präzise praktische Rolle, wenn sie wesentlich dem Bedürfnis des Menschen Form verleiht, Ausdrucksmittel (Ähnlichkeiten, Metaphern, Analogien, Mythen etc.) zu finden, welche den Bedingungen der menschlichen Natur adäquat sind, so wie diese sich in den verschiedenen Zeitaltern artikuliert. Die Poesie geht, kurz gesagt, der Prosa voraus, die phantastischen Allgemeinbegriffe der Poesie gehen den rationalen Allgemeinbegriffen der Philosophie voraus. In diesem

Sinne ist die Poesie nicht nur die Interpretation einer ursprünglichen historischen Situation, sondern auch die Bestätigung der Überzeugung Vicos von der logisch-erkenntnistheoretischen Priorität der sinnlichen Erfahrung über die begriffliche Darstellung.

*****

Gemäß einer in der Ästhetikforschung[1] wohletablierten These führte Vico eine theoretische Intuition zum Abschluß, die schon in den Poetiken des Barock auftauchte. Angesichts ihrer kritischen Auseinandersetzung mit der metaphysischen Tradition, sei sie auch gegenüber dem Platonismus und Aristotelismus der Renais-

---

[1] Stellvertretend für viele sei auf S. Givone, Storia dell'estetica, Roma-Bari 1993, S. 24 ff. hingewiesen. Die These ist nicht neu. Schon Croce hob die „Sympathie" hervor, die Vico für die Autoren des 17. Jahrhunderts gerade im Hinblick auf die zentrale Rolle des Ingeniums und auf die Definition des poetischen Urteils als „Urteil der Sinne" an den Tag legt. Croce ist überzeugt, daß der Autor der *Scienza nuova* die Ideen des Tesauro vom „figürlichen Scharfsinn" und von den Metaphern kannte, auch wenn er dies nie explizit zitiert (vgl. B. Croce, Estetica, Bari [6]1928, S. 253 ff.). Bekanntermaßen war Croce ein hervorragender Historiker, der das Barock und seine Ästhetik genau kannte. Zur Beziehung zwischen Vico und der kulturellen Atmosphäre des Barock vgl. M. Lollini, Vico, Salvator Rosa e le maschere del barocco, in: Forum Italicum, XXIX, 2, 1995, S. 245-265; R. Bassi, La spirale della storia. Dispiegamento barocco della temporalità nella Scienza Nuova di Vico, in: Intersezioni, XVII, 1997, 3, S. 385-401. Zum Verhältnis zwischen Vico und den Versuchen der Organisation und der Vereinheitlichung des von der „Enzyklopädie des Barock" erarbeiteten Wissens vgl. G. Mazzotta, La nuova mappa del mondo, a.a.O., S. 94 ff. Noch immer besitzt ferner das Werk von A. Sorrentino, La retorica e la poetica di Vico, Torino 1927, seine Geltung und nimmt vieles vorweg. Von Givone vgl. auch: Poesia e mito in Vico e Leopardi, in: Filosofia 95, hrsg. von G. Vattimo, Roma-Bari 1996, S. 101-118. Weitere Beiträge zum Verständnis und zum Studium der Ästhetik Vicos findet man in: M.D. Parry, The Centrality of the Aesthetics in Vico and Nietzsche, in: New Vico Studies, IX, 1991, S. 29-42; S. Velotti, Universali fantastici e universali astratti: note su Locke, Leibniz, Vico e l'estetica, in: Stanford Italian Review, XI, 1992, 1-2, S. 1-32; G. Patella, Senso, corpo, poesia. Giambattista Vico e l'origine dell'estetica moderna, Milano 1995; F. Barbieri, L'estetica del Vico, la storia e la critica dell'arte, in: R. Cotteri, a.a.O., S. 147-157.

sance verbessert, werden diese als die wahren Wegbereiterinnen für das „Moderne" in der Ästhetik angesehen. In den barocken Begriffen, Kategorien, Typologien des Künstlichen, des Wunders, der Metaphern, der Sprachspiele beginnt sich der lange Prozeß der Begründung einer eigenständigen Dimension der Kunst herauszukristallisieren. Indem es über die Grenzen der mimetischen und lehrhaften Auffassung von Poesie hinausgeht, verleiht das Barock deren mythischen, symbolischen und phantastischen Elementen die Würde einer Erkenntnis und ein theoretisches Fundament.

Aus dieser Perspektive sah man Vico als wesentlichen Bezugspunkt bei der Rückführung nicht nur der Kunst, sondern der Gesamtheit der menschlichen Erfahrung zu einer a-logischen Wurzel, zu einer „Uranfänglichkeit" topischer und kreativer (*ingegnosa*) Art, welche nie als logische oder chronologische Voraussetzung verstanden werden darf. Deshalb hat man ganz zu Recht unterstrichen, daß es für Vico keine Konzeption der poetischen Wahrheit geben kann, die sich einem abstrakten Allgemeinen unterordnet, oder allerhöchstens mythisch-phantastische Hülle wäre, die mit ihrem Schleier das wahre Antlitz des kalkulierenden und ordnenden Denkens bedeckte.

Aus demselben Grunde, aus dem die poetische Wahrheit gegenüber einem allgemeinen Begriff der ontologischen oder logisch-erkenntnistheoretischen Wahrheit nicht im Rang verschieden oder untergeordnet ist, so ist auch die Ästhetik bei Vico kein eigenständiges und spezielles Gebiet. Wie zeitgenössische Wissenschaftler in Revision und Korrektur des Ansatzes von Croce überzeugend festgestellt haben, ist es der komplexere Versuch, eine philosophische und anthropologische Hermeneutik des Mythos zu erschaffen, die sich in eine Auffassung der Poesie und der ästhetischen Formen als „Philosophie des Sinnes der Erfahrung"[2] fügt.

---

[2] Hier beziehe ich mich auf die Idee von Ästhetik, wie sie den Arbeiten von E. Garroni, Senso e paradosso. L'estetica, filosofia non speciale, Roma-Bari 1986 u.a. zu entnehmen ist. Eben die Thesen von Garroni (besonders in: Estetica. Uno sguardo attraverso, Milano 1992) werden explizit aufgegriffen von S. Velotti, Sapienti e bestioni. Saggio sull'ignoranza, il sapere e la poesia in Giambattista Vico, Parma 1995. Hier erlangt die Poesie eine Schlüs-

Die Poesie ist also ursprüngliche und (damit auch primitive) und selbständige Form des Wissens. Dennoch sind die poetischen Wahrheiten und die Erzeugnisse der Phantasie und des Mythos keine philosophischen Inhalte, die als noch unpassend und unangemessen eingestuft werden. Das, was in den Mythen und in den Sagen enthalten ist, sind die Tatsachen, die Geschichte und nicht die Philosophie. Es sind gerade die Prinzipien einer Mythologie und einer ursprünglichen poetischen Weisheit, die zeigen, wie die Sagen als „wahre und strenge Geschichten der Sitten der ältesten Stämme" anzusehen sind. So wie die Göttersagen die angemessene Art und Weise des Ausdrucks einer „theologischen" Poesie darstellen, welche die Notwendigkeiten der menschlichen Welt auf göttliche Kategorien und Typologien zurückführte, so waren die Heldensagen auch „wahre Geschichten", die der Zeit der Barbarei der Nationen angemessen waren.[3] Wie Givone[4] richtigerweise festgehalten hat, „ist es nicht das philosophische Wissen, das die Wahrheiten des Mythos' und der Poesie in angebrachter Form übersetzt und enthüllt; im Gegenteil ist es die ursprüngliche Mythenbildung, die enthüllt, wie noch vor der artikulierten mündlichen Kommunikation die Logik selbst der Wahrheit (der „Idee", dem „Wort") gegenwärtig ist gerade wegen ihres ursprünglich mythischen Charakters. Und genau das ist die „Entdeckung", welche die Tür zu dieser Wissenschaft öffnet".

Ingenium und *Phantasie* sind für Vico konstitutive Bestandteile der geschichtlichen Welt des Menschen.[5] Poesie und Einbildungs-

---

selrolle für die *Scienza nuova*. Ist sie doch fähig, als Modell einer besonderen Erfahrung zu dienen, die sich dem intellektuellen Wissen nicht entgegenstellt. Ganz im Gegenteil ist es Vico dank der Entdeckung des Konzepts des „phantastischen Allgemeinbegriffs" möglich, ein „angemesseneres Verständnis der menschlichen Erfahrung in ihrer Gesamtheit" zu wecken (ebd., S. 13). Vor kurzem ist mit ausdrücklichem Verweis auf Vico L. Amoroso, Nastri vichiani, Pisa 1997, auf diese Weise vorgegangen (vgl. im besonderen die Einleitung, S. 12 ff. und den Aufsatz: Vico, Baumgarten e l'estetica, S. 47 ff.).

[3] Die Zitate Vicos finden sich in SN(1744) in: O, S. 419-420; dt. NW, S. 7-8.
[4] Vgl. Givone, S. 25.
[5] Unter anderen hat insbesondere E. Grassi (vgl. La facoltà ingegnosa e il problema dell'inconscio. Ripensamento e attualità di Vico, in: A. Battistini

kraft, Phantasie und erfinderische Tätigkeit – die Nebeneinanderstellung derartiger Termini soll keine Entwicklung der Identität zwischen ihnen anzeigen – repräsentieren nicht lediglich spezifische Momente der erkennenden und anthropologisch-kulturellen Erfahrung des Menschen. Sie erlauben es darüber hinaus, zu vertiefen und zur Diskussion zu stellen, in welchem Sinne man bei Vico von einer Theorie der Geschichte sprechen kann.[6] Es geht tatsächlich darum, die schematische Ebene hinter sich zu lassen, auf die man Vicos Konzept der Historizität oft zu reduzieren ver-

---

(Hg.), Vico oggi, Roma 1979, S. 121 ff.) hervorgehoben, wie bei Vico die bewußte Gründung einer wahren und eigentlichen „Logik der Phantasie" stattfindet, welche die Realität der geschichtlichen menschlichen und individuellen Welt mit größerem Erfolg als die traditionelle Logik zu durchdringen vermag. Von Grassi vgl. auch: La priorità del senso comune e della fantasia: l'importanza filosofica di Vico oggi, in: ders., Vico e l'umanesimo, Milano 1992, S. 41-67. Außerdem stimmt Grassi mit den Interpretationshypothesen überein, die zu diesem spezifischen Punkt D.Ph. Verene in seinen zahlreichen Aufsätzen vorgeschlagen hat, die sich Vico und dem Thema Phantasie widmen. Besonders hervorzuheben ist: Vico's Humanity, in: Humanitas (Journal of the Institute of Formative Spirituality), XV, 2, 1979, S. 227-240. Hier unterstreicht der amerikanische Wissenschaftler nachdrücklich, wie das Bild, die kreative Kraft der Sprache, die mythenbildende Tätigkeit der Phantasie für Vico den bevorzugten Weg zum Verständnis des Menschlichen darstellt, nicht der Begriff oder die reine rationale Tätigkeit. Von Verene vgl. auch: Giambattista Vico: Signs of the Metaphysical Imagination, Lewinston 1996. Zum Thema der Phantasie vgl. noch G. Costa, Genesi del concetto vichiano di "fantasia", in: M. Fattori-M. Bianchi (Hg.), Phantasia-Imaginatio, Roma 1988, S. 309-365; S. Velotti, Vico tra neo' pragmatismo, retorica e fantasia, in: AA. VV., Specchi americani. La filosofia europea nel nuovo mondo, Roma 1994, S. 57-73; M. Sanna, La fantasia come occhio dell'ingegno. Il paradigma conoscitivo dell'immagine in Vico, in: J. Trabant (Hg.) Vico und die Zeichen, a.a.O., S. 17-28; P. Fabiani, Fantasia e Immaginazione in Malebranche e Vico, in: M. Agrimi (Hg.), a.a.O., S. 167-193.

[6] Einer der überzeugendsten neuen Interpretationsansätze zur Bedeutung und zu den Grenzen der Geschichtsauffassung Vicos – verknüpft mit einer kritischen Überprüfung der möglichen Verbindungen zwischen Vicos Reflektionsergebnissen und der philosophischen Tradition des Historizismus – stammt von E. Nuzzo, Vico, la storia, lo storicismo, in: G. Cacciatore-G. Cantillo-G. Lissa (Hgg.), Lo storicismo e la sua storia. Temi, problemi, prospettive, Milano 1997, S. 50-68.

suchte, d. h. auf die einfache und wiederholte Bestätigung der „Entdeckung" der historischen Dimension der menschlichen Realität.

Vico beschränkt sich nicht darauf, in der Neigung zur Geselligkeit das verbindende Element für die geschichtliche Genese der politischen Institutionen und der kulturellen Prozesse der Menschheit zu erkennen und diese zum besonderen Objekt der neuen Wissenschaft zu machen. Er versucht darüber hinaus, zusammen mit der besonderen Forschungsmethode, die auf ein solches Objekt anzuwenden ist, die Prinzipien und die normativen Elemente philosophisch-begrifflicher Art zu erkennen und zu definieren, die am Beginn des Prozesses stufenweiser Humanisierung und Anthropologisierung der Welt und der Natur stehen.

Eines dieser wesentlichen Prinzipien ist das Ingenium. Im siebenten Kapitel der *Logica Poetica* schlägt Vico bekanntlich den fundamentalen *Status* des sowohl logischen als auch genealogischen Vorranges vor, welcher der *Topik* gegenüber der *Kritik* gegeben werden soll, also dem erkennenden Moment gegenüber dem beurteilenden. Denn wenn die Kritik die Fähigkeit ist, welche den Geist „genau" macht, so macht ihn die Topik „schöpferisch". So stellt sich das Ingenium nicht nur als spezifische Fähigkeit poetisch-imaginativer Art und ebensowenig als eine für ein spezielles Gebiet der menschlichen Natur reservierte Modalität dar. Vielmehr ist es der ursprüngliche Schritt des Findungsprozesses „aller zum menschlichen Leben notwendigen Dinge". Es handelt sich also um einen unerläßlichen Vorgang, der viel früher als das reflexive Eingreifen der Philosophie stattfindet.

Vico äußert die Überzeugung, daß die ersten Völker zunächst „die Welt der Künste" (vor allem verstanden als „Nachahmungen der Natur", also gleichzeitig im Sinne der „freien" und der „mechanischen" Künste) gründeten, und erst dann die Philosophen auftauchten und mit ihnen „die Greise der Völker", wodurch die Entwicklung zur Gründung der Wissenschaften und zur Vervollkommnung und Vollendung der Menschheit eingeleitet wurde. Vico nimmt hier die Ideen der *Degnitá* LII[7] wieder auf, in welchen

---

[7] Vgl. SN(1744), S. 515; dt. NW, S. 111.

er durch das konkrete Anwenden der doppelten Ebene von Ontogenese und Philogenese festgestellt hatte, daß „die kindliche Welt" den poetischen Völkern gehörte.[8] Auf diese Weise wird Vicos Konzept des Ingeniums von allen interpretierenden Überlagerungen romantischer Art der Folgezeit gereinigt.[9]

Vico formuliert es bereits in *De antiquissima* deutlich, und im wesentlichen findet es sich gleichermaßen im Komplex seines gesamten Werkes. In *De antiquissima* nimmt das Ingenium eine vorrangige Stellung unter den Fähigkeiten des menschlichen Geistes ein. Es gehört sogar zu den wertvollsten unter ihnen, da es ermöglicht, „Getrenntes und Verschiedenes zu einer Einheit zu verbinden". Doch Vico geht sogar noch weiter und behauptet, das Ingenium sei nichts anderes als die spezifische Natur des Menschen (es handelt sich daher zugleich um ein erkenntnistheoretisches und anthropologisches Prinzip). In der Tat ist es das Werk des Ingeniums, „das Zusammenmaß der Dinge zu erblicken, nämlich zu sehen, was passend, geziemend, schön und häßlich ist – also etwas zu erblicken, was Tiere nicht zu sehen können".[10]

---

[8] Vgl. SN(1744), S. 639; dt. NW, S. 251-252.

[9] Eine der klarsten und genauesten Definitionen von Vicos Ingenium, vor allem als natürliche Anlage des menschlichen Geistes verstanden, findet sich in: M. Mooney, Vico in the Tradition of Rhetoric, Princeton 1985 (ital.: Bologna 1991, S. 183): „Gewöhnlich will Vico damit jene vom Intellekt verschiedene Fähigkeit des Geistes bezeichnen, mit der wir Verhältnisse erkennen, Analogien herstellen, Ähnlichkeiten sehen oder erschaffen und durch die wir demnach wirklich ‚erkennen'. Es als ‚Genie' ausgeben, wie manch ein Kritiker möchte, verkennt seine Natur als geistige Fähigkeit und legt zuviel Wert auf seine kreative und erfinderische Funktion (die es natürlich besitzt)." Wesentlich bleibt mit Bezug auf diesen Aspekt der Aufsatz von L. Pareyson, La dottrina vichiana dell'ingegno (1949), in:, ders., L'estetica e i suoi problemi, Milano 1961, S. 351-377. Zu den bedeutenden Beziehungen, die sich bei Vico zwischen Ingenium und Sprache bilden vgl. S. Gensini, Ingenium e linguaggio. Note sul contesto storico-teorico di un nesso vichiano, in: J. Trabant (Hg.), Vico und die Zeichen, a.a.O., S. 237-256; S. Luft Rudnik, Embodying of Humanism: G. Vico and the Eye of Ingenium, in: D.M. Levin, Sites of Vision. The Discursive Construction of Vision in the History of Philosophy, Cambridge 1997, S. 167-196.

[10] Vgl. G. Vico, *De Antiquissima italorum sapientia*, in: OF, S. 116 (vgl. dt. Ü. von S. Otto und H. Viechtbauer, S. 127). Eine interessante Interpretation zur

Natürlich betrifft das Handeln des Ingeniums nicht ausschließlich die (dem Menschen und nicht Gott eigentümliche) Fähigkeit zu denken und künstlich die Welt der Dinge zu organisieren. Es beruht auf der Grundlage der *Phantasie*,[11] die von Vico hauptsächlich in der Fähigkeit gesehen wird, Sinnbilder zu erschaffen – „das *ingenium* ist dem Menschen zum Wissen im Sinne von tätigem Hervorbringen gegeben"[12] – *Metaphern* zu gebrauchen, um somit eine Fähigkeit ins Feld zu führen, die poetisch-symbolischen Bedeutungen auf die wahrnehmbar-reale Welt zu übertragen.[13]

---

möglichen Beziehung zwischen Vico und der modernen Philosophie der Urteilskraft stammt von R. Viti Cavaliere, Vico e la concezione odierna del principio di ragion sufficiente, in: ders., Il giudizio e la regola, Napoli 1997, S. 55-71. Das Kapitel „Vico nella lettura di Hannah Arendt" (a.a.O.; S. 159-192) enthält eine originelle Untersuchung zur bedeutsamen Präsenz Vicos im Werk von Hannah Arendt, vor allem in den Teilen der Philosophie Arendts, welche das Thema des aktiven Lebens, des politischen Handelns, und das Verhältnis von Urteil und Geschichte behandeln.

[11] „Die Phantasie ist jenes Vermögen, dem am meisten Gewißheit zukommt, denn im schöpferischen Akt der Phantasie erschaffen wir uns die Sinnbilder der Dinge" (vgl. OF, S. 112; dt. Ü., S. 119). Und weiter unten: Die Phantasie ist „das Auge des ingeniums, so wie die Urteilskraft das Auge des Intellektes ist" (ebd., S. 126; dt. Ü., S. 139).

[12] Vgl. OF, S. 130; dt. Ü., S. 151. Ferner: Das Ingenium ist „das eigentliche Erkenntnisvermögen [...], das den Menschen dazu befähigt, Ähnliches hervorzubringen und in seiner Ähnlichkeit zu bewerten" (ebd., S. 122; dt. Ü., S. 135). Doch ist das Ingenium die wirkliche „Kunst des Findens", von dem Moment an, an dem „das Finden von Neuem die Methode und das angestrebte Ziel allein des *ingeniums* ist" (ebd., S. 124; dt. Ü., S. 135). Man erinnere sich an Vicos leidenschaftliche Verteidigung seiner Definition und Interpretation des Ingeniums gegen die kritischen Anmerkungen der Gelehrten aus Leipzig (vgl. Vici Vindiciae, in: Vico, Varia. Il *De Mente heroica* e gli scritti latini minori, Bd. XII delle Opere, hrsg. von: Centro di studi vichiani del CNR di Napoli, hrsg. von G.G. Visconti, Napoli 1996, S. 73).

[13] Ich teile voll und ganz die Überlegungen, die zu diesem Punkt von Grassi (S. 121 und S. 126) angestellt wurden und völlig zu Recht unterstreichen, wie für Vico das Tun des Ingeniums und der Phantasie die Quelle der historischen menschlichen Realität bilden. „Nur durch das Funktionieren des ingeniums, der Phantasie kommt die menschliche ‚Welt', die ‚Umwelt' hervor. Die phantastische, metaphorische Aktivität wird von jeder literarischen Begrenzung befreit und erlangt, gerade im Hinblick auf die Realisierung der Gesellschaft, grundlegende Bedeutung." Einen analogen Interpretationsan-

Alles in allem, was auch immer der ontogenetische Ort der Welt sei (für die einen die Vorsehung des Schöpfergottes, die Metaphysik des idealen Wahren für die anderen), sicher ist, daß er seine erste faßbare Ausdrucksform und geschichtlich-konkrete Herausbildung (und nicht nur, wie man gesagt hat, in rein diachronischem Sinn) im Ingenium und in der Phantasie fand. Was am Anfang steht und darum als *Ursprung* (*principio*) wirkt, ist also weder die metaphysische und rechnende Vernunft, noch die Vernunft der philosophischen Logik. Im ersten Kapitel des der *Poetischen Metaphysik* gewidmeten Abschnittes erläutert Vico dies in aller Ausführlichkeit. Die *poetische Weisheit* repräsentiert zweifellos „die erste Weisheit des Heidentums" und deshalb mußte diese ihren Anfang in einem metaphysischen Vorgehen nehmen, das nicht das vernünftige und abstrakte der „Gelehrten" sein konnte, sondern das, welches von den noch nicht an das Denkvermögen (*raziocinio*) gewöhnten Menschen (die „alle kräftige Sinne hatten und von äußerst starker Phantasie waren"[14]) gefühlt und vorgestellt wurde.

---

    satz bietet M. Rak (Vico in "Tel Quel!", in: BCSV, I, 1971, S. 53 ff.), der die französische Übersetzung des Briefes Vicos an Gherardo degli Angioli folgendermaßen kommentiert: „Vico brachte die besten Früchte der Kultur Neapels des späten 17. Jahrhunderts in einer systematischen Vision der Fakten der Poesie innerhalb einer umfassenderen anthropologisch-gesellschaftlichen Sichtweise zur Reife, durch welche sich die Strukturen einer vollständigen historizistischen Methodologie präzisierten."

[14] Vgl. SN(1744), S. 569-570; dt. NW, S. 170-171. Hier bezieht sich Vico auf die *Degnitá* XXXVI, wo man liest: „Die Phantasie ist um so stärker, je schwächer das Denkvermögen ist" (ebd., S. 509; dt. NW, S. 104). Zu diesem Punkt scheint mir völlig angemessen und überzeugend der Kommentar von Battistini (in: O, Bd. II, S. 1527-1528), der nicht an riskante Analogien zu Spinoza und Locke – die nebenbei bemerkt nicht durchweg unbegründet sind (man denke an die Unterscheidung zwischen *wit* und *judgment*; auf diesen Punkt hat u. a. Mooney, S. 59 f., verwiesen) – sondern vielmehr an den Einfluß denkt, der von der barocken Umwelt auf Vico wirkte und an analoge Überlegungen von Muratori. Es ist daran zu erinnern, daß es Nicolini war (vgl. Commento storico alla seconda scienza nuova, Bd. I, Roma 1949, S. 132 ff.), der unter den Quellen Vicos in Bezug auf die Weisheit der antiken Heiden und den primitiven Zustand der Wildheit und Grausamkeit auf die Kapitel 12 und 13 des *Leviathan* von Hobbes hinwies. Bei beiden Auto-

Ihre Poesie ist nichts Hinzugefügtes und keine technische oder künstliche Konstruktion. Sie ist vielmehr ein „Vermögen, das ihrer Natur entsprach" und das seinen Ursprung paradoxerweise genau in der geringen Möglichkeit des Zugangs zur Kenntnis der Ursachen hat und deshalb verwurzelt ist „im Staunen über alle Dinge".[15] So macht ihr mächtiger und starker Sinn für die Phantasie

---

ren, aber auch bei einem erheblichen Teil der gebildeten Literatur der Epoche findet sich die Tendenz, das Leben der „Wilden" der neuen Welt und das der antiken Völker komparatistisch zu analysieren. Die Ähnlichkeiten zwischen beiden Denkern entstehen auch hinsichtlich des Ursprungs des Konzeptes der Göttlichkeit und der Erklärung der Ursachen, die in der phantastischen Vorstellung der primitiven Völker für übernatürlich gehalten wurden. Nicolini hatte dies ausführlich in seinem Artikel „L'erramento ferino e le origini della civiltà secondo Giambattista Vico", in: Rivista storica italiana, LX, 2, 1948, S. 250-273 (danach in Nicolini, La religiosità di Giambattista Vico, Bari 1949, S. 25 ff.) abgehandelt. Hingegen hat mit ebenso überzeugenden Argumenten A. Montano, Storia e convenzione. Vico *contra* Hobbes, Napoli 1996, S. 25-44, Vorbehalte gegen diese Parallele Vico-Hobbes geäußert, indem er die unterschiedliche theoretische und historische Beschaffenheit der Kategorie der „Wildheit" aufzeigt. Interessante Betrachtungen zur Phantasie bei Vico entwickelt G. Costa, Genesi del concetto vichiano di „fantasia", in: M. Fattori-M. Bianchi (Hgg.), Phantasia-Imaginatio, Roma 1988, S. 309-365. Zur Beziehung von Vico und Hobbes vgl. F. Botturi, Modernità e giuridicità da Hobbes a Vico, in: C.M. Zanzi, L'esperienza giuridica. Istituzioni del pensiero laico, Milano 1999, S. 251-276; U. Galeazzi, Vico critico di Hobbes, in: G. Sorgi, Thomas Hobbes e la fondazione della politica moderna, Milano 1999, S. 183-208. Nützliche Hinweise gibt F. Ratto, Materiali per un confronto: Hobbes-Vico, Perugia 2000.

[15] Vgl. SN(1744), S. 570; dt. NW, S. 171. Vico beruft sich nochmals auf eine *Degnità*: „Das Staunen ist ein Kind der Unwissenheit; und je größer die bestaunte Erscheinung ist, um so mehr wächst in entsprechendem Verhältnis das Staunen" (ebd., S. 509; dt. NW, S. 104). Es sind natürlich die klassischen Anklänge (bes. Aristoteles) unübersehbar, die Vico hier aus Anlaß dieser Definition eingearbeitet haben kann. Zum Thema: M. Torrini, Il topos della meraviglia come origine della filosofia tra Bacon e Vico, in: M. Fattori (Hg.), Francis Bacon. Terminologia e fortuna nel XVII secolo, Roma 1985, S. 261-280. Am Rande beachte man, wie der Text von Abs. 375 sozusagen die anthropologische Feinfühligkeit Vicos unterstreicht, die den animistischen Glauben der alten lateinischen und germanischen Nationen mit denen der amerikanischen Völker vergleicht.

die ersten Völker auf Grund ihrer Unwissenheit zu „Schöpfern" – natürlich in einem vom göttlichen Prozeß der Schöpfung der Dinge ganz verschiedenen Sinne – zu Schöpfern der Welt der menschlichen und historischen Einbildungen.[16] Somit hat die Poesie nicht nur eine topische und gleichzeitig historisch-philologische Funktion – „nämlich erhabene Mythen zu finden, die dem Verständnis des Volkes zusagen" –, sondern auch eine Aufgabe, die völlig mit der „politischen" Anlage der Philosophie Vicos übereinstimmt, sozusagen eine ethische und belehrende Aufgabe, d. h. die Aufgabe, „das Volk zu lehren, wie man tugendhaft handelt".[17]

Es ist also völlig evident, daß, wenn Vico im zweiten Buch der *Scienza nuova* von 1744 von *poetischer Weisheit* spricht, er nicht an ein begrenztes Gebiet der menschlichen Erfahrung denkt. Die Poesie charakterisiert für ihn den gesamten Komplex des Lebens des Menschen in einer bestimmten Phase seiner Entwicklung. Schon nach der zentralen Feststellung in den *Degnitá*, wonach die „ersten Mythen politische Wahrheiten enthalten haben müssen" und man diese deshalb als die „Geschichte der ersten Völker"[18]

---

[16] Montano (S. 33) sieht m. E. etwas Richtiges, wenn er – bei seinem Versuch, das von Nicolini suggerierte Verhältnis von Vico zu Hobbes zu problematisieren – schreibt: „Das Stadium des ‚tierischen Umherirrens' hat bei Vico immer den Hintergrund einer Gesellschaft, vielleicht einer primitiven, aber doch einer Gesellschaft. Das ‚tierische Umherirren' ist deshalb kein ‚Naturzustand', sondern ein Gesellschaftszustand." Zu Vico und Hobbes vgl. auch J.M. Bermudo Avila, Vico y Hobbes: el "verum-factum", in: Cuadernos sobre Vico, I, 1991, S. 135-153.

[17] SN(1744), S. 571; dt. NW, S. 172.

[18] Vgl. SN(1744), S. 512; dt. NW, S. 107-108. Welches auch immer die interpretativen und philologischen Grenzen der von Fausto Nicolini angestellten Analyse sein mögen, man kann, wenigstens meiner Meinung nach, die beispielhafte Klarheit des Kommentars in diesem Punkt nur bewundern: „Die Tatsache selbst, daß alle Nationen zuerst den Jupitermythos bildeten, Symbol des religiösen Empfindens, dann den Mythos des Herkules, Symbol der außergewöhnlichen Mühen für die Gesellschaft [...] und damit auch der Tugenden, die dafür benötigt werden, beweist: a) daß diese Nationen, die einander unbekannt waren, und damit gegen jeden gegenseitigen Kultureinfluß geschützt [...], sich ‚weder ohne Religion bilden konnten, noch ohne Tugend vergrößern'; b) daß jeder Mythos nicht nur eine wahre Tatsache oder eine Serie tatsächlicher Geschehnisse ist, sondern eine Tatsache oder eine Reihe

betrachten kann, hatte Vico in den „theologischen Dichtern" die ersten Weisen der griechischen Welt erkannt, auf die unmittelbar die „heroischen Dichter" folgten.

Da alle Völker in ihren Ursprüngen Jupiter und Herkules hatten, waren alle heidnischen Nationen „in ihren Anfängen poetisch". Deshalb wird die Geschichte der Menschheit in der Phase ihrer Morgendämmerung von der poetischen Weisheit gekennzeichnet, vom Vorherrschen dessen, was die „Roheit"[19] der Ursprünge, des Empfindungsvermögens und der Phantasie in jedem Aspekt des Lebens erklärt.[20] Sofern die Weisheit als Orientierungsfähigkeit des menschlichen Wesens im Machen und im Handeln in der Welt der Natur wie in der der Geschichte verstanden wird, sind die Attribute, die Vico dem Terminus und Begriff der Weisheit beilegt, nicht überraschend.[21]

---

von Tatsachen von nicht naturalistischem, sondern sozialem Wesen ist ‚politische Wahrheit'); c) daß die Vorgeschichte des geselligen Lebens dank der neuen, von Vico seit den *Notae* zum *Diritto universale* vorgeschlagenen Interpretationen der Mythen rekonstruierbar ist." (Vgl. Nicolini, Commento, S. 88) In diesem Text hält Nicolini fest, daß „die heroischen Dichter die ersten Historiker der profanen Dinge (Poëte heroes primi rerum profanarum historici)" gewesen sind, (vgl. OG, S. 762-763). Und weiter unten stellt Vico die Primogenitur der heroischen Poesie gegenüber den anderen dramatischen und bukolischen Formen fest, indem er in synthetischer Form eine richtige *Poeseos Historia* entwickelt. Tatsächlich „gründet sich" die heroische Dichtung „auf eine einzige Imitation, oder auf eine Erzählung der Unternehmungen und auf die Darstellungen der Reden, die die Helden führten, sie gründet sich außerdem auf dieselbe Imitation, auf die sich die Geschichte gründet" (ebd., S. 764-766).

[19] Vgl. SN(1744), S. 559; dt. NW, S. 159.
[20] Noch klarer wird Vico dadurch bewußt, wie bedeutend die Entdeckung einer Wissenschaft ist, welche im Gegensatz zum traditionellen Wissen, das seinen Aktionsradius auf die Zeiten der entwickelten und vernunftbegabten Gesellschaft begrenzt, fähig ist, durch ihre Analyse und ihre Verstehensprozesse bis zu weit entfernten Ursprüngen zurückzukehren.
[21] Daß das Thema der *Weisheit* als eines der zentralen Leitmotive der Überlegungen Vicos angesehen werden kann, belegen ausführlich die eingehenden Untersuchungen, die ihm vor einigen Jahren F. Botturi widmete: vgl. vor allem: La sapienza della storia. Giambattista Vico e la filosofia pratica, Milano 1991; Vico e la filosofia pratica: ragioni di attualità, in: Ragion pratica, I, 1994, S. 135-142; Tempo linguaggio e azione. Le strutture vichiane della

„Weisheit ist das Vermögen, das alle Disziplinen beherrscht, mit deren Hilfe alle Wissenschaften und Künste, die die Humanität ausmachen, erlernt werden."[22]

Zuvor hatte Vico bereits gesagt, daß die „Weisheit ... in ihrem weitesten Umfang nichts als eine Wissenschaft, die Dinge so zu gebrauchen, wie es in ihrer Natur liegt", ist.[23]

Auf diese Weise beruht das menschliche Wissen, das wie alles andere natürlich Gegebene aus der alles durchwirkenden Vision des göttlichen Geistes entspringt, nicht nur auf dem abstrakten Erkennen, sondern auch und vor allem auf dem *Machen*, d. h., es ist damit wie alles, das hauptsächlich in der Geschichte wirkt.

Somit erfährt das Konzept einer poetischen Weisheit als bestimmte Stufe des theoretischen und praktischen Wissens der Menschheit in ihrer Ursprungsphase eine weitere Rechtfertigung. Hier geht es nicht so sehr darum, im einzelnen den Werdegang der Weisheit durch die Geschichte des Menschen nachzuvollziehen, sondern vielmehr darum, sich der Schlußfolgerung zuzuwenden, zu der Vico gelangt. Die Poesie ist das Anfangsstadium, von dem

---

"Storia ideale eterna", Napoli 1996. Zur Reflexion Vicos über die Weisheit vgl. auch M. Lollini, La sapienza, l'ermeneutica e il sublime in Vico, in: Annali di storia dell'esegesi, IX, 1, 1992, S. 101-140; R. Bernecker, "Sapienza poetica" et style aphoristique chez G. Vico, in: M.J. Ortemann (Hg.), Fragment(s), fragmentation, aphorisme poètique, Nantes 1998, S. 49-59; D.R. Kelley, Vico and the Archeology of Wisdom, in: M. Agrimi, a.a.O., S. 605-624.

[22] Vgl. SN(1744), S. 560-561; dt. NW, S. 161. In diesem Abschnitt findet man eine der klarsten Formulierungen des Zusammenhangs, den Vico zwischen Intellekt und Willen setzt, und der gewissermaßen verbindenden Rolle, die der Weisheit im Verhältnis zwischen Erkenntnis und Machen zuerkannt wird. „Der Mensch ist, in seinem eigentlichen Menschsein, nichts anderes als Geist und Gemüt oder, wenn wir wollen Verstand und Wille. Die Weisheit muß dem Menschen diese beiden Teile vollenden, und zwar den zweiten infolge des ersten, damit durch den von der Erkenntnis der höchsten Dinge erleuchteten Geist das Gemüt sich bestimmen lasse, die besten Dinge zu wählen [...]. Daher muß die wahre Weisheit die Erkenntnis der göttlichen Dinge lehren, um die menschlichen Dinge zum höchsten Gut zu führen."

[23] Vgl. SN(1744), S. 540; dt. NW, S. 141.

aus sich der menschliche Geist manifestiert. Sinn und Sensibilität stehen am Beginn der Entdeckung und der Konstruktion der Wahrheit. Wenn sich die Behauptung als wahr erweist – die Vico ursprünglich Aristoteles zuschreibt und die bis zu Locke reicht – derzufolge gilt: *Nihil est in intellectu quin prius fuerit in sensu* (Nichts ist im Verstand, was nicht zuvor im Sinn war, d.Ü.), so kann man sicherlich in den Dichtern den Sinn und in den Philosophen den Verstand des Menschengeschlechtes verkörpert sehen.[24]

Die Weisheit hat ihren Ursprung also in der Poesie.[25] Sie ist es, die der Genese der menschlichen Zivilisation zugrunde liegt und

---

[24] Vgl. SN(1744), S. 560; dt. NW, S. 160. Wie wichtig diese Passage im Gesamtzusammenhang der Überlegungen Vicos ist, zeigt sich daran, daß sich hier der Argumentationsgang schließt, den Vico im zweiten Buch der *Scienza nuova* abhandelte. „Durch all dies ist das erreicht, was in diesem Buch bewiesen werden sollte: daß die theologischen Dichter der Sinn, die Philosophen der Verstand der menschlichen Weisheit waren" (ebd., S. 808; dt. NW, S. 443). In seinem interessanten Buch tat Patella gut daran, ins Zentrum seiner Erklärung der ästhetisch-poetischen Theorien Vicos den engen Zusammenhang zwischen der Erkenntnissphäre des Sinnes (der Rolle der vorreflexiven Fähigkeiten) und der Formulierung der poetischen Weisheit zu stellen: Patella, Senso, corpo, poesia. Giambattista Vico e l'origine dell'estetica moderna, Milano 1995, S. 40 ff. Und es ist genau diese Verbindung einer besonderen Art der Erkenntnis des Empfindungsvermögens und der kreativ-phantastischen Fähigkeit der Phantasie, welche – auf der Ebene einer ganz generellen Einschätzung der Ausprägungen von Vicos Werk – zu einer Verringerung der Differenzen zwischen *De antiquissima* und *Scienza nuova* beitragen könnten, die von den historischen Kommentaren teilweise zu sehr hervorgehoben wurden. Bereits im Werk der ersten Reife finden sich tatsächlich, wie gesehen, die Betonung der Rolle der ersten Tätigkeit des Geistes und die Zuweisung der vier grundlegenden Fähigkeiten an die Topik wieder: Sinn, Gedächtnis, Phantasie, Ingenium (vgl. OF, S. 114 ff.; dt. LM, S. 122 ff.). Auf der Bedeutung der ersten Tätigkeit des Geistes, wenn auch wiederum eher aus erkenntnistheoretischem als ästhetischem Blickwinkel, bestand zu Recht Pareyson, a.a.O., S. 353 ff.

[25] „Die Weisheit begann bei den Heiden mit der Muse, die von Homer [...] als ‚Wissenschaft vom Guten und vom Bösen', die später ‚Weissagung' genannt wurde [...]. Also musste die Muse eigentlich zunächst die Wissenschaft der Weissagung der Auspizien sein; diese war [...] die gewöhnliche Weisheit aller Völker, Gott nach dem Attribut seiner Vorsehung zu betrachten [...]. Und wir werden unten sehen, dass die theologischen Dichter, die sicher die

sich dabei in einer zugleich diachronen als auch synchronen Gliederung zum Ausdruck bringt. Der Sinn, die Einbildungskraft und die Phantasie stellen nicht allein die konstituierenden Momente des menschlichen Geistes dar, sondern auch die der Geschichte der menschlichen Zivilisation selbst.[26] Dies ist eine der entscheidenden Passagen, die Vico mehrmals wieder aufgreift. Gedächtnis, Phantasie und Ingenium sind die ersten Prinzipien, die bildenden Formen der menschlichen Welt, obwohl sie, wie zuvor gezeigt, verschiedenen Funktionen dienen, psychologischen oder erkennenden. Doch stellen sie aus historischer Sicht auch die Elemente dar, welche die erste Weisheit des Menschen charakterisieren.

Die mythenbildende Tätigkeit, die Fähigkeit, Anklänge in einem Akt der Phantasie zu konzentrieren und die Arbeit des Ingeniums an den Materialien der Erinnerung kennzeichnen das Vorgehen des menschlichen Geistes in einer Zeit, in der dieser, wie Vico bemerkt,[27] „noch durch keine Kunst des Schreibens verfei-

---

Humanität Griechenlands begründeten, weise in dieser Weisheit waren" (vgl. SN(1744), S. 561; dt. NW, S. 162). Eine überzeugende Interpretation zur zentralen Rolle der „homerischen Frage", die die Intuitionen eines begründenden Zusammenhangs zwischen der Genese der menschlichen Institutionen und der poetischen Einbildungskraft bestätigt, gibt Mazzotta, a.a.O., S. 146 ff.

[26] Deshalb hat Mathieu (Poesia e verità in Giambattista Vico, in: V. Branca (Hg.), Rappresentazione artistica e rappresentazione scientifica nel "Secolo dei lumi", Firenze 1970, S. 37) recht, wenn er schreibt, daß die „poetische Weisheit sich nicht beschränkt auf etwas, das wir (die wir an eine ökonomische Arbeitsteilung gewöhnt sind) ‚Kunst' oder ‚Poesie' nennen. Sie umfaßt die gesamte Aktivität des Menschen, der noch nicht zu begrifflicher Bewußtheit erwacht ist."

[27] Dieselbe Beobachtung hatte Vico jedoch auch schon in dem Teil entwickelt, welcher der poetischen Metaphysik gewidmet war. Hier sieht man, wie es gerade auf Grund des Bündels von Abstraktionen, welches den Geist behindert, und durch den Exzeß der „Vergeistigung", den die geometrische und kalkulierende Rationalität provoziert, schwierig wird, „in die ungeheure Einbildungskraft jener ersten Menschen einzudringen, deren Geist in keiner Weise abstrakt, in keiner Weise verfeinert, in keiner Weise spiritualisiert war, da er ganz in die Sinne versenkt, ganz von den Leidenschaften beherrscht, ganz im Körper begraben war: daher haben wir oben gesagt, man

nert, noch durch keine Praxis in Rechnung und Buchhaltung spiritualisiert, noch nicht durch so viele abstrakte Wörter ... abstrahierend geworden war".[28]

Es sind Fähigkeiten, die Vico als zum Körper gehörig erkennt[29] – sicherlich in dem Bewußtsein, gegen den Strom der rationali-

---

könne jetzt nur mit Mühe begreifen, aber auf keine Weise sich vorstellen, wie die ersten Menschen dachten, die die heidnische Humanität begründeten" (vgl. SN(1744), S. 572; dt. NW, S. 174).

[28] Vgl. SN(1744), S. 767; dt. NW, S. 398. Battistini unterstreicht in seinem Kommentar (vgl. O, II, S. 1670-1671) zu Recht die wichtigen Innovationen, die bei der Interpretation der Rolle von Phantasie und Vorstellung bei Vico Verene in seinen Studien angeregt hat (vgl. insbesondere: Vico's Science of Imagination, Ithaca-London 1981 und 1991; The New Art of Narration: Vico and the Muses, in: New Vico Studies, I, 1983, S. 21-38; Imaginative Universals and Narrative Trutz, in: New Vico Studies, VI, 1988, S. 1-19; L'universale fantastico di Vico e la logica della metafora, in: ders., Vico nel mondo anglosassone, Napoli 1995, S. 25 ff.). Mehrmals hat der amerikanische Forscher den Akzent auf die radikale Perspektivenverschiebung gesetzt, die sich seit Vico bei der Identifizierung der Grundlagen des Denkens ergibt, die nicht mehr ausschließlich in die logische Rationalität verlegt werden, sondern auch und wesentlich in die Einbildungskraft und in die Aktivität der Phantasie. Primär dank Verene, aber auch dank der Analysen und Studien, die in den letzten Jahren von vielen Philosophen und Historikern der Ästhetik vorgelegt wurden (auf die ich in den Anmerkungen zu Beginn des Kapitels hingewiesen habe), könnte man in Vico einen Wendepunkt sehen, der zur gegenwärtigen Neubewertung des ästhetischen Urteils gegenüber dem rein logischen führt, mit Folgen, die nicht nur das begrenzte Gebiet der poetisch-künstlerischen Erfahrung betreffen, sondern das erheblich weitere Gebiet der politischen Philosophie und der Ethik. Um den Titel eines kürzlich erschienen Buches zu paraphrasieren, das nicht zufällig zwei Kapitel dem Philosophen aus Neapel widmet, steht Vico am Ursprung dessen, was als eine erneuerte und moderne Philosophie der historischen Urteilskraft bezeichnet werden kann (vgl. R. Viti Cavaliere, Il giudizio e la regola, Napoli 1997, a.a.O., S. 55 ff. und S. 159 ff.).

[29] Von der „Ästhetik des Körpers" und der Rehabilitierung und Wiederentdeckung des Sinnes in Vicos Reflexion handelt neuerdings G. Patella, Senso, corpo, poesia. Patella greift eine immer weitere Verbreitung findende Interpretationslinie auf (in Übereinstimmung mit analogen Forschungen von Garroni, Givone Amoroso, Velotti u.a.), derzufolge Vico „die Prämissen der modernen philosophischen Ästhetik" vorgelegt hat, womit man natürlich den Akzent von den Resten einer romantisch-idealistischen Interpretation weg

stisch-philosophischen Tradition zu schwimmen. Sie sind das Proprium der ersten Operationen des Geistes, welcher sich in dieser Phase, wie festgestellt, der „regulativen Kunst" der Topik anvertraut. Und da zuerst die Fähigkeit, Dinge „zu entdecken", kommt und erst danach das Urteil, mußte die „Kindheit der Welt" sich notwendigerweise dieser ersten Tätigkeit zuwenden („als die Welt alle Erfindungen, für die Bedürfnisse und Vorteile des Lebens nötig hatte").

> „Daher dachten die theologischen Dichter zu Recht, das Gedächtnis sei ‚die Mutter der Musen', die, wie wir oben gefunden haben, die Künste der Humanität sind."[30]

In Vicos Rekonstruktion jener Kulturen, in denen die poetische Weisheit vorherrscht, zeichnet sich ab, daß die Poesie sich nicht in künstlicher oder begrifflicher Weise von der Sphäre des Machens und des Erzeugens oder jener des Nützlichen unterscheiden läßt. Mehr noch, aus dem Blickwinkel der Sprache und des Ausdrucks wird das poetisch-narrative Modell die bevorzugte Bahn, auf der sich die vollständige Skala der Objektivierungen des Menschenle-

---

verlagert. Vico habe dieselben „Bewegungen" ausgelöst wie die philosophische Ästhetik Kants, doch diesmal auf dem Gebiet „des Sinnes, wobei es ihm gelang, den sinnlichen und wahrnehmenden Fähigkeiten, der Einbildungskraft, dem ingenium, der Poesie eine volle Unabhängigkeit und Autonomie zuzusprechen, ihnen eine epistemologische Würde zu geben, die der des Verstandes und der Vernunft zumindest gleich kommt". Es wäre insgesamt keineswegs unbegründet anzunehmen, daß „auf im engen Sinne ästhetischem Gebiet [und nicht nur auf ästhetischem Gebiet, würde ich hinzufügen, G.C.] Kants Kritik der Urteilskraft in gewisser Weise von der neuen Wissenschaft antizipiert wurde […], die aus dieser Sicht nichts anderes als die größte Anerkennung seitens der modernen Philosophie für den autonomen Wert der ‚phantastischen' und ‚poetischen' (sozusagen der ästhetischen) Erkenntnis der Realität darstellt und somit das Primat des ästhetischen Denkens über das logisch-rationale Denken bezeugt" (ebd., S. 25-26).

[30] Vgl. SN(1744), S. 767 (dt. NW, S. 398). Hier bezieht sich Vico auf Abschnitt 508, ebd., S. 647 (dt. NW, S. 258), wo er die Poesie als Wissenschaft vom Guten und vom Bösen definiert und sich dabei als Quelle auf Homer bezieht.

bens manifestiert und erprobt. So versteht man also die Zuordnung des Poetischen sowohl zur Metaphysik wie zur Logik, zur Moral wie zur „Ordnung der Familie",[31] zur Politik wie zur Geschichte und ebenso zur Physik, zur Kosmographie, Astronomie, Chronologie und Geographie.

Der Beginn der ersten Weisheit des Heidentums nimmt den Charakter einer poetischen Metaphysik an, also einer noch nicht „rationalen und abstrakten" Metaphysik – die den „Gelehrten" angehört –, sondern einer „sinnlich empfundenen und vorgestellten" der ersten Menschen.[32]

Hier zeichnet sich noch einmal die bestimmende Rolle der Phantasie ab, einer „ganz körperlichen Phantasie", die es den ersten Menschen-Kindern in der Geschichte des Menschengeschlechts erlaubte, Dinge zu erschaffen, wenn auch mit idealen und künstlichen Mitteln, die gänzlich von der göttlichen Schöpfung verschieden sind. Diese Fähigkeit des Erschaffens von sinnlich empfundenen Fiktionen drängte die „theologischen Dichter" dazu, den „ersten göttlichen Mythos" zu ersinnen, den des blitzeschleudernden Jupiter, und den religiösen Mythos sowohl als eine Erklärungsform der Naturphänomene, aber auch als psychologische Beruhigung anzusehen.[33] So stellt Jupiter eines der klassischen Beispiele dar, durch die Vico seine Theorie der „phantastischen Allgemeinbegriffe"[34] darlegt. Demnach besteht das poetische Wesen der ersten Völker nicht allein in ihrer theologischen Ausrichtung bei der Erklärung aller Dinge, welche die „theologischen Dichter" in der Wahrsagekunst und in der Anthropologisie-

---

[31] Die „iconomica" Vicos nimmt die alte griechische (aristotelische) Bedeutung des Begriffes wieder auf. Daher sprechen die deutschen Übersetzer der *Scienza Nuova* von einer „Ordnung der Familie".
[32] Vgl. SN(1744), S. 569; dt. NW, S. 170-171.
[33] So erklärt Vico, wobei er unverkennbare Elemente einer vergleichenden Auffassung der Mythen und Religionen einführt: „Daher sind so viele Jupiter – die bei den Philologen Staunen erregen, weil jedes heidnische Volk einen hatte [...] – ebensoviele die Natur betreffende Geschichten, die uns die Mythen bewahrt haben" (vgl. SN(1744), S. 574; dt. NW, S. 175-176).
[34] Zu diesem grundlegenden Punkt der Überlegungen Vicos kommen wir später noch zurück.

rung der Vorzeichen suchen. Vielmehr bestimmt es den notwendigen Moment des Überganges zu einer wahrhaften Revolution im traditionellen Gefüge der Erkenntnistheorie, die man dem bewußten Gebrauch der philosophischen Kategorien zutraut, welche auf dem Gebiet der Analyse der poetischen Formen und der phantastischen Ausdrücke geboren werden.

Vico argumentiert, daß die besondere Materie der Poesie das „Unmögliche als etwas Glaubhaftes" ist, ein Konzept, in dem einerseits nach dem Urteil der bedeutendsten Vicoforscher das Echo der aristotelischen Formulierung des „wahrscheinlichen Unmöglichen" widerhallt,[35] und das andererseits auf suggestive Weise Kants klassische Unterscheidung zwischen Erkennen und Denken vorwegzunehmen scheint. Vico kehrt auf diese Art die Betrachtungsweise der Poesie im Vergleich zu den klassisch-traditionellen Ansätzen radikal um. Die Überzeugung, daß die sublimen Ur-

---

[35] Die Quellenangabe ist zuletzt von Battistini bestätigt worden, vgl. Anmerkungen in: O, Bd. II, S. 1563-1564. Es handelt sich dabei um Aristoteles, Poet. 24, 1460a („Man muß das Unmögliche, das wahrscheinlich ist, dem Möglichen vorziehen, das unglaubhaft ist." Übers. O. Gigon, d.Ü.), auch wenn, wie Nicolini (Commento storico alla seconda Scienza nuova, Roma 1949, Bd. I, S. 137) richtigerweise bemerkt, der große griechische Philosoph von Vico jenen Theorien über den Ursprung der Kunst zugeordnet wird, die er zu widerlegen gedenkt. Wie Battistini zeigt, wurde das Thema schon in *De ratione* vorgezeichnet – sei es auch in einem Zusammenhang, in dem Vico noch die Überzeugung der Notwendigkeit einer Rückbesinnung der Poesie auf den grundlegenden Prozeß der Wahrheitssuche „im Sinne der Natur und im Sinne der Vernunft ausdrückt". Es ist wahr, daß die Dichter wie die Philosophen versuchen, die Wahrheit zu verfolgen, und es ist ebenso wahr, daß beide außerdem jene Erziehung des Menschen zur Pflicht und zur Tugend zum Ziel haben (auch wenn die ersten „durch Lust lehren" und die zweiten „mit Strenge"). Der Philosoph, der es mit Geschulten zu tun hat, „spricht davon in allgemeinen Begriffen" (*disserit ex genere*), der Dichter wendet sich an die große Masse und „überzeugt durch die erhabenen Taten und Worte seiner Personen". Das ist der Grund warum die Dichter nicht die „alltäglichen Formen des Wahren" (*recedunt a formis veri quotidianis*) verwenden, paradoxerweise nicht an dem unsteten Fakt des natürlichen Wissens haltmachen, um „gewissermaßen wahrer zu sein", sondern „sie verfolgen sogar das Falsche" (vgl. Vico, De nostri temporis studiorum ratione, in: O, Bd. I, S. 146-147; dt. Ü. von W.F. Otto, S. 79).

sprünge der Poesie (die „geheime Weisheit") sich auf eine Situation des „Mangels an menschlichem Denkvermögen" gründen, ist nicht haltbar. Vico bekräftigt vielmehr mit Nachdruck, daß die „unerreichbare Weisheit der Alten" sich als eine Ausdrucksform der „gewöhnlichen Weisheit von Gesetzgebern, die das Menschengeschlecht begründeten" zu erkennen gibt, so daß es möglich wird, von den „mystischen Bedeutungen" der Philosophen auf die „geschichtlichen Bedeutungen" überzugehen, die ebenfalls in den antiken Mythen enthalten sind.[36]

Vico ist sich so sehr der brisanten Wirkung seiner theoretischen Entdeckung der realen – zugleich geschichtlichen und philosophisch-spekulativen – Konfiguration der Prozesse bewußt, die den Ursprung der Geschichte der Menschheit bilden, daß er ganz am Ende seines Versuches, den besonderen Sinn geschichtlicher Wahrheit aufzuzeigen, der in der gewöhnlichen Weisheit der Alten besteht, die berühmten Korollarien über die Hauptaspekte dieser Wissenschaft einführt.[37] Ohne die notwendige Voraussetzung der begrifflichen und historisch-philologischen Analyse der poetischen Formen, durch die sich die primitive Weisheit manifestiert, würde man nicht verstehen, warum „diese Wissenschaft" als ihren Hauptaspekt den einer „rationalen politischen Theologie der Vorsehung" und einer „ewigen idealen Geschichte" haben sollte, die sich, ausgehend von der gewöhnlichen Weisheit der Gesetzesgeber, hauptsächlich durch eine „Philosophie der Autorität" manifestieren, die dem Wettstreit der „philosophischen und philologischen Beweise" die Möglichkeit zuweist, die Geschichte der menschlichen Ideen zu erfassen.

Kehren wir jedoch zurück zur Artikulation und Beschreibung der Formen und Inhalte der poetischen Weisheit. Neben die poeti-

---

[36] Vgl. SN(1744), S. 575-576; dt. NW, S. 177-178. Zur Kritik an der Meinung, daß die antike poetische Weisheit als „erhabene geheime Weisheit" zu interpretieren sei und zur Überzeugung, daß sie hingegen die spezielle Form der gewöhnlichen Weisheit der theologischen und heroischen Dichter des antiken Griechenlands sei, kehrt Vico in der Einführung im ersten Teil des Buches zurück, welches der Entdeckung des wahren Homer gewidmet ist (das dritte), vgl. ebd., S. 811; dt. NW, S. 444.
[37] Vgl. ebd., S. 576 ff.; dt. NW, S. 178 ff.

sche Metaphysik stellt sich für Vico eine poetische Logik,[38] in dem Sinne, daß die imaginative Fähigkeit – z. B. wendet sich die der theologischen Dichter der Verwandlung von Körpern in göttliche Substanzen zu – durch eine sozusagen semantische Fähigkeit, die sich auf die Bestimmung der Bedeutung richtet, ergänzt werden muß. Vico übt sich bekanntlich in einem komplexen etymologischen Spiel, in dem es um die Verflechtungen und Ableitungen von „logos", „Mythos" (*favola*) und „Sprache" (*favella*) geht[39] und welches über die Konsistenz oder wenigstens über die lexikalischen und philologischen Vermutungen hinaus, im wesentlichen die nunmehr unbestreitbare Vorliebe für eine historisch-anthropologische Erklärung der Herkunft der Sprachen zeigt.

Auch die Sprache wird also charakterisiert von einer Ursprungsphase, in welcher der rationale Anspruch (aber auch die biblische „Onomathesie", die Adam von Gott zugestanden wurde) auf eine perfekte Übereinstimmung zwischen den Worten und der Natur der Dinge historisch und begrifflich von einer „phantastischen Sprache mittels beseelter Substanzen" antizipiert wird. So erklärt sich ganz einfach die Aufmerksamkeit, die Vico den besonderen „Sprachen" der Mythen widmet, d. h. den Mythologien und allegorischen Diskursen, die jene schaffen, um die individuellen Unterschiede in den gemeinsamen Gründen und Gattungen[40] zu organisieren. Es erklärt sich auch das starke Hervorheben der Rolle der Metapher, der es nicht nur gelingt, den sinnlosen Dingen „Sinn und Leidenschaft" zu geben. Durch die Fähigkeit, in sich ein Universum des Sinns und der Bedeutungen einzuschließen –

---

[38] Vgl. ebd., S. 585 ff. Zu diesem Punkt vgl. D.Ph. Verene, The Bodily Logic of Vico's Universali Fantastici, in: J. Trabant (Hg.), Vico und die Zeichen, a.a.O., S. 93-100.

[39] Vielleicht hat Nicolini (Kommentar, S. 146) nicht ganz unrecht, wenn er Vico einer übermäßigen Identifikation von Mythos, Sprache und Poesie bezichtigt.

[40] Die Beispiele der allegorischen Konstruktionen sind die, auf die sich Vico mehrfach bezieht: Achilles oder die Idee eines allen Starken und Mutigen gemeinsamen Wertes; Odysseus oder die Idee einer allen Weisen gemeinsamen Klugheit.

„jede derartige Metapher wird zu einem kleinen Mythos"[41] –, gelingt es ihr, abstrakte Begriffsstrukturen zu übertragen, in „Gleichnisse, die von Körpern hergenommen sind".[42]

---

[41] Vgl. SN(1744), S. 588; dt. NW, S. 191. G. Crifò weist in der Einleitung seiner vorbildlichen Edition der *Institutiones Oratoriae* (Napoli 1989, vgl. insbesondere S. XXIII ff.) auf den nicht rein auf die Lehre begrenzten Wert von Vicos Handbuch und auf die im Wesen kontinuierliche Linie der rhetorischen Überzeugungen des neapolitanischen Philosophen hin. Dies gelingt ihm insbesondere im Licht einer überzeugenden vergleichenden Analyse zwischen den Paragraphen der *Institutiones* (40 ff., wo Vico z. B. über die Darlegung der Übertragungsmechanismen für die Bedeutungen hinaus, bereits seine Definition der Metapher in der Fähigkeit bündelt, „Seele und Bewegungen den sinnlosen und unbelebten Dingen zuzuordnen", vgl. S. 315) und den Abschnitten der SN(1744), die den Tropen gewidmet sind. Somit lädt Crifò (und ich stimme darin völlig mit ihm überein) dazu ein, „die Entdeckung der vorlogischen Funktion der Sprache" nicht nur im Licht der sozusagen in *De ratione* vorgefertigten Materialien zu sehen, sondern auch im Lichte der Materialien, die in den *Institutiones* gesammelt wurden (vgl. S. LV ff.). Zur Funktion der Tropen als genetischer Ort der Sprachen in deren Anfangsphase vgl. A. Battistini, La Degnità della retorica. Studi su G.B. Vico, Pisa 1975, S. 153 ff. Absolut überzeugend ist auch Verene im schon zitierten Buch von 1981, wo er die enge Verbindung zwischen Vicos Theorie der Metapher und der Definition der Erkenntnis- und Verstehensmethoden der historischen Welt festhält. Zur Metapher bei Vico vgl. auch A. Rigobello, Metafora e testimonianza: categorie per una rilettura di Vico, in: A. Verri (Hg.), Vico e il pensiero contemporaneo, Lecce 1991, S. 178-189; E. Grassi, La funzione demitizzatrice della parola metaforica: Joyce e Vico, in: ders., Vico e l'umanesimo, Milano 1992, S. 225-239; ders., Vico e Ovidio: il problema della preminenza della metafora, in: BCSV, XXII-XXIII, 1992-1993, S. 345-367; J. Barceló, La metáfora en Vives y Vico, in: Revista de Filosofia, XLII, 1993, S. 11-26; M. Danesi, Vico, Metaphor and the Origin of Language, Bloomington and Indianapolis 1993; M.M. Leezenberg, Giambattista Vico: Metaphor and the Origin of Language, in: ders., Contexts of Metaphor, Amsterdam 1995, S. 53-60; J. Marín Casanova, Nihilismo y Metáfora. La fábula imaginera en Vico y Nietzsche, in: Cuadernos sobre Vico, V-VI, 1995-1996, S. 83-104; D.Ph. Verene, L' universale fantastico di Vico e la logica della metafora, in: ders., Vico nel mondo anglosassone, Napoli 1995, S. 25-30; D.M. Gross, Metaphor and Definition in Vico New Science, in: Rhetoric, II, 1996, S. 359-381; G. Patella, Metafora e pensiero retorico-ingegnoso nella riflessione di Giambattista Vico, in: C.A. Augieri (Hg.), Simbolo Metafora e Senso nella cultura contemporanea, Lecce 1996, S. 381-389; S. Roić, Vico, Grassi e la metafora, in: E. Hidalgo Serna-M.

Viel interessanter, als Vico im Detail bei der Darstellung anderer Figuren (Metonymie, Synekdoche, Ironie, etc.) zu folgen, ist es hier natürlich, die wesentliche Bedeutung der sozusagen konstituierenden Funktion der Poesie bei den ersten Schritten der Völker auf dem Wege des Zivilisationsprozesses zu erfassen und dadurch die unvermeidliche und strukturelle Verbindung von Poesie und Geschichte zu bestätigen. Wenn die ersten Völker sich – Kindern ähnlich – in einer hauptsächlich vorreflexiven und vorlogischen Dimension bewegen, so konnten „die ersten Mythen nichts Falsches erdichten [...] daher mußten jene Mythen notwendig das sein [...]: wahre Erzählungen".[43] So verbindet sich die „poetische Sprache" mit einem langandauernden Prozeß in der tausendjährigen Herausbildung der Geschichte der menschlichen Kultur.[44] Die

---

Marassi, Studi in memoria di Ernesto Grassi, Napoli 1996, Bd. I, S. 425-435; M. Danesi, Educazione linguistica e metafora: verso un approccio vichiano, in: F. Ratto (Hg.), All'ombra di Vico. Testimonianze e saggi vichiani in ricordo di G. Tagliacozzo, Ripatransone 1999, S. 237-253; A. Pieretti, La metafora come linguaggio dell'"impossibile credibile", in: M. Agrimi, a.a.O., S. 343-356.

[42] Zu dieser Schlüsselpassage der Metapherntheorie Vicos sind die Überlegungen von G. Dorfles wichtig, wo unter anderem gezeigt wird, in welchem Maße einige zeitgenössische ästhetische Reflexionen den Intuitionen Vicos verpflichtet sind. „Die Metapher ist als Minimythos zu betrachten [...] ein partikulärer und molekularer Mythos, dem es möglich ist, eine einzelne Vokabel, ein einzelnes Syntagma unserer gewohnheitsmäßigen Sprache [...] in einer erstaunlichen Operation umzuformen, wo die ‚Bedeutung', die durch die Metapher übertragen wird, diejenige ist, die wir eigentlich übermitteln wollen, aber gleichzeitig auch etwas ‚anderes' ist: genau das nämlich, was nur diesem subtilen Tropos erlaubt ist zu vermitteln, außerhalb der kategorialen Bindungen unseres inzwischen abgenutzten linguistischen Instrumentariums" (vgl. Mito e metafora in Cassirer e Vico, in: Il Pensiero, XIII, 1968, S. 148). Dorfles betont dann zu Recht die Fruchtbarkeit des vichianischen Diskurses über die „mythopoietischen Ursprünge" einzelner metaphorischer Ausdrücke (vgl. ebd., S. 155-156).

[43] Vgl. SN(1744), S. 591; dt. NW, S. 194. Weiter unten erklärt Vico: Die Tropen sind nicht als einfache Erfindungen der Dichter zu verstehen, vielmehr als „notwendige Ausdrucksweisen aller ersten poetischen Völker" (dt. NW, S. 195).

[44] Man berücksichtige, was Vico in der *Degnità* LXXI geschrieben hatte: „Die angestammten Sitten, und vor allem diejenige der natürlichen Freiheit, ver-

poetische Sprache – Vico bedient sich einer wirkungsvollen angewandten Metaphorologie – „hielt sich noch sehr lange während der historischen Zeit", wie die großen Ströme sich weit ins Meer verbreiten und die Süße des Wassers bewahren. Aber gerade aufgrund dieser Eigenschaft und dieser ihr eigenen Charaktere, nämlich aufgrund ihrer Fähigkeit, die ersten poetischen Formen zu definieren und auszudrücken, enthüllt die „poetische Sprache" das doppelte Gesicht ihrer historischen Funktion: Für sich selbst ein historisches Ereignis zu konstituieren und sich als unverzichtbares Instrument der Erkundung und des Verständnisses des Altertums darzustellen.[45]

In der Metaphysik und in der poetischen Logik wird man also jenes Charakterzuges gewahr, der den gesamten Verlauf der Geschichte und die Ursprünge der Sprachen und Buchstaben kennzeichnet. Auch in diesem Zusammenhang scheint hier Vicos genaue Rekonstruktion der Aufeinanderfolge der drei Sprachformen (die „hieroglyphische, symbolische, epistoläre" Sprache), die der Reihenfolge der drei Zeitalter der Welt entspricht,[46] weniger wichtig als die Entstehung und Funktion einer „poetischen Sprache", die genau wie alle anderen Lebens- und Kulturformen des poetischen, göttlichen und heroischen Zeitalters einem ursprünglichen praktischen Bedürfnis entsprechen muß. Aufgrund eines Engpasses, der zwischen dem Bedürfnis sich auszudrücken und einem ursprünglichen Mangel an Vokabeln und Termini besteht, begann sie eine ganze Reihe sprachlicher Mittel herauszubilden (Ähnlichkeiten, Analogien, Metaphern, Periphrasen, Pleonasmen etc.). Wieder ist Vico also auf der Suche nach historischen Bestätigungen seiner Theorie: Die „Notwendigkeit der menschlichen Natur" liegt am Grunde der Tatsache, daß die Poesie und ihre Ausdrucksweisen der Prosa vorangehen, wie in gleicher Weise „die phanta-

---

ändern sich nicht alle auf einen Schlag, sondern schrittweise und in langen Zeiträumen" (vgl. SN(1744), S. 521; dt. NW, S. 118-119).
[45] Vgl. ebd., S. 592-593; dt. NW, S. 196-197.
[46] Vgl. ebd., S. 602 ff.; dt. NW, S. 207 ff.; zuvor noch vgl. Degnitá XXVIII, S. 506; dt. NW, S. 101-102.

stischen Allgemeinbegriffe – also die Mythen – vor den rationalen, das heißt philosophischen entstanden".[47]

Vico hält fest, daß das Recht seine ursprünglichen Wurzeln in den ersten Schriftzeichen und in den ersten Sprachen schlägt, d. h. in der engen Verbindung, die am Anfang zwischen der Personifizierung der Göttlichkeit, der onomatopoetischen Zuschreibung göttlicher Erscheinungen in den natürlichen Dingen (der Blitz, der Himmel etc.) und der Identifizierung zwischen den ersten menschlichen Gesetzen und dem göttlichen Gebot entsteht.[48] Deshalb finden wir nicht zufällig unter den „letzten Beweisen", die Vico anführt, um den geschichtlichen Werdegang der Völker zu bestätigen, das heißt als Hauptgegenstand der Neuen Wissenschaft, die allmähliche Herausbildung des Rechtes und seines Werkes der Verfeinerung der anfänglichen privaten Gewalttätigkeiten, die langsam in Elemente der „politischen Gewalt" umgewandelt werden. Auch am Anfang dieses langwierigen Prozesses steht eine poetische Sprache und eine imaginativ-phantastische Darstellung, denn wenn die ersten Völker von Natur aus Dichter waren, mußten sie „natürlicherweise jene wirkliche Gewalt nachahmen, die sie zuvor gebraucht hatten, um sich ihre Rechte und Befugnisse zu wahren".[49] So ist eines der klassischen Beispiele, auf die Vico zurückgreift, das der symbolischen Darstellung der „*mancipatio*" (später dann bezieht sich Vico auf die poetisch-symbolische Genese anderer juristischer Institutionen: die Ersitzung, den Besitz, den Pakt usw.), wo die materielle Figur der Hand, die der Sache aufer-

---

[47] Vgl. ebd., S. 621; dt. NW, S. 230. Vico hatte den „Grammatikern" zwei große Fehler vorgeworfen: Der erste war, daß sie der poetischen Sprache das Ansehen absprachen, welches sie der prosaischen Sprache zubilligten. Der zweite war folgerichtig, der Prosa gegenüber der Poesie eine chronologische und begriffliche Priorität einzuräumen. Vico hatte geschrieben: „Durch all dies ist bewiesen worden, daß alle Tropen [...], die man bisher für geistreiche Erfindungen der Schriftsteller gehalten hat, notwendige Ausdrucksweisen aller ersten poetischen Völker gewesen sind und daß sie ursprünglich die ihnen innewohnende eigentümliche Bedeutung ganz besessen haben" (vgl. ebd., S. 591; dt. NW, S. 195).
[48] Vgl. ebd., S. 628-629; dt. NW, S. 238-239.
[49] Vgl. ebd., S. 923; dt. NW, S. 558.

legt wird, eine abstrakte Darstellung der politischen und juristischen Macht bezeichnet, und wobei schließlich das, was eine rhetorische Erweiterung zu sein scheint („das ganze alte römische Recht [war] eine ernsthafte Dichtung, die von Römern auf dem Forum dargestellt wurde, und die alte Jurisprudenz war eine strenge Dichtung."[50]), eine scharfsinnige Interpretation einer ursprünglichen historischen Situation[51] ist, und außerdem eine Bestätigung

---

[50] Ebd., S. 926; dt. NW, S. 561-562.

[51] „In Übereinstimmung mit solchen Naturen war die alte Jurisprudenz ganz und gar dichterisch, indem sie Geschehenes als nicht geschehen, nicht Geschehenes als geschehen, noch nicht Geborene als geboren, Lebende als tot, Tote als in ihren ruhenden Erbschaften lebend fingierte; indem sie so viele leere Masken ohne Subjekte einführte, die ‚iura imaginaria', von der Phantasie erdichtete Rechte, hießen; und indem sie ihren Ruf in die Erfindung so beschaffener Mythen setzte, die den Gesetzen die Würde erhalten und den Sachverhalten das Recht zuführen sollten. So waren alle Fiktionen der alten Jurisprudenz maskierte Wahrheiten" (ebd.). Zum Thema der Rechtes bei Vico ist die Bibliographie sehr umfangreich. Ich beschränke mich darauf, die wichtigsten Werke anzuführen: G. Capograssi, Dominio, libertà e tutela nel "De Uno" (1925), Bd. IV, Opere, Milano 1959, S. 11-28; S. Mazzarino, Vico, l'annalistica e il diritto, Napoli 1971; P. Piovani, Il debito di Vico verso Roma (1969), in: La filosofia nuova di Vico, Napoli 1990, S. 91-115; G. Fassó, Vico e Grozio, Napoli 1971; R. Ajello, Arcana iuris. Diritto e politica nel settecento italiano (vgl. im Besonderen Kap. III, S. 147 ff.), Napoli 1976; G. Crifó, Ulpiano e Vico. Diritto romano e ragion di stato, in: Sodalitas. Studi in onore di Antonio Guarino, Napoli 1984, Bd. V, S. 2061-2085. Zum Recht im allgemeinen und zur römischen Jurisprudenz im besonderen vgl. einige neuere Beiträge: L. Geldsetzer, Il "metodo degli studi" di Vico e la giurisprudenza tedesca, in: G. Cacciatore-G. Cantillo (Hgg.), Vico in Italia e in Germania. Letture e prospettive, Napoli 1993, S. 369-375; A. Giuliani, La filosofia del processo in Vico ed il suo influsso in Germania, in: Cacciatore-Cantillo, a.a.O., S. 345-367; G. Dalmasso, Il tempo della legge in Vico, in: Bollettino Filosofico, XI, 1994, S. 129-140; G. Benedetti, Diritto e educazione in Giambattista Vico, Roma 1995; M. Danesi, The Law as Metaphorical Gestalt: A Vichian Perspective, in: R. Kevelson (Hg.), The Spaces and Significations, New York 1996, S. 13-27: M. Damaska, Vico and Modern Law, in: New Vico Studies, XV, 1997, S. 25-35; E. Nuzzo, Droit de conservation et droit de résistence chez Vico, in: J.C. Zancarini (Hg.), Le droit de résistence XII-XX siècle, Fontenay Saint Cloud 1999, S. 191-215; M. Vaglio, Truth ad Authority in Vico's Universal Law, New York 1999; M.M. Marzano Parisoli, Lo jus naturale gentium in Vico: la fondazione metafisica

einer festen philosophischen Überzeugung: Die logisch-erkenntnistheoretische Priorität der wahrnehmbaren und materiellen Erfahrung gegenüber der begrifflichen Darstellung.

Einer der Hauptabschnitte der *Sapienza poetica* kam nicht umhin, die „poetische Moral" zu behandeln, wieder im Sinne einer Suche nach den Ursprüngen, in diesem Fall nicht nach denen der Institutionen, sondern nach denen der „gewöhnlichen Tugenden". Vico schlägt das bereits bekannte Schema des systematischen Überganges von der Metaphysik zur Logik und zur Geschichte vor, d. h., daß die Philosophie dank der aufklärenden Arbeit der Philosophen und dadurch, daß sie sich der Vernunftschlüsse der Logik bedient, aber vor allem im Lichte der Religion (welche ein regelrechtes anthropologisches und psychologisches *Prius* des Zivilisationsprozesses darstellt, weit vor „jedem Hochmut des Geistes"), „hinabsteigt, um das Herz des Menschen durch die Moral zu reinigen".[52] Auch wenn der Inhalt der theogonischen Mythen phantastisch und falsch hätte sein können, der „Dichtergigant", der sich noch nicht an der Vernunft orientiert, sondern vielmehr sich von den Sinnen leiten läßt, war damit fähig, ihre „Form" zu erfassen, so daß er eine ursprüngliche poetische Moral ins Leben rufen konnte. Alles in allem, am Anfang steht die *pietà*, die Frömmigkeit, das Instrument, das durch die Vorsehung dazu bestimmt war, Völker zu gründen und damit die moralischen und politischen Tugenden. Es ergibt sich somit die klare Unterscheidung, die Vico einführt zwischen dem sinnlich wahrnehmenden – poietischen

---

del diritto universale, in: Rivista internazionale di Filosofia del diritto, LXXVII, 1, 2000, S. 59-87. Von besonderem Interesse sind in der Sekundärliteratur der letzten Jahre die Forschungen, die Carillo dem Thema des Rechts bei Vico gewidmet hat: vgl. insbesondere, G. Carillo, Vico. Origine e genealogia dell'ordine, Napoli 2000. Mit besonderem Bezug auf Vicos Verwendung von Begriffen und Rechtsinstitutionen des römischen Rechts vgl. G. Cacciatore, Un "intermezzo" vichiano sul concetto di cittadinanza, introduzione a G. Cordini, Studi giuridici in tema di Cittadinanza, Napoli 1998, S. 5-10. Vgl. weiter G. Franciosi, Cittadinanza e formazioni minori in G.B. Vico, Napoli 1999; G. Crifò, Vico e la storia romana. Alcune considerazioni, in M. Agrimi (Hg.), Giambattista Vico nel suo tempo e nel nostro, Napoli 1999, S. 589-603.

[52] Vgl. SN(1744), S. 643; dt. NW, S. 255.

Element, das am Ursprung des Praktischen, des „tugendhaften Handelns" steht, und dem logisch-rationalen Element, das ganz der Philosophie anvertraut wird.[53]

---

[53] Ebd., S. 644; dt. NW, S.256-257. Im Abs. 504 führt Vico den Ursprung des „Impuls" (*conato*) ein, verstanden als erstes Moment der moralischen Tugend, dank dessen die ersten Menschen dem tierischen Instinkt und dem wilden Herumirren Zügel anlegen und sich dem Prozeß der Staatenbildung zuwenden konnten. Zum Begriff des Impuls sind die Betrachtungen von Badaloni fundamental, sowohl in der „Introduzione a Vico" von 1961, als auch in dem gleichnamigen Buch im Verlag Laterza aus dem Jahre 1984.

VIERTES KAPITEL

Die Erziehung des „ungebildeten Volkes" als Bedingung der bürgerlichen Gerechtigkeit

Will man die Thematik der Erziehung im Denken Vicos untersuchen, so sollte man allemal nicht übersehen, daß er jahrzehntelang (von 1699 bis 1742) den Lehrstuhl für Rhetorik der Universität von Neapel innehatte. Als Professor der Redekunst fiel ihm die Aufgabe zu, die Inauguralreden des akademischen Jahres zu halten. Von den *Orazioni inaugurali* Vicos sind jene, die er bis 1707 gehalten hat und eine deutlich spätere (*De mente heroica*) aus dem Jahre 1732 überliefert. Auch wenn man den Anlaß, zu dem sie verfaßt wurden und die praktische Funktion, die sie erfüllten, in Rechnung stellt und berücksichtigt, daß sie größtenteils einer Phase angehören, die noch weit von der Entfaltung der philosophischen Reflexionen in Vicos Hauptwerken entfernt ist, lassen sich dennoch in ihnen einige theoretische Grundmotive erkennen, die weitgehend unverändert bleiben.

Schon seit den Jahren seiner beginnenden Reife besteht der Philosoph aus Neapel auf dem Konzept der *Weisheit* als unabdingbarem Instrument zum Studium der menschlichen Welt, welche sich also von Beginn an als bevorzugtes Objekt des Wissens und der Erkenntnis darstellt. Der Besitz von Wissen erhält so eine praktische und politische Zweckmäßigkeit, denn er dient dazu, die rationalen Fähigkeiten des Menschen zu entwickeln, ihn von den Leidenschaften zu befreien, um ihn, in Kenntnis der Ursachen, zur Teilhabe am gesellschaftlichen Leben würdig zu machen. Das eigentliche Ziel der politischen Institutionen wird von Vico im „moralischen und glücklichen Leben" erkannt, dessen Verwirklichungsbereich nicht nur das einzelne Individuum betrifft, sondern auch und vor allem die Nation, die mit Blick auf die gesamte Gemeinschaft ein „politisches Interesse" bewahrt. In diesem Licht besehen berührt ein und dieselbe pädagogische Überlegung Vicos nicht nur Fragen methodologischen Charakters. Darüber hinaus betrifft sie auch Probleme metaphysischer Natur (das Verhältnis zwischen vollkommener Erkenntnis Gottes und der unangemessenen, perfektionierbaren Erkenntnis der Menschen), erkenntnistheoretischer Natur (die Bestimmung einer Studienmethode, die geeignet ist für die Erkenntnis der menschlichen Welt und nicht nur der naturwissenschaftlichen) und ethisch-politischer Natur (die Suche nach einem Wissen, das imstande wäre, Bürger und Mitglieder einer politisch organisierten Gesellschaft zu formen).

Wie man sieht, stellt für Vico die Erziehung in diesem Zusammenhang nicht nur einen Prozeß der persönlichen Entwicklung und der kulturellen Bildung der jungen Generation dar, sondern auch und vor allem eine äußerst heikle Funktion, die der moderne Staat übernommen hat, unter dessen institutionellen Aufgabenbereich damit die erzieherische und berufliche Bildung sowie der Schutz und Ausbau der Geisteswissenschaften und Künste fallen.

Wenn es also stimmt, wie oft von Vico-Interpreten behauptet wird, daß Vicos frühe Philosophie vom platonischen Einfluß beherrscht ist (man denke an die klassische Unterscheidung zwischen göttlicher und menschlicher Erkenntnis, an den Dualismus Geist-Körper und Tugend-Leidenschaften), dann ist es auch wahr, daß sich gleichzeitig eine Tendenz Bahn bricht, neben die Suche nach dem höchsten Gut jene nach den konkreten Mitteln zu stellen, durch die man das praktische und gesellschaftliche Wohl der Gemeinschaft verfolgt. Deutlich profiliert sich die zentrale Rolle des Begriffes der *Weisheit* im Umriß der „politischen" Philosophie Vicos. Zusätzlich zur Formulierung eines Reformprogramms für die Erkenntnistheorie, das die Grenzen in den Raum des Wahrscheinlichen, der Phantasie, des Mythos und der Geschichte der Ursprünge ausdehnt, geht es darum, ein Instrument zur politischen Erziehung zu erarbeiten. Dies sind die Inhalte der Kultur, der Geisteswissenschaften, der Wissenschaften, die dazu nützen, die Nation zu einem moralischen und glücklichen Leben zu führen. Wie

Vico in einer seiner Inauguralreden festhält, stellt sich die Weisheit als wirkliche Lebenskunst (*ars vitae*) dar, als praktische Orientierung, auf deren Grundlage der Mensch als Bürger einen Lebenssinn (*ratio vitae*) erarbeiten kann, eine Lebensführung, die ihn von der Unwissenheit befreit und ihm gleichzeitig als Kompaß zum Erkennen der dauerhaften Güter, wie Tugend und Klugheit dient, auf die sich wohlgeordnete Gesellschaften und weise geleitete Regierungen gründen. Der richtige Umgang mit der Weisheit gepaart mit gutem Willen kann zur Erlösung des Menschen von der Erbsünde und zur Befreiung von den von Gott auferlegten Strafen sowie zur Verwandlung der Übel in Güter, die der Gemeinschaft nutzen, beitragen: Redegewandtheit, Wissen und Tugend können den Menschen dem Babel der Sprachen entziehen, dem Durcheinander der Meinungen, der Unordnung der Leidenschaften.

Somit kann man zweifellos in Vicos Philosophie eine starke praktische Orientierung und eine durch Aktivität gekennzeichnete Auffassung des Menschen feststellen. Dies widerspricht natürlich nicht der Überzeugung Vicos, daß dem Menschen die Möglichkeit gegeben wurde, sich dank des freien Willens zum Herren seines Schicksals zu machen, nach freier Wahl entweder dem Weg der Regellosigkeit der Leidenschaften oder dem der rationalen Klugheit zu folgen, in der Mittelmäßigkeit der Kulturlosigkeit zu verbleiben oder sich zum höchsten Gut des Wissens zu erheben. Sobald im wohlerzogenen Individuum und Bürger eine selbstlose Liebe zur Kultur und zur Bildung vorherrscht, kann das Ziel der Erziehung nur das *commune civium bonum* sein, das Gemeinwohl der Bürger. Wissen und Erkenntnis, vor allem unter dem Aspekt ihrer Selbstlosigkeit betrachtet, können für Vico nicht nur dazu beitragen, den Gemeinschaftssinn zu formen und zu stärken, der die Mitglieder der *respublica litterarum* auszeichnet, sondern auch zur Verwirklichung ihrer speziellen Aufgabe: sich in den Dienst der „Nützlichkeit und Notwendigkeit" der Bürger zu stellen.

Es mag so scheinen, als sei Vico in einigen Aspekten seines Werkes noch in den Schemata der vormodernen Philosophie und Wissenschaft verhaftet. Indessen erweisen sich seine Betrachtungen hinsichtlich der Rolle der Weisheit und der menschlichen

Wissenschaften zum Zwecke der Staatsführung und der Ausbildung der Regierenden, bis hin zum vollen Bewußtsein der „bürgerlichen" und „patriotischen" Pflicht, welche die Wissenden zum Wohl der Gemeinschaft und für das Glück des Staates zu erfüllen haben, von mehr als modernen Intuitionen inspiriert. Der Komplex aus Wissenschaften und Erkenntnissen, welche den Zyklus des Wissens bilden (Theologie und Metaphysik, Physik und Mathematik, Philologie und Geschichte) zielt darauf ab, eine Wissenschaft der menschlichen Dinge zu erreichen, welche einerseits moralische Lehre ist (die dazu dient, den Menschen zu formen) und andererseits politische Lehre (die dazu dient, den Bürger zu formen).

Somit berücksichtigt die Frage der Studienmethode – von Vico in *De nostri temporis studiorum ratione* (1709) behandelt – nicht nur den pädagogischen Aspekt, sondern auch und vielleicht vor allem das Problem der Erweiterung der Sphäre der Erkenntnis, welche sich wiederum nicht nur auf die Welt der physischen Gewißheiten beschränken kann, sondern sich auch dem Gebiet des Wahrscheinlichen und des Gemeinsinns zuwenden muß. Eine Methode wie die cartesische, die sich einzig und allein auf die *Kritik* stützt, hilft den jungen Menschen im übrigen nicht in ihrem Bildungsprozeß. An ihrer Seite bedarf es der *Topik*, der Kunst, die Dinge in der Phantasie und im Ingenium aufzufinden, welche essentielle Gaben im Bereich der Erziehung der jungen Menschen sind. Andererseits, wenn schon die Welt der historischen Empirie und des praktischen Lebens dem Zufall und der Unsicherheit ausgesetzt ist (im Gegensatz zur Sicherheit, die in der Welt der Naturgesetze herrscht), so ist gerade deswegen eine Erziehung erforderlich, die weder die Redegewandtheit noch die Kenntnis des Wahrscheinlichen noch das Ingenium vernachlässigt.

Noch in der Rede von 1732 (*De mente heroica*) – welche also zeitgleich mit der Reifephase der *Scienza nuova* entstand – wird das Thema der Erziehung auf einer Stufe systematischen Bewußtseins wieder aufgegriffen, auf dem sich neben dem Problem, die Prinzipien des Wissens und der Kultur zu definieren, das Problem der Darstellung der „Praktiken" der neuen Wissenschaft stellt, also der historischen und ethischen Inhalte, welche Mal für Mal die konstanten Gründe für die Entstehung, die Entwicklung und den Verfall der Nationen bezeugen.

*****

Bereits am Beginn der ersten Inauguralrede weist Vico mit aller Klarheit darauf hin, daß es der Zweck der politischen Institutionen sei, das „moralische und glückliche Leben" zu erkennen, auf das nicht so sehr die einzelnen Menschen zurück- und hinzuführen sind, sondern vielmehr die Nation als ursprünglicher und primärer Sitz eines „politischen" Interesses, welches sich auf die Gemeinschaft bezieht. Unter die Institutionen, die Vico als *politisch* bezeichnet, fällt – eben wegen der Funktion, die sie erfüllt, um dem Staat Wohlstand und Harmonie zu garantieren – die Erziehung und die kulturelle Bildung.[1] Zweifellos am erstaunlichsten ist an der Art, wie die ersten Reden Vicos angelegt sind, nicht so sehr das beispielhafte argumentative Vorgehen. Dieses bleibt den klassischen rhetorisch-stilistischen Profilen völlig treu. Ebensowenig ist es der massive und auffällige Einfluß des „platonischen Cartesianismus".[2] Darüber hinaus überrascht auch nicht so sehr der

---

[1] Indem er gezielt und gekonnt die Technik der rhetorischen Argumentation einsetzt, bringt Vico die Früchte des Friedens, derer sich dank der Regierung des Königs die Nation und das Volk erfreuen, in engen Zusammenhang mit dem Fundament dieser fruchtbaren Resultate, das nichts anderes ist als die „leidenschaftliche Pflege" der Wissenschaften. „Ansonsten rühren die glückliche Entwicklung dieses Jahrhunderts und das Vergnügen, mit dem vor allem in unserer Nation die Literaturwissenschaften verfolgt werden, daher, daß die Menschen von frühester Jugend an von einer wunderbaren und unglaublichen Liebe für die schönen Künste erfaßt werden. Die geschieht nicht aus bloßer Prahlerei oder im Streben nach einer oberflächlichen Bildung aus zweiter Hand, sondern weil sie sich bemühen, durch das methodische Studium eine klarere und tiefere, eine vielfältige und vielschichtige Kultur zu erreichen." (vgl. G.B. Vico, Oratio I, 1699, in: OI, S. 72-74).

[2] Wie weithin bekannt geht diese Einschätzung auf G. Gentile zurück (vgl. La prima fase della filosofia vichiana (1912), Zitat aus: Studi vichiani, Firenze 1927, S. 59 ff.). Vico bedient sich des berühmten cartesischen Argumentes („Auch wenn der menschliche Geist unsicher ist und alle Dinge anzweifelt, eines kann er absolut nicht bezweifeln: Seinen Gedanken: Tatsächlich ist ja der Zweifel selbst ein Gedanke." Vgl. S. 85) jedoch auch, um gerade im

deutliche Einfluß Bacons, der in vielen Äußerungen[3] über die praktische Nützlichkeit des Wissens zum Vorschein kommt. Es ist vielmehr die von Vico angesprochene dauerhafte Beziehung zwischen Bildung und nationalem Fortschritt, zwischen dem Streben nach dem Wohl der Bürgerschaft und dessen wesentlicher Voraussetzung, der Bildung der jungen Generationen.

Laut Vico stimmt es durchaus, daß „ut sapientes simus, id voluntate maxime constat (das Weise-Sein hauptsächlich von unserem Willen abhängt)" und daß das unumgängliche Fundament der Weisheit die Fähigkeit zur Selbsterkenntnis bleibt.[4] Doch ist die Weisheit auch Bildung, ist auch und vor allem historisches Wissen (jenes, welches weitergegeben wird[5]) und ebenfalls Erziehung, welche den Jugendlichen durch die Institutionen geboten und

---

Lichte der Fehlbarkeit und der Endlichkeit des menschlichen Wissens die Allmacht Gottes zu erkennen. Gemäß Gentile gelangt diese Thematik von Marsilio Ficinos *Teologia platonica* zu Vico. Zu Ficino u. Vico vgl. J. Hillman, Plotino, Ficino e Vico precursori della psicologia archetipa, in: ders., L'anima del mondo e il pensiero del cuore. La tradizione dell'umanesimo italiano alle radici della psicologia archetipa, Milano 1993, S. 9-40. Zum Verhältnis Vico-Gentile vgl. J. Kelemen (Hg.), Vico e Gentile, Soveria Mannelli 1995 (der Band enthält – unter anderen – Aufsätze von Castellani, D'Acunto, Jacobelli Isoldi, Miccoli, Negri, Ördögh, Rizzo Celona, Traversa).

[3] Wie der Herausgeber der Reden Recht hervorhebt, ist die Ermahnung, große Ziele mit Mut zu verfolgen, da nur „große Prüfungen ebenso große Erfolge hervorbringen" (ebd., S. 79), gewiß durch Bacon geprägt. G. Giarrizzo unterstreicht mit Nachdruck, daß Bacon einer der bedeutendsten Bezugspunkte ist, vgl. „Vico, la politica e la storia", S. 75 ff. Andererseits sei daran erinnert, daß *De ratione* gerade mit einem ausdrücklichen Hinweis auf *De augmentis scientiarum* beginnt. Zur Präsenz Bacons in Vicos Werk vgl. Kap. 2, Anm. 62.

[4] Übrigens ist dies das Thema, welches Vico für seine Vorrede von 1699 wählt: Suam ipsius cognitionem ad omnem doctrinarum orbem brevi absolvendum maximo cuique esse incitamento. (Sich selbst zu erkennen sei einem jeden für jeglichen in Kürze zu vollendenden Studiengang der höchste Ansporn.)

[5] Durch das Studium der Weisheit, so hält Vico fest, ist der menschliche Geist fähig „alle Errungenschaften der Kultur, die von den besten Autoren erreicht und überliefert wurden" schnell und gewandt zu erkennen (Vico, Orazioni, S. 93).

durch die besten Lehrer vermittelt wird.[6] Und wenn trotz dieser vorteilhaften Situation die Ignoranz weiterhin gegenüber dem Studium der Weisheit (*sapientiae studia*), der kümmerliche Gewinn gegenüber der ernsthaften und methodischen Anwendung der Weisheit vorherrschen sollte, kurz, wenn „die Seelen nicht aus Begierden und schlechten Neigungen herausgerissen werden",[7] dann besagt dies, daß Aufmerksamkeit und Bemühen nicht auf das allgemeine und vollständige Studium der Gebiete und Disziplinen der Bildung gerichtet waren. Dann galt das ausschließliche Interesse einer einzelnen, gesonderten Sphäre des Wissens, motiviert durch Gewinnstreben, durch den Genuß oder auch durch das Streben nach persönlichem Ansehen. Ein vollständiger Bildungsprozeß hingegen, wirkungsvoll durchgeführt mit dem Ziel des Erlangens von Tugend und Weisheit, kann es den Jugendlichen ermöglichen, zur „Leitung des Staates" zu gelangen. Hier taucht am Ende der Inauguralrede wieder der Hauptgegenstand der pädagogisch-bürgerlichen Zielsetzung Vicos auf.

Daß es sich hierbei nicht um eine dekorative rituelle Formel, nicht nur um eine obligatorische Ehrerbietung für den spanischen Herrscher und seine Regierung handelt – übrigens sind auch der Frieden und die politische Ruhe Früchte von Wissenschaft und Liebe zur Weisheit –, erkennt man hier an der vorrangigen Rolle, die Vico dem Zusammenspiel der sozialen und politischen Struktur (*universi ordines*[8]) und der gesamten Nation zukommen läßt. Diese sind in der Tat genau deshalb soziale Stände und politische Ordnungen, weil (hier zeigt sich eine nachvollziehbare *captatio benevolentiae*) sie den Intellektuellen und Gelehrten Vergünstigungen und öffentliche Ämter zukommen lassen, auf daß die jun-

---

[6] Man muß freilich in Rechnung stellen, daß die rhetorische Emphase mancher Behauptungen Vicos dem Anlaß und dem Rahmen geschuldet ist, worin die Rede vorgetragen wird: „Aber hier in dieser glücklichen Zeit ist da für Euch eine Fülle an Lehrern, derer sich niemand zuvor weiserer und gebildeterer erfreuen durfte." (Ebd.)
[7] Ebd., S. 92.
[8] Der Herausgeber übersetzt dies mit „soziale Klassen", wodurch er schon durch die Wortwahl den Ausdruck Vicos stärker und bedeutungsvoller erscheinen läßt.

gen Generationen gebildet seien und sich, besonders mit der unschätzbaren Hilfe des eigenen Willens, dem Studium der Freien Künste (*ad bonas artes addiscendas*) widmen.[9] Das aktive und

[9] Ebd., S. 95. Dies ist eine von vielen Stellen aus Vicos Werk der ersten Phase, die evident und überzeugend belegen, wie vollständig der junge Professor der Beredsamkeit die radikale Wandlung der Rolle und der Funktion des bürgerlichen Standes erfaßt hat, welche sich in der zweiten Hälfte des 17. Jahrhunderts auch im Königreich Neapel vollzog. Eine fundamentale Gemeinsamkeit der Sekundärliteratur zu Vico in Italien besteht in den letzten Jahrzehnten in einem wachen historisch-philosophischen Interesse für das politische Leben in Neapel von der zweiten Hälfte des 17. bis zum Beginn des 18. Jahrhunderts. Unter Fachleuten wohlbekannt sind die Arbeiten und Forschungen von Piovani, De Giovanni, Mastellone, Comparato, Ajello, Giarrizzo, Nuzzo und anderen zum politischen Denken, zur bürgerlichen Philosophie, zur neuen gesellschaftlichen politischen Klasse, die sich gerade in den Aulen der Universität herausbildete, in denen Vico seine Vorlesungen hielt. Für ausführlichere Angaben zu den Texten der obenerwähnten Autoren vgl. die einzelnen Ausgaben der „Bibliografia vichiana", die vom „Centro di Studi vichiani" in Neapel herausgegeben werden. Zur politisch-sozialen Funktion der Erziehung und, im allgemeinen, zur Pädagogik Vicos vgl. R. Fornaca, Il pensiero educativo di Vico, Torino 1957; G. Calogero, Verità e problema della pedagogia vichiana, Messina 1965; G. Calò, Il pensiero pedagogico di Campanella e Vico, in: Campanella e Vico, Sitzungsakten der „Accademia Nazionale dei Lincei", Roma 1969, S. 35-54; M. Goretti, Vico's Pedagogic Thought and that of Today, in: G. Tagliacozzo (Hg.), Giambattista Vico. An International Symposium, Baltimore 1969, S. 553-575; J.T. Fox, Giambattista Vico's Theory of Pedagogy, in: British Journal of Educational Studies, XX, 1972, S. 27-37; B. Loré, Educabilità e temporalità dal "De Uno" alla "Scienza Nuova", in: Studi di storia dell'educazione, 1, 1980, S. 49-61: M. S. Littleford, Vico and Dewey: Toward a Humanistic Foundation for Contemporary Education, in: G. Tagliacozzo (Hg.), Vico: Past and Present, Atlantic Highland 1981, S. 223-237; G. Totaro, Le idee pedagogiche nella filosofia di Vico, Roma 1981; G.M. Pozzo, Meditazione su Vico. Filosofia della storia e dell'educazione, Padova 1983; L. Pompa, The Function of the Legislator in Giambattista Vico, in: A. Giuliani-N. Picardi (Hgg.), Modelli di legislatore e scienza della legislazione, Bd. I, Perugia 1988; J. Engell, Bruner and Vico: Psychology and Pedagogy, in: New Vico Studies, X, 1992, S. 64-72; E.O. Iheoma, Vico, Imagination and Education, in: Journal of Philosophy of Education, XXVII, 1993, S. 45-55; G. Benedetti, Diritto e educazione in Giambattista Vico, Roma 1995 (auf diesen letzten Band sei besonders in Bezug auf die politisch-erzieherische Funktion des Rechts bei Vico hingewiesen); P. Girard, Educazione collettiva e politica

schöpferische Element des Machens entsteht, wie man sieht, auch und vor allem durch Anstrengungen auf dem Gebiet der kulturellen Bildung und Erziehung.

Der neapolitanische Philosoph verfällt also weder in Selbstgefälligkeit noch in eine Form der offenen Palinodie, wenn er mehr als zwanzig Jahre später, in der Autobiographie, bereits in den *Orazioni* seine kontinuierliche Neigung erkennt, die Philosophie und das Studium der Weisheit nicht mehr nur in ihren metaphysischen und vielleicht auch logischen Dimensionen zu betrachten, sondern auch in der praktischen und der politischen. Wie er selbst berichtet, „schlug Vico in seinen [...] gehaltenen Reden stets den Weg ein, allgemeine Gegenstände zu behandeln, die von der Metaphysik ausgehen und doch in den Bereich der Erfahrungen innerhalb des zivilen Lebens fallen",[10] indem er die Argumente vertiefte, die von seinen Autoren stammten, von Platon, Tacitus und Bacon.

So fällt der Weisheit nicht allein die, wenngleich zentrale und bedeutende, Rolle der Integration und Korrektur des traditionellen Bildes des Philosophierens zu – und es ist in der Tat die Weisheit, welche der Erkenntnis die Bereiche der Phantasie, der *inventio* und der Geschichte öffnet, indem sie den Menschen in der Gesamtheit seiner Erfahrungen formt. Darüber hinaus wird sie unverzichtbares Instrument der politischen Bildung und obligatorischer Weg für das hohe Ziel der Wissenschaft und der Kultur, die Nation „auf ein moralisches und glückliches Leben auszurichten".[11] Die Weisheit, die für den Katholiken Vico das höchste von Gott der Menschheit geschenkte Gesetz bleibt, ist jedoch etwas dem Individuum von der Natur Gegebenes, so daß die Torheit als etwas erscheint, das uns auf genau diese menschliche Natur verzichten läßt.

---

nel pensiero di Vico, in: M. Sanna-A. Stile (Hgg.), Vico tra l'Italia e la Francia, Napoli 2000, S. 135-165.

[10] G. Vico, Vita di Giambattista Vico scritta da se medesimo, Zitat aus: O, Bd. I, S. 30; dt. Autobiographie, S. 56.

[11] Vico, Orazioni, S. 73.

Deshalb nimmt die Weisheit für Vico die Züge einer wahrhaften *ars vitae*[12] an, einer rein praktischen Orientierung, die dem Menschen dient, eine *ratio vitae* aufzubauen, die ihm nicht nur hilft, die groben Schäden der Torheit zu vermeiden, sondern auch zu erkennen, welches die dauerhaften und nicht vergänglichen Werte seien, worauf sich Klugheit und Tugend aufbauen lassen. Demnach hat alles, was sich der Weisheit entgegenstellt, negative Rückwirkungen auf den gesamten Verlauf des Lebens, denn für Vico – der hier viel eher stoisch als platonisch ist – beruht das „glückliche Leben" hauptsächlich auf Unbeirrbarkeit, innerem Gleichgewicht, aber auch Bildung.

> „In der Tat entfernt der Weise durch die Bildung (*scientia*) seinen Geist vom Körper und befaßt sich viel mit seiner besten und göttlichen Natur, nur wenn unbedingt nötig mit der kläglichen und zerbrechlichen."[13]

Doch bedarf es für das Erziehungsziel der Weisheit der vielleicht hochherzigsten Gabe, die laut Vico Gott dem Menschen geschenkt hat, nämlich des freien Willens, um sich sowohl auf die individuelle Moral, als auch auf das bürgerliche Bewußtsein der Zugehörigkeit zu einer Stadt auszurichten. Über den zweifellos religiösen Rahmen hinaus, in den Vico die Frage des freien Willens stellt, gibt es keinen Zweifel daran, daß dieselbe politische Funktion der Weisheit und der Erziehung ohne einen soliden Prinzipienbezug bliebe, wenn sie nicht mit einer handlungs- und praxisbezogenen Konzeption des menschlichen Seins verbunden wäre. Es ist dies eine Konzeption, die von Beginn der dritten Rede an in aller Klarheit hervortritt, in welcher der freie Wille sich durch diese Besonderheit, die Gott nur dem Menschen gegeben hat charakterisiert, nämlich jene, „der absolute Souverän über das eigene Schicksal zu sein [...]. Nur der Mensch ist das, was er selbst will, wird das, was er wünscht, macht das, was ihm gefällt."[14] Natürlich kann diese

---

[12] Vico, II Orazione, S. 108.
[13] Ebd., S. 117.
[14] Ebd., S. 123 und 125.

enorme Freiheit, die dem Menschen gegeben wurde, auch eine Quelle des Übels sein, schrecklicher Sünden, unendlicher Verderbnis. Deshalb können die Wissenschaft, die Kultur, die Weisheit dem Menschen die Möglichkeit geben, ein moralisches Leben zu führen und außerdem eine allgemeine politische Haltung einzunehmen, die dem Menschen, wenn er schon nicht die Vollkommenheit des göttlichen Wissens realisieren kann, so doch wenigstens behilflich ist, diese zu verstehen.

Der schlechte Gebrauch der Weisheit kann, analog zum irregulären Gebrauch des freien Willens, den Menschen fälschlicherweise zur Überzeugung bringen, der höchste Zweck des Studiums und der Bildung bestehe in persönlichen Vorteilen, in der Suche nach Ansehen. Vorteil und Ansehen selbst sollten jedoch nicht unbedingt verworfen werden. Man darf schließlich nicht übersehen, daß Wissen und Bildung immer das „allgemeine Wohl der Mitbürger" (*commune civium bonum*)[15] im Auge haben sollten. Wenn daher die Weisheit und die Erziehung zu einer interesselosen Liebe zur Erkenntnis geleiten und so zur Stärkung jener Solidarität beitragen, die das Verhältnis unter den Mitgliedern der Gelehrtenrepublik charakterisiert, um so mehr müssen sie mitwirken an der Realisierung der „Aufgabe, ohne eigene Interessen dem Nutzen und den Bedürfnissen" der Mitbürger zu dienen. Das Band der Solidarität und der Verwandtschaft, welches die Verbindung zwischen den Wissenden charakterisieren soll, kann nicht – hier ist die praktisch-politische Ausrichtung der Philosophie Vicos unverkennbar – verschieden sein oder gar im Gegensatz stehen zu der übergeordneten Verwandtschaftsbeziehung, die durch das „Vaterland" konstituiert wird. So kann der Nutzen, der aus dem Prestige, zu einer Gemeinschaft von Wissenden zu gehören oder aus den Vorteilen einer solchen Teilhabe gezogen werden kann, für Vico nicht getrennt sein vom Rechtsempfinden, das aus der Bindung an die charakteristischen Pflichten eines Bürgers rührt.

„Auf diese Weise zieht das Ansehen, das wir zum Hauptziel unserer Studien gemacht haben, von allein

---

[15] Dies ist das Thema der Inauguralrede IV, vgl. ebd., S. 151 ff.

und ganz natürlich und ohne daß wir es uns vorgenommen haben, die zeitlich folgenden Ziele nach sich, wie das Schmuck für den Herrscher Sein, das Zierde der Nation Sein und, um es kurz zu sagen, das für den Staat nötig Sein."[16]

Man kann auch zugestehen, daß Vico – wie von einflußreicher Seite festgehalten wurde – seine Bildung mit der vormodernen Wissenschaft und mit einer Weltsicht verband, die eher in die Jahrhunderte der Renaissance und des Barock gehörten, denn in das der Aufklärung. Gleichwohl befände man sich in einem gewaltigen Irrtum, wenn man übersähe, welche Sprengkraft die Elemente der Modernität in Vicos Reflexionen zur Rolle der Weisheit und der Humanwissenschaft beim Lenken eines Staates und seiner Verwaltung enthalten. Eine Weisheit und eine Bildung, die ausschließlich „den leeren Ruhm des Gebildetseins" zum Ziel hätten, als schädlich zu betrachten, bedeutet nicht, die jungen Menschen vom Studium abzuhalten. Vielmehr gilt ganz das Gegenteil „von dem Moment an, an dem die dem Staat notwendigen Wissenschaften einen solchen Grad der Perfektion erreicht haben, daß der, welcher sie in angemessener Weise beherrschen will, die Wissenschaften, die wir als Wissenschaften vom Menschen bezeichnen, gut, vollständig und tiefgründig studieren muß, da diese dem Studium der Theologie, der Rechtswissenschaften, der Medizin, der Sprachen, der Geschichte und der Rhetorik dienen".[17]

Das Ziel der Weisheit kann sich somit wohl auf den persönlichen Genuß des Ansehens ausrichten, welches von der Wissenschaft und dem Beruf herrührt, es kann auch in kohärenter Weise das stoische Ideal einer ethischen Tugend verfolgen, die in der Unbeirrbarkeit der Weisheit und der Herrschaft über die Leidenschaften besteht. Doch gibt es eine staatsbürgerliche und „patriotische" Pflicht, die zum Bemühen um Harmonie zwischen dem Gefallen an der Forschung und „dem höchsten Nutzen für den Staat" führt. Vico stellt in der Rede von 1705 fest, daß die Weisheit jene

---

[16] Ebd., S. 161.
[17] Für dieses und das folgende Zitat vgl. ebd., S. 165.

außerordentliche Fähigkeit ist, der es gelingt, wenn sie in die rechte Richtung geht, sowohl von den Irrtümern des Geistes als auch von den Leidenschaften der Seele zu befreien, und der es deshalb gelingt, den Menschen zum Besitz der Wahrheit und der Tugend zu leiten. Doch in der Tugend – also in einer wesentlich praktischen Dimension – findet sich das beredsamste Zeichen der menschlichen Aktivität, die Möglichkeit, „die Pflichten, welche uns das Leben auferlegt, [zu erfüllen]; die wichtigste der Pflichten ist es, dem Vaterland zu dienen und den Staat durch unser Werk zu nützen".[18]

Noch nachdrücklicher und noch bewußter wird von Vico in der VI. Rede die zugleich philosophisch-gnoseologische und pädagogisch-politische Rolle der Weisheit unterstrichen. Das Leben des Menschen ist gezeichnet durch eine ursprünglichen Schwäche und Fehlbarkeit seiner Natur, wodurch Verwirrungen beim Sprechen, Unverständnis im Denken, Laster in der moralischen Lebensführung hervorgerufen werden. In der Tat ist die von Gott über die für die Erbsünde Verantwortlichen verhängte Strafe nicht zufällig als babylonische Verwirrung der Sprachen überliefert, als die unendliche Vielfalt der Meinungen und Überzeugungen, als die schädliche Ausbreitung der Leidenschaften. Doch ist dem Menschen auch die Möglichkeit der Befreiung gegeben, der Umwandlung des Schlechten in für die Menschheit und die politische Welt nützliche Güter durch den entschiedenen Eingriff des guten Willens.

> „Die Gaben der von der Erbsünde befreiten menschlichen Natur sind die folgenden: die Beredsamkeit, die Erkenntnis, die Tugend; sozusagen sind das die drei Kernpunkte, um die sich der gesamte Kreis der Künste und der Wissenschaften dreht. Tatsächlich besteht die Weisheit aus drei wunderbaren Elementen: dem sicheren Erkennen, dem richtigen Handeln, dem angemessenen Reden."[19]

---

[18] Vgl. ebd., S. 171.
[19] Vgl. ebd., S. 195.

So wie die Weisheit in der Konzeption Vicos dargestellt wird, konzentrieren sich in ihr nicht allein die vorteilhaften Auswirkungen der Erkenntnis – vor allem, die Dummen vom Irrtum abzubringen –, nicht nur die der Tugend – den Menschen Beispiele und Normen des moralischen Lebens zu geben –, sondern auch und vor allem die eines zufriedenstellenden politischen Zusammenlebens, da, wenn man sich die Aufgaben der Weisheit betrachtet, „jeder gemäß seinen Kräften der menschlichen Gesellschaft nützen kann".[20] Nur die Bildung, also nur die Fähigkeit zeigen zu wollen und zu müssen, daß man die Methoden und die Inhalte des Wissens kultivieren kann, nur die Herstellung dieses nötigen Gleichgewichtes zwischen Kenntnis von den göttlichen Dingen und Erfahrung der menschlichen Dinge können den Menschen durch den Prozeß der Zivilisierung geleiten, der ihn von der Unwissenheit und der Barbarei zu einem Zustand der politischen Gerechtigkeit führt.

Mit diesen Gaben und diesen Zielen haben die antiken Weisen, die wissenden Poeten der Antike, „die Menschen aus der Einsamkeit in die menschlichen Gemeinschaften geführt, d. h. vom Egoismus zur Pflege der Menschlichkeit (*a suo ipsorum amore ad humanitatem colenda*), von der Ignoranz jeglicher Kunst zum aktiven Schaffen (*ab inertia ad industriam*), von der unbegrenzten Freiheit zum Respekt gegenüber den Gesetzen, und mit der Gleichheit der bürgerlichen Rechte, wie sie die Vernunft vorgibt (*rationis aequalitate*), haben sie die Gewalttätigen, die allzusehr auf ihre Kraft vertrauen, dazu gebracht, gemeinsam mit den Schwachen zu leben". Der gesamte Umkreis des Wissens – von der Theologie bis zur Metaphysik, von den Naturwissenschaften bis zur Mathematik, von der Philologie bis zur Geschichte[21] –,

---

[20] Für dieses und für das folgende Zitat vgl. S. 197.
[21] Bereits in den *Orazioni inaugurali* kann man die wichtige erkenntnistheoretische und methodologische Rolle erkennen, die Vico der historischen Wissenschaft zuweist. „Man muß nun wissen, daß fast alle diese genannten Künste und Wissenschaften, da sie schon in schriftlicher Form vorliegen, ihre Geschichte haben. Wie der theoretische Unterricht in einer Kunst oder einer Lehre deren allgemeine Aspekte ins Licht rückt, so bestätigt die Geschichte die besonderen Aspekte, d. h. die Zeugnisse." Vico besteht somit

ausgehend vom Wissen um die göttlichen Dinge, kann so danach streben, „zur Wissenschaft von den menschlichen Dingen [zu] gelangen", d. h. zum Studium „der moralischen Lehre, welche den Menschen formt und dann der politischen Lehre, welche den Bürger formt".[22]

Wenn es wie bei Vico darum geht, eine der Moderne angepaßte Studienmethode zu gründen, die fähig ist, die Komplexität der menschlichen Erfahrungen zu umfassen, so wird unter diesen Prämissen die zentrale Position nachvollziehbar, in welche er die bislang allzu vernachlässigte Moral stellt, d. h. „vor allem *den* Teil, der von der Natur des menschlichen Geistes und seinen Leidenschaften im Hinblick auf das bürgerliche Leben und auf die Rednertätigkeit [...] handelt".[23] In *De ratione* gibt das Thema der Studienmethode, scheinbar begrenzt auf eine pädagogisch-akademische Dimension, Vico die Gelegenheit, durch das Zurückweisen einer Methode, die zu ausschließlich die Naturwissenschaften berücksichtigt und die veränderliche Welt des Wahrscheinlichen und des Gemeinsinns vernachlässigt, die ersten Züge der Kritik am Cartesianismus zu zeichnen. Daß man die Forschung des Wahren auf das Studium der Gewißheit der physischen Welt beschränkte, daß man folglich das Feld der menschlichen Natur als Reich der Ungewißheit ansah; daß man darüber hinaus irrtümlicherweise bei der Ausarbeitung der Methode und Instrumente des Studiums die Kritik von der Topik trennte, diese Umstände fügen nach Meinung Vicos der Erziehung der Jugendlichen großen Schaden zu, weil die Jugendlichen am Ende nicht nur unfähig sein werden, mit Hil-

---

auf dem Wert der Sprachgeschichte, der Literaturgeschichte und der Geschichte der Poesie, auf der Anamnese der Medizin als Geschichte der therapeutischen Kunst, auf der Geschichte der biblischen Schriften, auf der Naturgeschichte und natürlich auf der Geschichte der moralischen und politischen Lehren. Nur die Mathematik und die Logik auf der einen Seite und die Metaphysik auf der anderen haben nach Vicos Meinung keine Geschichte, sie brauchen keine Absicherungen und Zeugnisse (vgl. ebd., S. 201).

[22] Ebd., S. 207.
[23] Vgl. Vico, De nostri temporis studiorum ratione, in: O, Zit. S. 131; dt. WW, S. 59.

fe der Beredsamkeit[24] überzeugende Diskurse zu führen, sondern auch sich das nötige Maß an Klugheit anzueignen, das zum politischen Leben notwendig ist.

Eine Methode, die sich nur auf die *Kritik* stützen will, welche beansprucht, alles Wahrscheinliche vom Geist fern zu halten, beschreitet somit einen Irrweg, „... denn bei den jungen Leuten ist so früh wie möglich der natürliche Allgemeinsinn (*sensus communis*) auszubilden, damit sie nicht im Leben wenn sie völlig erwachsen sind auf Absonderlichkeiten und Torheiten verfallen".[25] Die Kritik an der Methode Descartes' wird ihrerseits kein Ziel für sich, sondern der reflektierte Beginn der Grundlegung und Konstruktion einer neuen Methode und einer neuen Wissenschaft, die sich dem weiten und unerforschten Territorium der historischen und kulturellen, sozialen und politischen Erfahrung des Menschen öffnet. So legt Vico meiner Meinung nach[26] bereits in *De ratione* den Grundstein für eine sehr moderne Konzeption der Moralphilosophie, welche nicht nur eine Kasuistik der Laster und der Tugenden ist und sein kann, sondern auch jene Seite hat, die sich „mit der Natur des menschlichen Geistes und seinen Leidenschaften im

---

[24] Vgl. ebd., S. 137 ff.; dt. WW, S. 67 ff. Eines der wichtigsten Ergebnisse der Vico-Forschung der letzten Jahre ist sicher die kritische Ausgabe der *Institutiones Oratoriae* (d. h. der Vorlesungen, die Vico an der Universität hielt), die von Giuliano Crifò (Napoli 1989) kommentiert und herausgegeben wurde. Zu den Beziehungen zwischen Rhetorik und Philosophie bei Vico vgl. G. Crifò (Hg.), Retorica e filosofia in G. Vico. Le "Institutiones Oratoriae". Un bilancio critico, Napoli 1990 (der Band enthält, unter anderen, Aufsätze von Gregory, Crifò, Gigante, Agrimi, Trione, De Giovanni, Cristofolini, Trabant, Giuliani, Torrini, Garin). Vgl. inoltre G. D'Acunto, L'idea di Topica nelle Institutiones Oratoriae di Vico, in: Il Cannocchiale, 1995, S. 3-38. Zu den Zusammenhängen zwischen Rhetorik, Metapher und Rechtsverfahren vgl. C. Pezzin, La metafora nel linguaggio e nell'argomentazione giuridica: la filosofia del diritto nella Scienza Nuova di Vico, in: ders., La metafora nell'argomentazione retorico-giuridica, Verona 1996, S. 161-170.

[25] Ebd., S. 105; dt. WW, S. 27.

[26] Diese These habe ich aufgestellt und erläutert in G. Cacciatore, Filosofia "civile" e filosofia "practica" in Vico, in: G. Cacciatore-V. Gessa-Kurotschka-H. Poser-M. Sanna (Hgg.), La filosofia pratica tra metafisica e antropologia nell'età di Wolff e Vico, Napoli 1999, S. 25-44. Der Text wurde mit einigen Änderungen in Kapitel 5 des vorliegenden Buches aufgenommen.

Hinblick auf das bürgerliche Leben"[27] beschäftigt und sie dadurch
im Wesentlichen politisch-bürgerliche Philosophie werden läßt.
Somit liegt es wieder an der Einseitigkeit einer Methode, die ausschließlich auf die Naturwissenschaften ausgerichtet ist – hier
nimmt Vico eine Wendung wieder auf, die er bereits in den *Orazioni* verwendet hatte –, daß „gar die größte und vorzüglichste
Lehre, die vom Staate [...] bei uns ganz brach und unbearbeitet"
liegt.

Zumindest im Licht der hier dargestellten Interpretationslinie
scheint man festhalten zu können, daß auch die Thematik der wissenschaftlichen und didaktischen Methode und demnach die Thematik der Bildung und des notwendigen Übergangs von der Torheit zur Weisheit, von der Unwissenheit zur Wissenschaft und zur
Redegewandtheit letztlich dazu tendiert, sich auf die Frage der
praktisch-politischen Klugheit und des Entstehens einer notwendigen bürgerlichen Gerechtigkeit zu konzentrieren.

> „Bezüglich der Klugheit im bürgerlichen Leben verstehen es diejenigen, die das reine Wahre kultivieren,
> nur schwerlich, sich der Mittel zu bedienen, und nur
> mit größter Schwierigkeit erreichen sie die Ziele, da
> die menschlichen Dinge von der Gelegenheit und der
> Wahl bestimmt werden, die sehr unsicher sind, und
> weil äußerst trügerische Dinge zur Steuerung am Besten nützen."

Vico weiß demnach gut, daß die Welt der historischen Empirie,
der Politik und des praktischen Lebens vom Zufall, vom Schein
und von der Unsicherheit bestimmt ist. Gerade deswegen kann
sich eine angemessene Bildung für den, der an der Errichtung des
gerechten Staates und der Realisierung einer guten bürgerlichen
Gerechtigkeit beteiligt sein will, nicht nur auf die Vernunft des
universellen Wahren gründen, die auf einem Kriterium „der gradlinigen und strengen geistigen Regel" basiert. Vielmehr hat sie Inhalte und Methoden einer *ratio ingeniosa*, einer erfinderischen

---

[27] Für dieses und die folgenden Zitate vgl. De ratione, S. 131-132; dt. WW, S. 59.

Vernunft, welche fähig ist, die Motive der Nützlichkeit, die am Grunde des sozialen Zusammenlebens der Menschen stehen, mit Hilfe der Topik und der Redegewandtheit herauszufinden und anzugeben.

„Wer daher nicht zum Physiker oder Mechaniker, sondern zum Dienst an der Allgemeinheit ausgebildet wird, sei es für das Gericht oder den Senat oder die Kirche, der soll sich bei den Studien der neueren Methode weder als Knabe noch für lange Zeit aufhalten; die Geometrie erlerne er an konkreten Figuren nach der genialischen Art; die Topik soll er pflegen, und über die Natur –, den Menschen, den Staat in freier und gewählter Redeweise nach beiden Seiten hin disputieren, so daß er jeweils das Ansprechendere und Wahrscheinlichere trifft ..."[28]

Auch wenn Vico in den reifen Werken – von *De Uno* zu den diversen Ausgaben der *Scienza nuova* – sich mit größerer systematischer Kraft und vollem theoretisch-philosophischem Bewußtsein der großen Aufgabe der Gründung einer historisch-anthropologischen Wissenschaft stellt, die sich vor allem auf eine umfassendere Konzeption der *Ratio* und auf die entschiedene und innovative Verbindung der Konvertierbarkeit von *verum* und *factum*, Metaphysik und Geschichte, Philosophie und Philologie stützt, nimmt sein Bemühen nicht ab, ein Aktionsfeld der Vernunft zu bestimmen, das neben den gnoseologischen und logisch-philosophischen Bereichen die praktisch-bürgerliche Welt des menschlichen Willens einbringt. Gerade in dem Maße, in dem man die Unvollkommenheit der menschlichen Vernunft im Vergleich zu unendlichen und unermeßlichen göttlichen Weisheit erkennt, stellt Vico in *Sinopsi del diritto universale* fest, wird es immer nötiger,

---

[28] Ebd., S. 143; dt. WW, S. 75. Natürlich wird Vico für den, der sich auf das wohlfeile Spiel einlassen will, für einige der heute dominierenden philosophischen Strömungen (man denke an die hermeneutische Philosophie oder die Richtungen der „Diskursethik") die offenkundigen Ursprünge aufzuspüren, zur bevorzugten Schlüsselfigur, wenn er auch nicht immer angemessen wiedergegeben und zitiert wird.

daß erstere fähig ist, für sich selbst und damit auch für die politische Gerechtigkeit, welche der Reichtum aller und nicht nur eines Einzelnen ist, den ganzen Umkreis der moralischen und geistigen Tugenden zu erobern.

Seine ausdrückliche Theoretisierung des einheitlichen Wesens des menschlichen Seins ist gewiß einer der Aspekte, die Vico zu einem Philosophen der Moderne machen. Daher trägt der ausgewogene Gebrauch der Tugenden – *Klugheit, Mäßigung und Tapferkeit* – nicht nur dazu bei, aus der Vernunft das Feld zu machen, in dem sich Intellekt und Freiheit treffen (reine Vernunft und praktische Vernunft könnte man mit Kants Terminologie sagen), sondern auch den Ort, an dem, vor allem dank der Rechtsprechung Gerechtigkeit als Maß der Nützlichkeit erwächst. Deshalb kann Vico festhalten, daß aus „den drei Teilen der Tugend drei Arten des Rechtes oder der Vernunft: Herrschaft, Freiheit und Schutz" ihren Ursprung nehmen:

> „Aus der Klugheit oder der rechten Wahl der Nützlichkeit, die Herrschaft; aus der Mäßigung oder dem maßvollen Urteil über sich selbst und seine Dinge, die Freiheit; aus der Tapferkeit oder maßvollen Kraft, der Schutz."

Diese enthüllen sich am Ende als die drei Quellen „aller Republiken und aller Gesetze".[29]

Daß die Bildungsthematik bezeichnenderweise sowohl mit der Definition der logischen und gnoseologischen Prinzipien der neuen Wissenschaft, als auch mit der Fundierung einer Philosophie der Autorität Hand in Hand geht, welche fähig ist, die Wege zur politischen Gerechtigkeit zu bestimmen, belegt die letzte von Vicos Einleitungsreden, gehalten in just den Jahren, in denen das große Hauptwerk, die *Scienza nuova*, zur vollen Reife gelangte. Mehr noch erscheint diese praktisch-pädagogische Spannung, die sich in den ersten Inauguralreden im Lob der Weisheit und in der Preisung der Redekunst zu erschöpfen schien, welche sich in einem optimistischen Vertrauen auf die Instrumente der guten Stu-

---

[29] Vgl. OG, S. 5-6.

dienmethode und der effizienten Pädagogik der Lehre ausdrückten, jetzt gestärkt und unterstützt durch die theoretisch-spekulativen Ergebnisse, die im Licht der Integration der Modelle von Platon und Bacon dahin streben, bewußt die möglichen Verbindungen zwischen Philosophie des Geistes und der Philosophie der Stadt, zwischen der geheimen Weisheit und der gewöhnlichen Weisheit hervorzuheben. Die praktisch-bürgerliche Wendung in Vicos Reflexion ist nunmehr endgültig. Das doppelte Niveau, auf dem sich nun die Forschung Vicos bewegt, entspricht dem klaren und unwiderruflichen Prinzip, welches in den *Degnità* genannt wurde:

„Die Philosophie muß, um dem Menschengeschlecht zu helfen, den gefallenen und schwachen Menschen aufrichten und leiten, nicht seiner Natur Gewalt antun noch ihn in seiner Verderbnis verlassen."[30]

Deshalb stellt er noch einmal an die Jugendlichen, an die auch *De mente heroica* adressiert war, über das gewissermaßen von Amts wegen Nötige hinaus, die Aufgabe, „die Weisheit auf das Glück des Menschengeschlechtes auszurichten".[31] Doch Vico betont, daß die Weisheit erobert werden muß, sie fällt nicht „vom Himmel, während ihr schlaft". Es bedarf der Bildung, um das tätige Verlangen zu wecken, sie zu besitzen, damit die Neugierde gegenüber dem Wissen ausgelöst wird, um sich der Mühe des Studierens zu unterziehen.

„Das Ziel der Bildung des Volkes [...] ist genau das: Euch hier zu versammeln, krank wie ihr seid, an Geist und Herz, damit eure bessere Natur Pflege, Gesundheit und Vervollkommnung finde."[32]

---

[30] Vgl. SN(1744), Zit. S. 496; dt. NW, S. 90.
[31] Vgl. Vico, De mente heroica, in: O, Zit. S. 373. „Nach Ansicht der Philosophen", fährt Vico fort, „ist derjenige ein Held, der nach erhabenen Dingen strebt; und erhaben [...] sind folgende zwei, mehr noch als alle anderen großen und guten: über aller Natur, Gott; in der Natur, dieser Einheit aus Wundern, in der wir leben, in der es nichts Größeres gibt, als das Menschengeschlecht, nichts Besseres als dessen Glück."
[32] Ebd., S. 379. Vgl. aber auch SN(1725), S. 1083.

So durchdringen und vervollständigen sich auf der einen Seite
die systematische Ausrichtung der Philosophie Vicos, die bestrebt
ist, die Bestätigung der metaphysischen Prinzipien der genetischen
und evolutiven Prozesse des Wissens und der Kultur, aber auch
der Wissenschaften und der Künste der modernen Welt zu finden,
und auf der anderen Seite die hermeneutisch-deskriptive Funktion
der „Praktiken" der *Scienza nuova*, d. h. der historischen Inhalte,
welche eins ums andere Mal den „konstanten Ursachen", die der
Geburt, der Entwicklung und dem Verfall der Nationen zugrunde
liegen, Substanz und Eigenart verleihen.[33]

Hier verdichten sich die Kernpunkte der charakteristischen Verbindung, die Vico zwischen Philosophie und Geschichte setzt,
zwischen die Universalität der Ursprünge und die Bräuche der
Völker, zwischen die Suche nach den Anfängen und den Verlauf,
den die Argumente der Metaphysik in der historischen Zeit nehmen. Darum müssen am Grunde der „neuen Wissenschaft" die
„philologischen Beweise" wie auch die „philosophischen" stehen,
also die beiden „Praktiken", von denen Vico in der *Scienza nuova*
von 1725 spricht:[34] einerseits die historisch-philologische, andererseits die ethisch-bürgerliche und politische.

> „Die eine ist eine neue kritische Kunst, die dazu
> dient, die Wahrheit in der dunklen und märchenhaften Geschichte zu erkennen [...]. Die andere Praxis ist
> eine diagnostische Kunst, welche aus der Ordnung
> der Dinge der Menschheit den Hauptzweck der Wissenschaft vom Erkennen der unzweifelhaften Zeichen
> des Zustandes der Nationen ableitet, indem sie uns
> mit der Vernunft des Menschengeschlechts leitet."[35]

---

[33] Zu diesem speziellen Punkt vgl. SN(1725), Zit. S. 984 ff.
[34] Das philosophische und gleichzeitig philologische Problem der *Pratica della scienza nuova*, dem Vico in den handschriftlichen Korrekturen und Hinzufügungen in der Ausgabe von 1730 begegnet ist, hat eine Diskussion in einer beträchtlichen Reihe von Arbeiten der Sekundärliteratur hervorgebracht. Auch ich habe dazu einige Hypothesen formuliert in: Vico e la filosofia pratica, in: BCSV, XXVI-XXVII, 1996-1997, S. 77-84.
[35] SN(1725), in: O, Zit. S. 1169-1170.

Wie sich der expliziten Betonung in den beigefügten Manuskripten der Ausgabe von 1730 entnehmen läßt, will Vico die enge Verbindung zwischen „kontemplativer Wissenschaft über die gemeinsame Natur der Nationen" und der „Praxis", die den „aktiven Wissenschaften" eigen ist, erhalten, also den Gebieten, die dem freien Willen des Menschen angehören. Es ist dies die Verbindung zwischen der philosophischen Suche der Grundsätze und der Feststellung der Inhalte und der Regeln, die der „Klugheit" zugrunde liegen, also der Feststellung solcher Modalitäten, die für das Schicksal und das Glück der Nationen notwendig sind und so verhindern, daß diese zugrunde gehen.[36]

Es handelt sich hier um ein entscheidendes Stück der Überlegungen Vicos, die genau deshalb – auch jenseits der Entscheidung, die Passagen zur „Praxis" in der dritte Auflage nicht wieder aufzunehmen – am Anfang des Werkes dargestellt wird, dort wo die langsame und fortschreitende Herausbildung der anthropologischen Strukturen der menschlichen Welt beschrieben wird. Diese verläuft von der Felderteilung zum Ursprung der Städte und endlich zur Unterscheidung von Völkern und Nationen; wiederum vom „wilden Umherschweifen" zu den ersten Formen der Seßhaftigkeit und der Gründung von Familien; und schließlich vom ursprünglichen Bestaunen und Fürchten der Naturphänomene zur Religion und zu den universellen Prinzipien des Naturrechts. Sie führt bis hin zum vollkommenen Herausbilden der Prinzipien der „Moralphilosophie", in deren Licht das Zusammentreffen der gewöhnlichen Weisheit der Gesetzgeber und der geheimen der Philosophen möglich und notwendig wird.

> „Hier werden neue Prinzipien für die Moralphilosophie gegeben, wonach die geheime Weisheit der Philosophen mit der gewöhnlichen Weisheit der Gesetzgeber zusammenwirken soll; nach solchen Prinzipien haben alle Tugenden ihre Wurzeln in der Frömmig-

---

[36] Die Zusätze zur *Pratica della scienza nuova* – welche dann in die Ausgabe von 1744 aufgenommen wurden – sind in der von Nicolini herausgegebenen Edition im Anhang zitiert. Vgl. G. Vico, Principj di Scienza nuova (Milano-Napoli 1953), Torino 1976, Bd. III, S. 511 ff.

keit und der Religion, durch die allein sie wirksam werden können und infolge deren die Menschen sich all das als gut vornehmen sollen, was Gott will."[37]
In einer Untersuchung, die sich ein spezielles Thema von Vicos Überlegungen als Objekt vornehmen will, ohne die allgemeine Struktur des theoretischen Diskurses aus dem Auge zu verlieren, darf man natürlich die heikle und komplexe Frage der Veränderungen und gleitenden Übergänge, sowohl auf historisch-biographischem und politischem als auch auf philosophisch-begrifflichem Gebiet nicht vernachlässigen, die bis in einige zentrale Kategorien reichen. Sicherlich verschieden sind beispielsweise die Umstände, vor allem die historischen und politischen, in denen Vico zu Beginn des 18. Jahrhunderts über die Klugheit als Basis der kulturellen und praktischen Ausbildung der jungen Generationen oder über die politische Gerechtigkeit als Voraussetzung für die Entwicklung von Wohlstand und Glück des Menschen, reflektiert, von jenen der 30er und 40er Jahre. Dies gilt nicht nur für die geänderten politischen Verhältnisse, sondern es zeigen sich auch Elemente des selbstkritischen Nachdenkens über die ursprünglichen Überzeugungen zu den Aussichten des unaufhaltsamen Zivilisationsprozesses der Nationen und der vorantreibenden und bildenden Rolle des Staates. Nicht zufällig fanden diese Überzeugungen ihren Ausdruck in der Widmung für die Accademie d'Europa „in dieser aufgeklärten Zeit", womit die *Scienza nuova* von 1725 beginnt. Doch auch wenn man diese gleitenden Übergänge gebührend in Rechnung stellt, halte ich es für eine legitime Interpretation, daß Vico auch in den letzten Phasen seiner Überlegungen nicht müde wurde hervorzuheben, welche wichtige Rolle die Weisheit und die Instrumente der Bildung haben müßten, die zu ihr führen.

Auf den Seiten zur *Pratica* betont Vico die Aufgabe der „Meister der Weisheit", doch vor allem jene der Akademien, welche die Jungen lehren sollen, wie „man von der Welt Gottes und der Seelen zur Welt der Natur herabsteigt, um dann in Ehrlichkeit und gerechter Menschlichkeit in der Welt der Nationen zu leben", so

---

[37] Vgl. SN(1744), Zit. S. 425; dt. NW, S. 14.

wie man von den Prinzipien der Metaphysik zu denen der Physik herabsteigen könnte und sollte und „also durch die Moral befördert zur Ordnung des Hauses oder zur Bildung der Jugendlichen", genau mit dem Ziel, sie zu einer „guten Politik" und zur „Jurisprudenz" zu führen. Nur dann, wenn „der Körper ihnen dient und der Geist ihnen befiehlt", können die Nationen sicher sein, erblühen und glücklich bleiben.[38] Demnach wird die Natur der politischen Welt zu einem der bevorzugten Objekte einer Bildung, die sowohl den Philosophen als auch den Lenkern der Regierungen anvertraut werden muß. Dies, um jenem grundlegenden Axiom zu genügen, auf dem Vicos Konzeption einer neuen und edlen Wissenschaft aufbaut, die, ebenso neu wie erhaben, sich selbst die Aufgabe des historischen und philosophischen Verständnisses der menschlichen Welt gestellt hat, und damit das ehrgeizige Ziel, die Philosophie, welche „den Menschen [betrachtet], wie er sein soll", und die Gesetzgebung, welche „den Menschen [betrachtet], wie er ist, um von ihm guten Gebrauch in der Gesellschaft zu machen", zu verbinden.[39] Man erinnert sich an den Hinweis, den Vico über dreißig Jahre zuvor in *De ratione* an den „Rechtsgelehrten" gerichtet hatte, der in seinem Werk der Erzeugung und Interpretation der Gesetze immer versuchen soll, „alles nach dem staatsbürgerlichen Billigkeitsprinzip zu regeln", auf die „gerechte Staatsräson" (*giusta ragion di stato*), auf jene bürgerliche Gerechtigkeit auszurichten, die, obwohl sie die gleiche ist, die der Natur entspringt, doch viel weiter ist, weil „nicht der private Nutzen, sondern das allgemeine Beste sie fordert".[40]

---

[38] Vgl. SN(1730), Zit. S. 512-513.
[39] Vgl. SN(1744), Zit. S. 496-497; dt. NW, S. 90-91.
[40] Vgl. Vico, De ratione, in: O, Zit. S. 188-189; dt. WW, S. 125-127.

FÜNFTES KAPITEL

„Politische" und „praktische" Philosophie

Einer der wichtigsten Aspekte, die zu einem besseren Verständnis der „praktischen" Dimension in Vicos Philosophie verhelfen, ist zweifellos der, der mit dem Zweck der Geschichte verbunden ist. Wenngleich das zyklische Schema der historischen Bewegung immer die Möglichkeit des Verfalls und der Barbarei bereithält, so ist doch das Leben der Nationen tendenziell darauf ausgerichtet, die Epoche der voll entfalteten Rationalität zu realisieren, einer Vernunft, die zugleich als Prinzip der Erkenntnis und als Prinzip politischer Gerechtigkeit fungiert. Vico spricht zwar den Epochen des Sinnes und der Phantasie, der Untiere und der Helden bekanntlich eine eigene autonome Fähigkeit zur Deutung der Welt und zum Erschaffen ihrer Geschichte zu, doch ist es das Zeitalter der Vernunft, das Zeitalter der Menschen, in dem es möglich wird, sich so weit wie möglich der Errichtung der Wahrheit und der Gerechtigkeit zu nähern.

Im Zentrum der Überlegungen Vicos steht das Konzept der „politischen Philosophie", steht das Bedürfnis, nicht nur eine physisch-natürliche, sondern auch eine moralische Methode zum Erforschen und Deuten der Realität zu schaffen. Die von Vico konstruierte Verbindung von praktischer und politischer Philosophie will meinen, daß die moralische Lehre nicht nur die Leidenschaften, die Tugend und die Lebensführung der Menschen zum Gegenstand hat, sondern auch Politik und Staat. Die Leitbegriffe der politischen Philosophie Vicos sind die *Klugheit* und der *Gemeinsinn*. Im Gegensatz zu dem, was in der physisch-natürlichen

Wissenschaft auftritt, überwiegen in der menschlichen Welt nicht die eindeutigen Ursachen und die universellen Wahrheiten, sondern die empirische Vielfalt der Ereignisse und die Unbeständigkeit des Wahrscheinlichen. Die historische Empirie und die Zufälligkeit des praktischen Lebens sollen denjenigen, der sich auf ein politisches Amt vorbereitet, darin einführen, nicht mehr nur den ewigen Wahrheiten der Metaphysik oder den universellen Wahrheiten der wissenschaftlichen und rechnenden Vernunft zu vertrauen, sondern auch den Verfahrensweisen und Inhalten der intuitiven Vernunft, welche sich auf das Ingenium, auf die Topik und auf die Kunst der Rhetorik stützt. Für Vico stellt sich die Weisheit (*sapientia*) vor allem in einer Lebenskunst (*ars vitae*) dar, als eine Form praktischen Wissens, mit dem Ziel, die Lebensführung (*ratio vitae*) des Menschen zu regeln, als Schnittpunkt zwischen der göttlichen und menschlichen Gemeinschaft (*civitas*), welcher sich in der Geschichte der Nationen und Regierungen, aber auch in den Institutionen der Erziehung realisiert.

Selbst wenn die begrifflichen Strukturen der Reflexion Vicos über das praktische Wissen zum größten Teil einer Transformation des Erbes aus der Klassik (Aristoteles, aber auch die römische Philosophie und Tacitus) und der Renaissance entstammen, so muß man dennoch betonen, daß eben diese Reflexion in wesentlichen Punkten Anregungen von zweifelloser Modernität enthält. Man denke an die Kritik, die Vico an der Unterscheidung von *Nützlichem* und *Gerechtem*, also an der seiner Meinung nach künstlichen Trennung zwischen den Pflichten der *honestas* und den Vernunftgründen der *utilitas* übt, zwischen dem Interesse, welches das persönliche ethische Ziel bewegen kann und der Bemühung um eine richtige politische Tat, die dem Wohl der Nation und der Gemeinschaft dient. Die *humanarum rerum prudentia* (das praktische Wissen um die menschlichen Dinge) wird zu einer Bedingung der Möglichkeit, den Nutzen des Einzelnen und das politisch geordnete Leben des Bürgers ohne Widerspruch zu vereinen.

Das Profil der praktischen Philosophie Vicos muß also nicht nur im Lichte der besonderen Hinwendung zu den Problemen der Geselligkeit des menschlichen Lebens, seiner historischen Genese, seiner fortschreitenden Organisation in den Formen der Politik und des Rechtes betrachtet werden, sondern auch auf der Grundlage der umfassenden Idee der Vernunft – verstanden nicht nur im logisch-erkennenden, sondern auch im erfinderisch-poietischen Sinn –, welche in der *Neuen Wissenschaft* erarbeitet wird. Was Vicos Idee der Wissenschaft vom Menschen und von den Nationen charakterisiert, ist die enge Verbindung von systematisch-philosophischem Aspekt (die Definition der metaphysischen und erkenntnistheoretischen Prinzipien) und praktischem Aspekt (die Sitten, die Gesetze, die Künste und die Geschichte), von geheimer Weisheit der Philosophen und gewöhnlicher Weisheit der Gesetzgeber. Zum Verständnis der menschlichen Welt sind nicht nur die Prinzipien des Wahren, sondern auch die Prinzipien der Erkenntnis der „Praktiken" nötig, also der gemeinsamen Sitten der Völker und der Tatsachen, die die Geschichte der Nationen charakterisieren, von ihren sagenhaften Ursprüngen bis zu ihrer Blüte und ihrem Verfall.

Für Vico gibt es zwei „Praktiken" in der neuen Wissenschaft: Eine ist die historisch-philologische, die dazu dient das Wahre, das sich im Verlauf der Geschichte des Menschengeschlechtes manifestiert, zu ermitteln; die andere ist die ethisch-politische, die dazu dient, fast wie eine „diagnostische Kunst" die Lebensführung zu regeln und die besten Wege zur Verwirklichung guter politischer Ordnungen und gerechter Gesetze zu finden. Man kann also die praktische Philosophie Vicos wie einen Versuch interpretieren, die Metaphysik der Prinzipien und die bürgerliche Ethik der Klugheit zusammen zu halten. Die Prinzipien und Formen, die von Gott zum Menschen gelangen, blieben reine Abstraktionen, wären sie nicht dank eben der Praxis der Politik, der Moral und der Geschichte kommensurabel. Die Natur der „politischen Welt" beruht also auf einem materiellen und einem formalen Element: Das erste besteht in der empirischen Vielfältigkeit der historischen Wirklichkeit und der Unzulänglichkeit der menschlichen Erkenntnis, das zweite zeigt sich in Universalität und Perfektion der Ideen des Geistes als Widerschein der vollkommenen göttlichen Erkenntnis. Das materielle Element ist laut Vico der „Körper der Welt der Nationen", ist das Reich der Leidenschaften und der Nützlichkeit; das formale ist der „Geist der Welt der Nationen", ist das Reich der

Weisheit, der Ordnung, der Bereitschaft der Menschen für die „politischen Tugenden".

Zusammenfassend kann man feststellen, daß Vico jener anthropologischen und ethisch-politischen Sichtweise der Philosophie angehört, die – sicher durch das humanistische Denken der Renaissance vorbereitet – dazu beigetragen hat, das Zentrum der Aufmerksamkeit und des Interesses von den logischen, erkenntnistheoretischen und spekulativen Problemen weg zu den Fragen der Geschichte, des Rechts und der Praxis hinzulenken. Doch man kann auch mit einigem Recht feststellen, daß Vicos Konzeption des Verhältnisses von Philosophie und Geschichte (jedoch ebenso bereits der Anspruch, eine der historischen Welt des Menschen angemessene Erkenntnismethode zu finden) einen der möglichen Schlüssel zum Verständnis der Quellen und der Beweggründe der zeitgenössischen praktischen Philosophie darstellt.

Bereits die Überschrift dieses Kapitels offenbart ein genau bestimmtes Interpretationsprogramm. Wer es für möglich hält, in der Analyse der leitenden Motive der Philosophie Vicos das „Praktische" und das „Bürgerliche" zusammenzunehmen, macht damit sogleich ein bestimmendes Merkmal der modernen italienischen Philosophie explizit. Vielleicht ist dies auch ein Unterscheidungsmerkmal gegenüber der deutschen philosophischen Tradition, in der fast immer die Tendenz überwog, die praktische Dimension auf logisch-erkenntnistheoretische und systematische Voraussetzungen seitens der theoretischen Dimension zurückzuführen. Natürlich liegt hier der Hinweis auf das bekannte Erbe des humanistischen Denkens nahe und die von ihm ausgehenden Prozesse des Wiedererarbeitens und der Neuinterpretation von zentralen Kategorien wie *Klugheit, Weisheit, Tugend*. Hier beabsichtige ich indessen, mich mehr auf jene Richtung der Entwicklung des italienischen Denkens zu beziehen, die, vor allem ausgehend von Vico, sehr bewußt die Grundlagen einer anthropologischen und ethisch-politischen Sicht der Philosophie hervorgebracht hat und die zunehmend den Schwerpunkt der Diskussion vom spekulativen Verhältnis zwischen Logik, Erkenntnis und Handlung weg, hin zum Zusammenhang zwischen Philosophie und Geschichte, zwischen Geschichte und Recht und zwischen Metaphysik und den „Praktiken" der Lebensführung und der gesellschaftlichen und politischen Praxis übergehen ließ.[1]

In der Autobiographie führt Vico selbst an, welche Schlüsselrolle der „politischen" Philosophie und dem „politischen" Wohl in seinen Überlegungen zukommen. Nachdem er sehr anschaulich die metaphorische Bedeutung beschrieben hat, die seinen „Autoren" zukommt, (Platon als Symbol einer „universellen Wissenschaft", die sich mit der Bildung eines Menschen, der „weise an Ideen" ist, beschäftigt; Tacitus als Vertreter einer Wissenschaft der „Ratschläge der Nützlichkeit", die das Ziel hat, einen Menschen zu formen, der „weise in der Praxis" sei; und schließlich Bacon als Verbindungspunkt zwischen „gewöhnlicher und geheimer Weisheit"), hebt Vico eine konstante sichtbare Charakteristik besonders in seinen frühen Werken hervor – nicht ohne ihr sowohl eine klare methodische als auch eine klare theoretische Funktion zu geben. Tatsächlich „schlug er [in den *Inauguralreden*] stets den Weg ein, allgemeine Gegenstände zu behandeln, die von der Metaphysik ausgehen und doch in den Bereich der Erfahrungen innerhalb des zivilen Lebens fallen".[2]

---

[1] Deshalb bin ich völlig einig mit E. Nuzzo: La tradizione filosofica meridionale, in: Storia del Mezzogiorno, Bd. X, tomo III, Napoli 1992, S. 66. Eben durch die Konsistenz dieses „praktischen" Vorgehens kann die historiographische und methodologische Stichhaltigkeit der Traditionsbestimmung eines „langen Zeitabschnittes", einer Serie von dominanten Merkmalen entstehen. Natürlich handelt es sich um eine These, die einflußreiche Befürworter hat, unter ihnen, so erinnert Nuzzo, Eugenio Garin und Pietro Piovani als Philosophen und Giuseppe Galasso als Historiker. In weiter zurückliegenden Untersuchungen (Vgl. Verso la vita civile. Antropologia e politica nelle lezioni accademiche di Gregorio Caloprese e Paolo Mattia Doria, Napoli 1984, S. 121 ff.) hat Nuzzo jedoch zutreffend beobachtet, wie auch im Umfeld der Anhänger Descartes' in Neapel sich eine „klarsichtige Aufmerksamkeit" für die Themen des politischen Lebens („*vita civile*"), also der Frage „der verschiedenen Zugänge zur Wahrheit („*vero*") der gesellschaftlichen und rechtlichen Normen" herausgebildet hat. Dies ist ein bedeutendes Indiz für das Übergewicht des ethisch-politischen Kontextes über die philosophisch-spekulativen Prinzipien.

[2] G.B. Vico, Vita di Giambattista Vico scritta da se medesimo, in: O, S. 30; dt. Autobiographie, S. 56.

Die Begriffe und Termini *Gemeinwohl, bürgerliches (politisches) Leben, bürgerliche Gesellschaft* tauchen mit Regelmäßigkeit im gesamten Corpus des vichianischen Werkes auf. Auch in der eigenen Darstellung des persönlichen Werdeganges erklärt der Philosoph aus Neapel den Vorrang, den er den philosophischen Schriften Ciceros, Platons und des Aristoteles gegeben hat, im Kontrast zu einer „Einzelgängermoral", wie der der Epikureer und der Stoiker. Der Hintergrund dafür ist, daß die Schriften der ersten Gruppe sich auf das gemeinsame Ziel „der guten Führung des Menschen in der bürgerlichen Gesellschaft" gründen.³ Somit sollte es nicht allzu sehr verwundern, daß Vico sich um die Begründung einer Studienmethode bemüht, die der modernen Zeit entspricht, einer Methode, die notwendigerweise dem „naturwissenschaftlichen Lehrgebiet" Beachtung schenkt, ohne aber das „... Moralische und vor allem den Teil, der von der Natur des menschlichen Geistes und seinen Leidenschaften im Hinblick auf das bürgerliche Leben und die Rednertätigkeit ..."⁴ handelt, zu vernachlässigen.

Gerade in diesem letzten Text finden wir eine erste Bestätigung für die enge Verbindung, die Vico zwischen der praktischen und der politischen Philosophie zu ziehen gedenkt. Tatsächlich hat die Morallehre nicht nur „die Kasuistik der Tugend und der Laster" und ebenso wenig nur eine Analyse der Sitten – mitsamt dem Kontext, in dem sie sich herausbilden und ihre charakteristische Form annehmen – zum Gegenstand,⁵ es gehört auch die „aller-

---

³ Ebd., S. 15; dt. Autobiographie, S. 25. Die unterscheidende Gegenüberstellung der „monastischen und einzelgängerischen" Philosophen und der „politischen" Philosophen, die Vico bis zur *Scienza nuova* von 1744 (vgl. SN(1744), Zit. S. 496; dt. NW, S. 90), unverändert beibehält, ist weithin bekannt. Zu der zentralen Rolle, die für Vico die Debatte über das „aktive und das kontemplative Leben" einnimmt, und zum Begriff des „politischen Lebens" in Funktion des pädagogischen Ideals Vicos vgl. M. Mooney, Vico in the Tradition of Rhetoric, Princeton 1985, S. 86 ff., 160 ff.

⁴ G.B. Vico, De nostri temporis studiorum ratione, in: O, Zit. S. 131; dt. WW, S. 59.

⁵ Richtig erinnert Battistini in seinem Kommentar daran, daß Aristoteles nicht zufällig ein ganzes Kapitel der *Rhetorik* (II, 12) dem Thema der *mores* widmete (Vgl. O, Bd. II, Zit. S. 1340). Vicos Verbindung zur humanistisch-

vollkommenste und alleredelste Staatslehre" dazu. Wenn man daher die Wahrheitssuche auf das Studium der Natur konzentriert, dies natürlich ein Seitenhieb auf die cartesianische Methode, und dabei fälschlicherweise die menschliche Natur für ungewiß hält, so führt dies bei den jungen Menschen nicht nur zur Unfähigkeit, überzeugende Reden zu formulieren, sondern auch zu einer unzureichenden Ausstattung mit Klugheit im politischen Leben.

Insbesondere weil in dieser letzten Dimension – jener der menschlichen Handlungen – der freie Wille und die Gelegenheiten herrschen, ist eine geeignete Methode von Nöten, um „das, was im Leben zu tun ist" (*vitae agenda*) zu verstehen. Letzteres läßt sich in der Kontingenz seiner historischen Entstehung und der Wandelbarkeit seiner Voraussetzungen weniger mittels des „gradlinigen Lineals des Verstandes" beurteilen als im Lichte einer „geschmeidigen Norm".[6]

Sieht man einen Moment von den Wendungen ab, die zwar wichtig, doch eher speziell für Vicos besondere Auffassung von der Methode und für seine spezielle politische Sicht relevant sind, so kann man nicht umhin, die philosophische und erkenntnistheoretische Relevanz des Konzepts der *prudentia* und ihre gewissermaßen grundlegende Funktion für den *Gemeinsinn* hervorzuheben.[7] Während das Vorgehen der Wissenschaft von der Suche

---

rhetorischen Tradition ist deutlich erkennbar: Die Redegewandtheit ist sowohl ein methodischer Vorgang, als auch ein theoretisches Fundament, das über die Kunst der guten Konversation hinaus die Probleme des gesellschaftlichen Wesens und des politischen Lebens berührt.

[6] O, S. 131-133; dt. WW, S. 60-61. Auch hier ist die Quelle aristotelisch. Die Metapher des Lineals von Lesbos findet sich in der Tat in der *Nikomachischen Ethik*, V, 10, 1137b 29 ff. Mit gewohnter historisch-philologischer Akribie rekonstruiert G. Giarrizzo die Vorläufer von Vicos' Topos (Vico, la politica e la storia, Napoli 1981, S. 145 ff.). Giarrizzo beschränkt sich natürlich nicht auf die – durchaus wichtige – historische Textanalyse. Schlägt er doch eine überzeugende Interpretationshypothese zur zentralen Rolle vor, die in den politischen Überlegungen Vicos der Vorschlag einnimmt, die *aequitas* in der *prudentia* zu bewähren (dazu vgl. besonders S. 172-174).

[7] Die Bibliographie zum Gemeinsinn bei Vico hat inzwischen erhebliche Dimensionen erreicht. Die bedeutendsten Beiträge werden im Kapitel 6 diskutiert.

nach „einer einzigen Ursache, mit der vielfältige Naturphänomene zu lösen sind", gekennzeichnet ist, rührt das, woher die politische Klugheit ihre Anregung nimmt, vom Bewußtsein einer möglichen Ursachenvielfalt als Ursprung einer einzigen Tatsache her. Deshalb ist „die der Wissenschaft eigene Urteilsmethode" der „Praxis des Lebens" unangemessen.

Angesichts des unsicher Erscheinenden der historischen Empirie und der Wechselspiele des Zufalls, die dem praktischen Leben eigen sind, benötigt derjenige, der sich auf eine politische Aufgabe vorbereitet, nicht die universelle Vernunft der wissenschaftlichen Wahrheit, sondern die intuitive Vernunft (*ingeniosa ratio*), welche mit Hilfe der topischen Methode und der Redekunst versucht, die Motive der Nützlichkeit zu interpretieren, die aus den Formen des gemeinsamen Empfindens des Menschen in der Gesellschaft hervorgehen. Nochmals bestätigt sich die These, nach der in Vicos Auffassung vom Gemeinsinn und von der geeigneten Methode der bürgerlichen Erziehung des Menschen eine mögliche Quelle der praktischen zeitgenössischen Philosophie mit ihren diskursiven und kommunikativen Grundlagen zu finden ist. Vico schreibt:

> „Wer daher nicht zum Physiker oder Mechaniker, sondern zum Dienst an der Allgemeinheit ausgebildet wird, sei es für das Gericht oder den Senat oder die Kirche, der begebe sich nicht in den Unterricht nach cartesischer Methode."

Er vertraue sich vielmehr dem Ingenium und der Phantasie an, kultiviere die Topik; er soll sozusagen „über die Natur, den Menschen, den Staat in freier und gewählter Redeweise nach beiden Seiten hin disputieren, so daß er jeweils das Ansprechendere und Wahrscheinlichere trifft".[8]

Demnach bleibt die Wiederaufnahme einiger Schlüsselbegriffe der klassischen und humanistischen philosophischen Tradition nicht Selbstzweck und erschöpft sich nicht im unmittelbaren rhe-

---

[8] O, S. 143; dt. WW, S. 75. Auf die Unmöglichkeit der Übertragung der geometrischen Methode auf das praktische Leben (*in vitam agendam*) kommt Vico in *De antiquissima* zurück; vgl. LM, S. 128 ff.

torisch-pädagogischen Kontext, in dem sie sich ursprünglich manifestiert. Man denke an das Konzept der *sapientia*, das in der ersten *Inauguralrede* (1699) von Vico für das geeignetste Instrument gehalten wurde, um die praktisch-operativen Qualitäten des menschlichen Geistes zu potenzieren. Der Zweck der Weisheit wird sozusagen vor allem in einer Funktion für die politische Ausbildung gesehen.

„Wenn die Seelen sich nicht von Begierden und perversen Leidenschaften hinreißen lassen, so besteht kein Zweifel, daß sie, wenn sie sich dem Studium der Weisheit widmen, in kurzer Zeit mit der größten Leichtigkeit alle Errungenschaften der Kultur erlernen und kennen werden."[9]

Zweifellos deutet sich bereits Vicos Tendenz an, die Philosophie nicht mehr nur in ihrer metaphysischen und logisch-erkenntnistheoretischen Dimension zu betrachten, sondern vielmehr in ihrer praktischen Funktion. In dem Moment, in dem er seine *Orazioni* vorträgt, formuliert er eine bewußt politische Aufgabe und ist völlig überzeugt von der wichtigen Rolle jener Institutionen – hier besonders der Universität –, die mit der Weitergabe von Wissen und der Erziehung der jungen Menschen zur Weisheit und zur Klugheit betraut wurden.[10] Das Üben in Klugheit und die Einla-

---

[9] OI, S. 92-93. Von einem „ethisch-sozialen Wert" in Vicos Begriff der Weisheit spricht: G. Modica, I cenni di Giove e il bivio di Ercole. Prospettive vichiane per un'etica sociale, Milano 1988, S. 51 ff.

[10] Das ist ein Aspekt des Gedankenguts Vicos, der im wesentlichen unverändert bleibt und deshalb auch in der reifen Phase wiederkehrt. In der 1732 gehaltenen Eröffnungsrede taucht die Rolle der Weisheit vehement wieder auf, also die jener Tugend, die „von Platon als reinigend, erquickend, vervollkommnend für das Innere des Menschen angesehen wurde". Die Weisheit ist jedoch keine angeborene Gabe, die plötzlich vom Himmel fällt. Sie wird ersehnt und erobert. „Probt mit konstanter und unaufhörlicher Arbeit, so sehr Ihr nur könnt, versucht, was Ihr könnt, stellt Eure Kräfte auf alle Arten auf den Prüfstand, weckt Eure Intelligenz und entflammt sie für Gott, von dem Ihr erfüllt seid, und auf diese Weise werdet Ihr zu Eurem eigenen Staunen die göttlichen Wunder Eures *ingeniums* hervorbringen – was von Natur aus nur den Poeten gegeben ist." (Vgl. Vico, Varia. Il *De Mente heroica* e gli

dung zur Weisheit enthalten deshalb nicht nur, wie gesehen, jene Elemente der Integration und Korrektur der traditionellen philosophischen Begrifflichkeit. Schließlich gestatten sie es, sich dem weiten Feld der Wissensformen und der Methoden der erfinderischen Vernunft, der Phantasie, des historischen Wissens zuzuwenden. Darüber hinaus lassen sie jene Grundlegung der „politischen Philosophie" erkennen, die in einer klaren Auffassung von Bildung und Weisheit enthalten ist, jenen wichtigsten Instrumenten für die Ausrichtung „unserer Nation [...] auf moralisches und glückliches Leben".[11] Bei der Beschreibung des besonderen Weges der Ethik Vicos sollte man nicht außer Acht lassen, daß das Ziel der Sittlichkeit nicht von dem des Glückes getrennt wird.

Die Weisheit ist also nicht nur, wie Vico als Katholik allemal anerkennen muß, das höchste Gesetz, das den Menschen von Gott gegeben wurde,[12] sondern auch und vor allem eine „Kunst des Lebens"[13] (*ars vitae*), eine nützliche praktische Orientierung für die Lebensführung (*ratio vitae*), die in der Lage sein sollte, die Nachteile der Einfalt und das Strebens nach vergänglichen, nicht mit Tugend und Klugheit ausgewählten, Gütern zu vermeiden.[14] Die Weisheit stellt sich demnach als idealer Berührungspunkt von göttlicher und menschlicher Gemeinschaft (*civitas*) dar, wie ein unersetzlicher Schlüssel zu einer idealen universalen Bürgerschaft der Wahrheit und des Wissens. Es ist wohl wahr, daß es eine göttliche Ratio gibt, die sich über die Welt verbreitet, aber es ist eben-

---

    scritti latini minori, [Opere di Giambattista Vico, Bd. XII] hrsg. von G.G. Visconti, Napoli 1996, S. 147)

[11] OI, Zit. S. 72-73.

[12] Deshalb sagt Vico in seiner Eröffnungsrede von 1700: „Wenn wir unsere Seele auf das Studium der Weisheit richten, folgen wir der Natur; wenn wir aber von der Weisheit zur Torheit übergehen, verzichten wir auf unsere Natur und handeln gegen dieses Gesetz" (vgl. ebd., S. 100 f.).

[13] Ebd., S. 108 f.

[14] In den Anmerkungen zu seiner Edition unterstreicht Visconti – wobei er auch die teilweise von Garin hergestellte Beziehung wieder aufgreift – die platonische und stoisch orientierte Herkunft dieser Überlegung Vicos. Hauptbezugspunkt bleibt indessen *De hominis dignitate* von Pico della Mirandola (vgl. ebd., S. 223 f.).

so wahr, daß dem Wissenden die Möglichkeit zugestanden wurde, das, was Gott auf perfekte Weise vollbracht hat, zu verstehen.

„Wer, wenn nicht der Wissende, kann sich als Bürger einer solch großen Stadt zu erkennen geben, von dem Moment an, an dem er die Gesetze der Natur und des Universums kennt und beobachtet? Was macht Gott und die Menschen zu Teilhabern der bürgerlichen Rechte einer solchen Republik? Die perfekte Ratio, mit der Gott alles vollendet und der Weise alles versteht."[15]

Das Ziel der Weisheit – aber auch das Zusammenspiel der Regeln des Zusammenlebens und der Solidarität, welche die Gemeinschaft der Gelehrten kennzeichnen sollen, die „Republik der Geisteswissenschaften" (*repubblica delle lettere*)[16] – kann sich sehr wohl im persönlichen Vorteil der Bildung und im Besitz einer größeren Menge von Kenntnissen darstellen. All das wäre jedoch nutzlos, wenn es nicht mit einem noch höheren Ziel verbunden wäre: dem „Staatswohl" und somit dem „gemeinsamen Wohl der Bürger".[17]

Es existiert also ein aus der uneigennützigen Liebe für das Wissen geformtes Bindeglied, durch das die Gelehrten verbunden sind, das sie zu Bürgern der großen Republik der Wissenschaften macht. Der beständigste Teil dieses Bindegliedes – dies nochmals ein Beweis für die enge Verbindung, die Vico zwischen intellektueller Forschung und politischer Philosophie herstellt – besteht indessen in der Akzeptanz der „Aufgabe, dem Nutzen und den Bedürfnissen" der Bürger „uneigennützig zu dienen". Das Band der Nähe, das in der Gemeinschaft der Forschung besteht, ordnet sich diesem höchsten, durch das „Vaterland" vorgestellten Band unter,

---

[15] Ebd., S. 114 f.
[16] In der dritten Rede gibt Vico die Linie einer wahren „Ethik der Solidarität" in der wissenschaftlichen Arbeit vor, einer „Deontologie" der Gemeinschaft der Gelehrten (vgl. ebd., S. 122 ff.).
[17] Das ist das Thema der Eröffnungsrede IV (1704), vgl. ebd., S. 147, 151.

zu dem alle Affekte und alle anderen Bindungen zusammenfinden.[18]

Daher hält Vico die Unterscheidung von *nützlich* und *richtig* für eine der schädlichsten Auswirkungen bestimmter philosophischer Richtungen im Hinblick auf die Ausarbeitung des Begriffs der menschlichen Sozialität.[19] Vico verleiht so der Überzeugung Ausdruck, daß es nur durch das Ausüben der höchsten Fähigkeiten der menschlichen Intelligenz möglich ist, die künstliche Trennung zwischen den Pflichten der *honestas* und den Vernunftgründen der *utilitas* zu mindern oder gar aufzuheben. Die Wissenschaft und die Kultur können auf diese Weise ein Ziel von hohem Wert verfolgen: eine Hilfe für die größtmögliche Zahl von Seinesgleichen sein. Neben dem persönlichen Ansehen und der *honestas*, die der Bildung und der Übung in der Meditation entspringt, stellen sich fast notwendigerweise die anderen wichtigen Ziele:

„... dem Herrscher eine Zierde zu sein, der Nation ein Schmuck und um es kurz zu sagen, dem Staat unentbehrlich werden".[20]

Damit bestätigt sich das harte Urteil Vicos über eine Weisheit und intellektuelle Übung, die sich in dem Ziel des „leeren Ruhms der Bildung" erschöpfen. Die nötige Harmonie, die zwischen der Ernsthaftigkeit der Studien und der „höchsten Nützlichkeit für den Staat" herrschen soll, das konstante Bemühen darum, die Geisteswissenschaften (*lettere*) auf das *bonum commune* auszurichten, enden nicht allein mit der Präsentation eines persönlichen ethischen Zieles. Hinzu kommt wesentlich ein ordnendes Prinzip, sowohl in jeder Lebensführung, als auch in jeder politischen Tätigkeit. „Die Herrscher", so schließt Vico seine Rede, „belohnen jene

---

[18] Ebd., S. 152. Natürlich muß – wie auch bei den der Lobrede auf die politische Macht (die spanische Regierung) und der katholischen Tradition gewidmeten Seiten Vicos – der öffentliche Anlaß bedacht werden, in dem die Rede steht.
[19] Ebd., S. 158 f.
[20] Ebd., S. 160 f.

Künste und jene Studien, die dem Staate nützen und die ein Hemmnis für die schlimmsten Übel der Gemeinschaft sind".[21]

In der *Orazione* von 1707 findet sich die Bestätigung, daß Vicos gesamte begriffliche Konstruktion der Weisheit sich um deren doppelten Wert dreht, praktisch-bürgerlich einerseits und philosophisch-erkenntnistheoretisch andererseits. Es gibt im Menschen eine ursprüngliche korrupte Natur, die sich unmittelbar in Unvollkommenheit und Unvollständigkeit der Sprache, des Denkens und des sittlichen Verhaltens widerspiegelt. Die göttliche Strafe für die Erbsünde zeigt sich vor allem in der äußersten Zerstreuung der Sprachen, dann in der Vervielfachung der Meinungen und der Vielzahl der Überzeugungen und schließlich in der Ausbreitung der Leidenschaften und der Laster der Seele. Doch sind dem Menschen auch Möglichkeiten der Erlösung von dieser korrupten Natur gegeben und diese sind bestimmt von den Formen des Wissens und des Lebens, in denen die Weisheit wirkt: die Redekunst, das Wissen, die Tugend („mit Gewißheit erkennen, auf die richtige Weise handeln, auf überzeugende Art reden"[22]).

Die Weisheit ist somit nicht nur das beste Mittel gegen die Ignoranz und nicht nur wichtiger Maßstab in der moralischen Führung, sie kann und soll „der menschlichen Gesellschaft nützen".[23] Das Wissen um die göttlichen Dinge (dies sind sowohl Gott selbst, als auch die Werke des menschlichen Geistes über die Natur, also sowohl die Theologie, als auch die Metaphysik) und die Erfahrung der menschlichen Dinge „führen die Menschen" mit Hilfe der Redegewandtheit „aus der Einsamkeit zu den menschlichen Verbänden, d. h. vom Egoismus zur Pflege der Menschlichkeit (*a suo*

---

[21] Ebd., S. 164 f. Vicos Vertrauen in die fortschrittliche und zivilisierende Rolle der Weisheit ist groß genug, um ihn in der 5. Rede behaupten zu lassen, daß „die Staaten den Gipfel des militärischen Ruhmes und der Herrschaftsmacht erreicht haben, wenn sie über in höchstem Maße blühende Geisteswissenschaften verfügen" (vgl. S. 168 f.). Die von Vico favorisierte Quelle ist hier – wie Visconti klar nachweist – Bacons Werk *De Augmentis scientiarum*. Aber auch Leibniz hatte die selbe Auffassung im *Antibarbarus* vertreten.

[22] Ebd., S. 194 f.

[23] Ebd., S. 196 f.

ipsorum amore ad humanitatem colenda), von der Unkenntnis jeglicher Kunst zur tätigen Menschlichkeit (*ab inertia ad industriam*), von der ungebremsten Freiheit zum Respekt gegenüber den Gesetzen, und mit der Gleichheit, der von der Vernunft diktierten Rechte leiten sie die Gewalttätigen, die allzusehr ihren Kräften vertrauen, zu einem Zusammenleben mit den Schwachen".[24] Später bekräftigt Vico die Überzeugung, daß an der Seite des Wissens um die göttlichen und natürlichen Dinge (und also neben der Metaphysik, der Theologie und der Wissenschaft) die Erfahrung in den menschlichen Dingen (*humanarum rerum prudentia*) stehen muß, d. h. jene unbedingt notwendige Voraussetzung, die allein es ermöglicht, „daß jeder seine eigene Aufgabe erfülle als Mensch und als Bürger".[25] Moralphilosophie (*filosofia moralis*) und politische Philosophie (*filosofia civilis*) erscheinen so auf besondere Art verbunden, fast wie um ausgehend von Vico ein Paradigma zu bestätigen, das in der italienischen modernen und zeitgenössischen Philosophie auf lange Zeit bestehen bleibt:

> „Die Morallehre formt den ehrenwerten Menschen, die politische den weisen Bürger und beide richten sich nach den Geboten unserer Religion, bilden die Theologie, die als moralisch gilt; und diese drei Lehren münden und strömen zusammen in der Jurisprudenz. Diese wird fast vollständig aus der Morallehre gebildet, denn sie ist weder eine Wissenschaft noch eine Kunst, sondern sie ist die praktische Erkenntnis des Rechtes. Zum Ziel hat sie die Gerechtigkeit. Ferner besteht sie aus der politischen Lehre, denn sie achtet auf den Gemeinnutzen, und aus der Moraltheologie, denn sie bestimmt den genauen Wert der Gesetze in einem christlichen Staat."[26]

---

[24] Ebd.
[25] Ebd., S. 198 f.
[26] Ebd., S. 198-201. Vico vergißt darüber hinaus nicht, die wichtige Rolle der Geschichtswissenschaft bei der Bestimmung und Identifizierung des kulturellen und wissenschaftlichen Vermögens zu unterstreichen, das von der Tradition angesammelt wurde. „Wie die theoretischen Unterweisungen in

So werden die Umrisse, die das praktisch-politische Profil der Philosophie Vicos annimmt, genau da immer klarer, wo das erneute Überdenken des Verhältnisses zwischen *Kritik* und *Topik* beginnt, zwischen Metaphysik des Geistes und neuer historisch-anthropologischer Wissenschaft, ein Verhältnis, das nicht mehr auf dem gegenseitigen Ausschluß beruht, sondern auf der erforderlichen Wechselwirkung. Auch der Anspruch, die Grundzüge einer Studienmethode – damit zugleich ein erkenntnistheoretisches Paradigma – zu entwerfen, welches der anthropologischen und historisch-kulturellen Komplexität der menschlichen Erfahrung angemessen ist, und damit verbunden die Notwendigkeit, deren besondere Objekte zu definieren, nämlich die Produkte der poetischen Aktivität, des Ingeniums, die wahrscheinlichen Dinge, das vom Gemeinsinn Hervorgebrachte, erlangen eine wesentliche Funktion, wenn sich die praktische Dimension der Philosophie Vicos konstituiert.

Bereits in *De ratione* hatte Vico festgestellt, daß die erste Gabe, die bei der Erziehung der Jugendlichen vervielfacht wird, nicht eine verfrühte Aufmerksamkeit für das „erste Wahre" sei (das, was man für „fremd und höher als jede körperliche Vorstellung" hält[27]), sondern der Gemeinsinn, „damit sie [die jungen Leute, d.Ü.] nicht im Leben, wenn sie völlig erwachsen sind, auf Abson-

---

einer Kunst oder in einer Wissenschaft Licht auf die allgemeinen Aspekte werfen, so bringen die Geschichten die besonderen Aspekte zum Vorschein, d. h. die Zeugnisse."

[27] Zur Rolle der „Körperlichkeit" in der Philosophie Vicos und zu ihrer bedeutsamen Verbindung mit den konstitutiven Prinzipien des „politischen Lebens" vgl.: B. de Giovanni, Il "De nostri temporis studiorum ratione" nella cultura napoletana del primo Settecento, in: ders. (Hg.), Omaggio a Vico, Napoli 1968, S. 174 ff. Vom gleichen Autor vgl. auch: "Corpo" e "ragione" in Spinoza e Vico, in: R. Esposito, G. Zarone (Hgg.), Divenire della ragione moderna. Cartesio. Spinoza. Vico, Napoli 1981, S. 134 ff. Zum speziellen Thema der „Körperlichkeit" im primitiven Denken und der Sprache vgl. die grundlegende Studie von: G. Cantelli, Mente corpo linguaggio. Saggio sull'interpretazione vichiana del mito, Firenze 1986. Zur Metapher des Körpers und zu seiner Weisheit als wichtigstem Schlüssel für das Verständnis von Vicos historisch-bürgerlichen Humanismus, vgl. G. Modica, a.a.O., S. 49 ff.

derlichkeiten und Torheiten verfallen".[28] Der Gemeinsinn ist also nicht der Sitz niederer und untergeordneter Formen der Erfahrung und des Wissens. Er ist vielmehr der besondere „Ort", in dem sich die Bedürfnisse des Lebens und die Nützlichkeit der praktischen Welt manifestieren. Dank seiner – nicht etwa mittels der rein abstrakten rationalen Kritik – und dank der „Tugend der Klugheit", welche er hervorzubringen vermag, ist der Mensch imstande, sich zu orientieren und in der Lebenspraxis Fortschritte zu machen. Wie bereits oben angedeutet, überschreitet die Kritik an der geometrischen Methode auch in *De antiquissima* die Grenzen der epistemologischen Diskussion. Die Forderung nach einem erkenntnistheoretischen Zugang zur Natur des praktischen Lebens und zur Welt des Handelns verfolgt nämlich ein bestimmtes Ziel, welches wiederum der *Klugheit* anvertraut wird, der bevorzugten Form der Orientierung in einem praktischen Leben, in dem auf bestimmende Weise der freie Wille, die Gelegenheit und das Glück regieren.[29]

Mit dem Übergang zu den Werken der Reifezeit – von *De Uno* zur *Scienza nuova* von 1725 und zu den Editionen von 1730 und von 1744 – wird natürlich die Struktur des philosophischen Systems Vicos deutlicher. Dieses gedenkt zwar einerseits nicht, auf die klassische traditionelle Aufgabe der Bestimmung des ersten Prinzips zu verzichten, wobei es sozusagen rückwärts den Verlauf des göttlichen Lichtstrahls verfolgt, der vom Auge Gottes auf die Metaphysik und auf dann auf die Welt fällt. Im Lichte dessen bemüht es sich, auf der Grundlage der Konvertierbarkeit von *verum* und *factum* eine angemessene Erkenntnistheorie zu erarbeiten. Andererseits setzt das System einen eigenständigen Versuch der Gründung einer historisch-anthropologischen Wissenschaft ins Werk, welche gerade von der Unterscheidung zwischen der Endlichkeit des *nosse, velle, posse* (wissen, wollen, können, d.Ü.) der menschlichen Natur und der Unendlichkeit Gottes ausgehend, das Ziel verfolgt, einen weiteren und verständlicheren Begriff der *ra-*

---

[28] Vgl. G.B. Vico, De nostri temporis studiorum ratione, in: O, Zit. S. 104 f.; dt. WW, S. 26 f.
[29] Vgl. G.B. Vico, De antiquissima, in: OF, Zit. S. 118 f.; dt. LM, S. 128 ff.

tio, in den erkenntnismäßigen Grenzen der Vorsehung und der Welt des menschlichen Willens zu formulieren. Just deshalb, weil die menschliche Vernunft von der Tendenz charakterisiert ist – wie Vico in *Sinopsi del diritto universale* festhält – sich der unendlichen Weisheit Gottes anzunähern, kann sie der Entstehungsort „der intellektuellen wie der moralischen Tugenden" werden. Die von Vico angenommene Vernunft ist also nicht nur logisch-erkenntnistheoretisches Instrument, sondern auch und vor allem Maß für das menschliche Handeln. Dank des regelgeleiteten und richtigen Einsatzes von „Klugheit, Besonnenheit und Tapferkeit", und demnach dank eines einheitlichen Bildes von menschlichem Sein, das in die Momente des Intellekts, der Freiheit und der Herrschaft strukturiert ist, wird genau diese menschliche Vernunft, die „umarmt [ist] vom Willen", zur Tugend, „indem sie gegen die Begierde kämpft, und diese Tugend wird Gerechtigkeit in dem Maße, wie sie die Nützlichkeit bemißt". Noch einmal wird deutlich, wie sich am Ende des Gedankenganges, der unter der Ägide einer systematischen philosophischen Reflexion begonnen wurde, die bewußte Konstruktion einer „politischen" Philosophie als Ziel abzeichnet. Tatsächlich zeigt Vico, wie aus den „drei Teilen der Tugend ... drei Gesetze (*ius*) oder Arten der Vernunft" entstehen: Herrschaft, Freiheit und Schutz. Aus der Klugheit oder der richtigen Wahl des Nützlichen, die Herrschaft; aus der Besonnenheit oder dem maßvollen Urteil über sich und die eigenen Dinge, die Freiheit; aus der Tapferkeit oder der maßvollen Kraft der Schutz. Das sind am Ende die drei Quellen „aller Republiken und aller Gesetze".[30]

Es nimmt daher wenig Wunder, daß auf diesem Weg das Profil jener „praktischen"[31] Philosophie Vicos schon auf den ersten Sei-

---

[30] Vgl. OG, S. 5 f.
[31] Besonders in den letzten Jahren wurde die Bibliographie zur praktischen Philosophie Vicos Dank der Beiträge von Botturi, Fisch, Hennis, Mooney, Nuzzo, Pons, etc. stark bereichert. Zur genaueren Information über diese Bibliographie verweise ich auf meinen Beitrag im BCSV (XXVI-XXVII, 1996, S. 77-84) unter dem Titel „Vico e la filosofia pratica". Von besonderer historiographischer und interpretativer Bedeutung ist der Band von F. Botturi, La sapienza della storia. Giambattista Vico e la filosofia pratica, Milano

ten der *Scienza nuova* deutlich hervortritt und nicht zufällig genau in dem Kapitel, in dem die Genese, und mit ihr die Motivation, der „Meditation über eine neue Wissenschaft" erklärt wird. Beim Umreißen des radikal innovativen Vorhabens, welches in diesem Moment zum Vorschein kommt, nämlich die Entstehung und den Verfall der Menschheit der Nationen zu erforschen und aufzudekken, ist Vico sich der Notwendigkeit bewußt, einem doppelten Weg folgen zu müssen: Einerseits dem sozusagen theoretisch-normativen, der auch bei positiver Bewertung des Perfektionsgrades, den die Wissenschaften und die Künste der modernen Welt erreicht haben, nicht auf die Notwendigkeit verzichtet, metaphysisch-philosophische Prinzipien zu entdecken, andererseits dem historisch-hermeneutischen, den Verfahren zum Verstehen der „pratiche" („Praktiken") gewidmeten, d. h. der historischen Modi, durch welche „die im Werden begriffene Menschheit einer Nation in diesen vollkommenen Zustand gelangen könnte, und genauso beim Vergehen wieder dorthin zurückkehren könnte".[32]

Die wesentlichen Züge der Argumentation Vicos sind bekannt: Es gibt „konstante Vernunftgründe", die am Anfang der historischen Entwicklung der Nationen stehen und „durch gemeinsame Sitten realisiert werden". Sie bestimmen die Herausbildung jener gewöhnlichen Weisheit und deren Verhältnis zu jener „geheimen" der Philosophen.

1991. Von Botturi vgl. auch: Vico e la filosofia pratica: ragioni di attualità, in: Ragion Pratica, I, 1994, S. 135-142; Vico e la filosofia pratica moderna, in: AA. VV., Identità culturali e valori universali. Comenio e Vico, 1998, S. 53-71, und Poetica e pragmatica. Per una rilettura della filosofia pratica vichiana, in: M. Agrimi (Hg.), a.a.O., S. 249-272; R.J. Tristram, Vico on the Relationship between Knowledge and Practice, in: New Political Science, XXXVI-XXXVII, 1996, S. 19 ff.; E. Nuzzo, La filosofia pratica di Vico fra religione e prudenza, in: G. Cacciatore-V. Gessa Kurotschka-H. Poser-M. Sanna, (Hgg.), La filosofia pratica tra metafisica e antropologia nell'età di Wolff e Vico, Napoli 1999, S. 341-370. Eine interessante Parallele der praktischen Philosophie Vicos zu Habermas zieht A. De Simone, Il primo Habermas e Vico: filosofia, politica e mondo della pratica, in: A. Verri (Hg.), Vico e il pensiero contemporaneo, Lecce 1991, S. 264-328.

[32] Vgl. SN(1725), Zit. S. 984 f.

Die Definition und die Anerkennung des philosophisch Wahren können nicht auf die philologische und historische Absicherung verzichten und umgekehrt. Daraus folgt, daß die Bedeutung der praktischen Philosophie Vicos nicht auf eine irreführende praxistische und einfach historisch-faktische Dimension reduziert werden darf. Tatsächlich wissen wir, daß das „erste Prinzip der Nationen"[33] die Vorsehung bleibt; sie ist deren „Architekt", und das religiöse Motiv stellt tatsächlich die ursprüngliche Voraussetzung für die Ausbildung der menschlichen Gemeinschaft dar.

Am Grunde der Welt der Nationen steht jedoch eine Regel, die Regel der „gewöhnlichen Weisheit", welche notwendigerweise ihr Anwendungs- und Erklärungsgebiet in der geschichtlichen Empirie,[34] im Gemeinsinn jedes einzelnen Volkes findet. Somit kann jene Regel einerseits Vorschriften für „unser soziales Leben in all unseren menschlichen Tätigkeiten" liefern, andererseits konstruiert sie Synthesen der Gemeinsinne, womit sie einen allgemeinen Zusammenhang der Nützlichkeit ins Leben ruft, der in die „Weisheit des Menschengeschlechts" eingeht. Selbst die Freiheit und der freie menschliche Wille, den Vico als den „Schmied der Welt" definiert, werden von der „Weisheit der Menschheit nach den Maßstäben der menschlichen Nützlichkeit und Bedürftigkeit, welche in gleicher Art allen einzelnen menschlichen Naturen gemein sind" bestimmt.[35]

Den „Praktiken" ordnet Vico also eine ganz bestimmte „deskriptive" und gleichzeitig erklärende Funktion bezüglich der Arten zu, in denen die normativen Elemente und grundlegenden Motivationen, in den vielfältigen und unterschiedlichen Geschichten, die sich im Laufe der Zeit zutragen, aufzufinden sind. Es wäre deshalb ein Irrtum zu denken, die Praktiken haben im Hinblick auf

---

[33] Ebd., S. 1008.
[34] Man erinnere sich, daß Vico vorschlägt, eine „Abhandlung der Wahrheit und Nützlichkeit" der neuen Wissenschaft anhand des Beispiels und der Analyse des Zwölf-Tafel-Gesetzes zu verfassen. Indessen ist dieser Versuch nicht zufällig in der Ausgabe von 1725, im „Artikel der Praxis der Gegenüberstellung der überdachten Prinzipien mit der Volkstradition" definiert (vgl. ebd., S. 1025 f.).
[35] Ebd., S. 1009.

die „Prinzipien" eine subsidiäre und rein lehrhafte Rolle inne. Die Verbindung zwischen Prinzipien und Praktiken muß man auf den Inhalt der besonderen theoretischen Bedeutung von Vicos Begriff der „ewigen idealen Geschichte, durch die die Geschichte aller Nationen verläuft", zurückführen. Anhand der Anwendung dieses Begriffes seit Vico lassen sich die Koordinaten der besonderen Tendenz in der italienischen Tradition des Denkens nachzeichnen, die auf dem Band der Reziprozität zwischen Geschichte und Philosophie beruht. Die Ewigkeit und die Universalität des „natürlichen Rechts der Menschen" wird nicht nur an den Wahrheitsprinzipien gemessen, es wird zugleich auch von den „gemeinsamen Sitten der Völker", d. h. von den „konstanten Fakten der Nationen" hervorgebracht. Dabei muß man die Sitten vorrangig als „Praktiken oder Gepflogenheiten der menschlichen Natur" verstehen. Die neue Wissenschaft muß deshalb die Philosophie und Geschichte der menschlichen Sitten mit einschließen, so daß das Bild der „universellen Geschichte" die Gewißheit über die Herkunft sowie den Sinn für die Kontinuität der historischen Geschehnisse beinhaltet. Die Philosophie muß daher die „verkettete Folge der Vernunftgründe" der Tatsachen und der Bräuche erklären können, dahingegen muß die Geschichte „eine fortwährende oder ununterbrochene Folge von Fakten der Menschheit" erzählen, „die in Übereinstimmung zu diesen Vernunftgründen stehen".[36] Das sind die nötigen Voraussetzungen, die es – dank der neuen Wissenschaft – ermöglichen, die Metaphysik der Prinzipien und Sitten der Nationen zu verbinden und einer wahrhaften „Moral des Menschengeschlechtes"[37] Leben einzuhauchen, welche die Bezeichnungen und die Arten, auch die diachronischen, festlegt, durch welche die Sitten der Nationen zum Ausdruck kommen und

---

[36] Ebd., S. 1032.
[37] Ebd., S. 1046 ff. Ein analoger Argumentationsgang findet sich in dem Verhältnis, das Vico zwischen der „Gerichtsbarkeit des Menschengeschlechts" und der besonderen „Geschichte des Rechten" aufbaut, welches durch die Gesetze jedes Staates geregelt wird. Deshalb ist es notwendig, daß die universelle Gerichtsbarkeit „die Geschichte des Rechts kennt" (vgl. ebd., S. 1067).

sich in ihrer historisch-anthropologischen Auswirkung unterscheiden.[38]

Vico bestreitet demnach nicht, daß sich eine universelle Geschichte (die durch die konstanten Formen in den einzelnen und differenzierten historischen Welten der Nationen erkennbar ist), eine universelle Sprache und auch ein universelles Recht bilden könnten. Doch sind diese immer und ausschließlich erkennbar und beschreibbar, wenn man von „dieser großen Stadt des Menschengeschlechtes" ausgeht. So wird es möglich, die „Art und Weise", d. h. die Formen ihres Werdens[39] und außerdem die durch ihre Entwicklungsprozesse bestimmten Zeiten zu erforschen. Man entdeckt die „ewigen Eigenschaften" der Prinzipien, aber auch die Formen ihres Werdens und Vergehens, ihre „Mythologien" und „Etymologien", also all das, was sich in einer „Wissenschaft der Ursprünge der Dinge" abzeichnet, in einer Wissenschaft, die fähig ist, die verstreuten „Bruchstücke des Altertums" zusammenzufügen, sich als Philologie der gewissen Bedeutungen und deren Verifikation in den bestimmten Prinzipien der Philosophie darzubieten. Durch eine solche Wissenschaft, die außerdem von den unverzichtbaren philologischen und philosophischen „Beweisen" untermauert wird, sind laut Vico zwei *Praktiken* gegeben: eine, sagen wir, historisch-philologische und narrative, die andere ethisch-bürgerlich und politisch.

> „Bei der einen handelt es sich um eine neue kritische Kunst, die als Fackel dient, um das Wahre in der dunklen und märchenhaften Geschichte zu erkennen [...] Die andere Praxis ist so etwas wie eine diagnostische Kunst, welche, indem sie sich an der Weisheit des Menschengeschlechts orientiert, aus der Ordnung der Dinge der Menschheit den Hauptzweck dieser

---

[38] Dieselben bekannten Wendungen der Evolution der Menschheit bringt Vico in den *Degnità* LXVI und LXVII der *Scienza nuova* von 1744 (vgl. SN(1744), S. 519-520; dt. NW, S. 117-118) erneut zur Sprache.
[39] Vgl. O, S. 1169. Vico unterstreicht hier mit Nachdruck den historisch-genetischen Charakter seiner Methode, denn „im Erkennen der Art und Weise allein besteht die Wissenschaft".

Wissenschaft zieht, die unzweifelhaften Zeichen des Staates und der Nationen zu erkennen."[40]

Das Problem und die Bedeutung einer *Praxis der Neuen Wissenschaft* selbst wurden von Vico in den Korrekturen und Ergänzungen der Ausgabe von 1730 formuliert und angegangen. Er scheint gewissermaßen der Gefahr vorbeugen zu wollen, daß die Leser seines Werkes zu der Überzeugung gelangten, diese sei bisher „konzipiert, wie eine rein kontemplative Wissenschaft innerhalb der gemeinsamen Natur der Nationen", der somit die *Praxis* fehle, d. h. der Teil, der den „aktiven" Wissenschaften eigen ist, welche Objekte zum Gegenstand haben, die vom menschlichen Willen abhängen. Insgesamt fürchtet Vico, daß der Vorrang der philosophischen Prinzipienforschung die der „menschlichen Klugheit" verbundenen Motive auf den zweiten Platz verwiesen haben könnte, also den Komplex von Modalitäten und Regeln, die nötig sind, damit die Nationen „nicht tatsächlich untergehen oder ihrem Ruin entgegeneilen".[41]

Vico bemerkt tatsächlich – gleichsam im Voraus den Ausschluß der *Praktiken* aus der Edition von 1744 rechtfertigend –, daß es unnötig wäre, den praktischen Fragen eine besondere Abhandlung zu widmen. Es würde genügen, wenn es den „Weisen der Republik" und deren regierenden Fürsten gelänge, über die Wissenschaft, welche den Lauf der Nationen zum Objekt hat, gründlich nachzudenken, damit sie befähigt seien, die besten Weg zu finden, um eine „gute Ordnung, gute Gesetze und gute Beispiele" zu geben, also alles, was die „Völker sich auf ihre *Akme* oder den vollkommenen Staat besinnen läßt". Hier scheint der Philosoph aus Neapel grundsätzlich die zentrale Stellung jener Prinzipien zu betonen, auf denen seine philosophische Anthropologie beruht: „daß es eine göttliche Vorsehung gibt, daß die menschlichen Leidenschaften gezügelt werden müssen weil sie gezügelt werden kön-

---

[40] Ebd., S. 1169-1170.
[41] SN(1730), S. 511. Bekanntlich waren Passagen von 1730 nicht wieder in die Edition von 1744 aufgenommen worden. Nicolini druckte eine heute umstrittene Auswahl davon als Anhang seiner Ausgabe der *Scienza nuova* von 1744.

nen, und daß unsere Seelen unsterblich sind".[42] Der Umstand, daß Vico, nicht nur bezüglich der philosophischen und historisch-philologischen Zweckgebundenheit, die seiner neuen Wissenschaft zugrunde liegt,[43] auf die Prinzipien eingeht, sondern auch im Bezug darauf, daß sich ein moralisches Normengerüst herausbildet, rechtfertigt eine Interpretation der praktischen Philosophie Vicos als erklärten Versuch, eine Metaphysik der Prinzipien und der Formen mit einer materiellen Ethik zu vereinen, angebunden an die Unterweisung in Klugheit und bereichert durch das historische Wissen, das vom Gemeinsinn herstammt. Ohne Bezug auf die Prinzipien, ohne Festlegung einer Norm wäre die Identifikation dieses „Modus" und jenes „Maßes", welches den tierischen Instinkten menschliche Züge gibt, übrigens nicht möglich. Praktische und politische Philosophie gehen immer noch Hand in Hand, denn die Suche nach dem Maß drückt sich in der Fähigkeit zum *conatus* aus, jenem „dem menschlichen Willen eigentümliche[n] Impuls ..., die dem Geiste vom Körper übermittelten Bewegungen im Zaum zu halten, um sie entweder vollständig zu beruhigen, wie es die Sache des weisen Menschen ist, oder ihnen wenigstens eine andere Richtung zu besserem Gebrauch zu geben, wie es die Sache des gesitteten Menschen ist."[44]

Mir scheint es daher evident, daß Praxis und Prinzipien der neuen Wissenschaft sich in bezeichnender Weise kohärent verbunden erweisen mit einem der theoretischen Motive, die für Vi-

---

[42] Ebd.
[43] Vgl. neben anderen Stellen, an denen das Thema behandelt wird, den Abs. 13 der *Scienza nuova* von 1744 (vgl. SN(1744), S. 424; dt. NW, S. 13 f.). Ich beziehe mich besonders auf diesen Abschnitt, da hier, klarer als anderswo, der Übergang von den anthropologischen Grundlagen zu den Prinzipien der „Moralphilosophie" im Licht jener notwendigen wechselseitigen Beziehung zwischen der Weisheit der Philosophen und der der Gesetzgeber hervortritt (vgl. dazu den folgenden Abs. 14).
[44] SN(1744), Zit. S. 547; dt. NW, S. 149. Hier erklärt Vico mit äußerster Deutlichkeit, daß die Fähigkeit „die Impulse des Körpers im Zaum zu halten" der „Freiheit der menschlichen Willkür" zugehört, dem freien Willen, dem „Aufenthaltsort aller Tugenden und unter anderen auch der Gerechtigkeit; durch diese geformt ist der Wille Objekt alles Gerechten und aller Rechte, die vom Gerechten bestimmt sind".

cos Überlegungen wesentlich sind. Es genügt, den Bezug zum Hauptabschnitt 342 festzuhalten, wo behauptet wird:

> „Daher muß diese Wissenschaft sozusagen ein Beweis der Vorsehung als geschichtlicher Tatsache sein, denn sie muß eine Geschichte der Ordnungen sein, die jene, ohne menschliche Absicht oder Vorkehrung, ja häufig gegen deren eigene Pläne, dieser großen Gemeinde des Menschengeschlechtes gegeben hat; und zwar so, daß, obzwar diese Welt in der Zeit und als etwas Besonderes geschaffen worden ist, die Ordnungen, die die Vorsehung darin eingesetzt hat, doch allgemein und ewig sind."[45]

Offenkundig soll Vicos Verweis auf die historischen Belege verhindern, daß eben diese Prinzipien auf reine Abstraktion reduziert werden, Prinzipien, die ihre Wirksamkeit genau in dem Maße beweisen, in dem sie sich an der von Gott gegebenen Fähigkeit des Menschen auszurichten vermögen, ein Wahrheitskriterium im Gemeinsinn des Menschengeschlechtes zu finden. Und nur dank dessen wird es am Ende möglich, das Gewisse zu definieren, das dem natürlichen Recht der Völker eigen ist.[46]

Ich glaube, daß man im Lichte dieses Einschubs die Überlegung Vicos, wie sie in der Passage zur Praxis der neuen Wissenschaft formuliert ist, besser verstehen kann. Der Philosoph aus Neapel findet auch in der Zeit seiner Reife zu seiner anfänglichen Vorliebe für die Weisheit zurück. In der Tat müssen die „Meister der Weisheit" und die Akademien „die Jungen lehren, wie man von der Welt Gottes und des Geistes zur Welt der Natur hinabsteigt, um dann in Ehrlichkeit und gerechter Menschlichkeit in der Welt der Nationen zu leben".[47]

Ins Zentrum der Unterweisung in Weisheit und der Orientierung der wissenschaftlich-akademischen Bildung – als weiterer Beleg des „politischen" Zuschnittes der vichianischen Philosophie

---

[45] Ebd., S. 549; dt. NW, S. 151.
[46] Vgl. Abs. 145, S. 93, der bekanntlich dem Gemeinsinn gewidmet ist.
[47] SN(1744) (ed. Nicolini), Zit. S. 512.

– rückt somit die „Natur der politischen Welt". Davon müssen die Jugendlichen das materielle und das formale Element zu unterscheiden wissen: das erste zeigt sich in der Unvollkommenheit, in der Unordnung, in der Faulheit, in der Verwirrung; das zweite tritt hervor in der Beständigkeit, in der Perfektion, in der Aktivität und der Harmonie. Die Materie ist demnach „der Körper der Welt der Nationen", ist der Ursprungsort des Lasters, ist die Situation, worin es der Menschheit nicht gelingt, sich die Tugend und den Fleiß zu eigen zu machen, und wodurch sie getrieben ist, dem „eigenen persönlichen Nutzen (welcher die Menschen voneinander trennt)" nachzustreben, um die eigenen „körperlichen Freuden" zu befriedigen. Im Gegensatz dazu stellt sich die Form als „Geist" der Welt der Nationen dar. Schließlich ist sie die Perfektion des Wissens, emsige Aktivität, Fähigkeit jedes einzelnen, kompetent und praktisch im eigenen Handwerk und im eigenen Beruf zu sein. Alles in allem ist sie Quelle der Harmonie und Ordnung, die Anlage zu den „schönen politischen Tugenden".[48]

So schließt der Gang durch die Wissenschaft der menschlichen politischen Nationen. Und so definiert und vervollständigt sich das in Vicos Überlegungen zentrale Verhältnis zwischen der Philosophie, welche „den Menschen betrachtet, wie er sein soll" und der Gesetzgebung. Letztere „betrachtet den Menschen, wie er ist, um von ihm guten Gebrauch in der menschlichen Gesellschaft zu machen."[49] Zum Abschluß der *Pratica della scienza nuova* heißt es:

> „So seien durch diese Prinzipien der Metaphysik, die ins Physische hinabgestiegen und durch die Moral in das Hauswesen geleitet, oder auch in die Erziehung der Jugendlichen, jene zu einer guten Politik geführt und mit dieser seelischen Bereitschaft mögen sie schließlich zur Jurisprudenz gelangen [...], weil die Jungen um sich zu bilden, wenn sie so disponiert sind, die Praxis dieser Wissenschaft anwenden, welche sich auf das ewige Recht gründet, das die Vorse-

---

[48] Ebd., S. 512-513.
[49] SN(1744), Zit. S. 496-497; dt. NW, S. 90-91.

hung in die Welt der Nationen gebracht hat: sie finden also ihr Heil, erblühen und sind glücklich, wenn der Körper ihnen dient und der Verstand sie leitet."[50]

---

[50] SN(1744) (ed. Nicolini), Zit. S. 513.

SECHSTES KAPITEL

Die Ordnung der „Gemeinschaft" und der Gemeinsinn der „Differenz"

Die Thematik des *sensus communis* ist schon in den ersten Werken Vicos präsent (vor allem in den *Orazioni inaugurali*). Sie belegt erneut die zentrale Rolle von Fragen der praktischen Philosophie in den Überlegungen des neapolitanischen Philosophen. Praktische Philosophie wird unter dem doppelten Aspekt der Bestimmung des *Wahren* – also dessen, was der Wissenschaft vom Gerechten angehört – und des Auffindens des *Gewissen* – also dessen, was der Geschichte, dem Recht und der natürlichen Billigkeit angehört – betrachtet. Für Vico gründet sich die Geselligkeit der menschlichen Natur auf das Naturrecht der Völker, und dieses Recht wurzelt, obwohl es, wie alle anderen Aspekte der Realität, göttlichen Ursprungs ist, in der Gewohnheit und der Gesamtheit der Sitten, die von der „gemeinsamen Natur der Nationen" herstammen. Wie Vico in der *Neuen Wissenschaft* erklärt, ist der Gemeinsinn also jenes Instrument, dank dessen die Menschen sich in ihrer Suche nach den Nützlichkeiten und Notwendigkeiten des sozialen Lebens orientieren können, ungeachtet des Willkürlichen und der Unsicherheit, die im Reich der historischen Erfahrungen herrschen. Die berühmte Definition, die in der *Degnitá* XII zu lesen ist („Der Gemeinsinn ist Urteil ohne jede Reflexion, gewöhnlich gefällt von einer ganzen Ordnung, einem ganzen Volk, einer ganzen Nation, dem ganzen Menschengeschlecht."), verdeutlicht Vicos Absicht, zu erklären, wie sich in weit entfernten Völkern und verschiedenen Kulturen dieselben Instinkte der Sozialisierung (Religion, Ehe, Begräbnisse) finden, wie also das Bedürfnis nach dem Gesetz und der politischen Organisation etwas Gemeinsames werden kann.

Doch wird der Gemeinsinn, gerade weil er ein Urteil „ohne Reflexion", also nicht abstrakt und vorgefertigt ist, für Vico auch zu einem der wesentlichen Instrumente der neuen historischen Wissenschaft, denn ihm ist es möglich, ausgehend von der Feststellung der gemeinsamen Elemente zu den Ursprüngen der Nationen und der Menschheit vorzudringen. Vicos neue Wissenschaft macht sich die Analyse der historischen Auswirkungen und der anthropologischen und kulturellen Differenzen zur Aufgabe, welche mit den natürlichen und grundlegenden Prinzipien der menschlichen Gesellschaft in Verbindung stehen: Religion, Ehe, Recht (letzteres besonders im Licht der römischen Rechtsinstitutionen des Asyls und des Ackergesetzes gesehen). Es ist keine interpretative Verzerrung, wenn man die „Modernität" der historischen Methode unterstreicht, die Vico vorschlägt: die Suche nach den *Differenzen*, die durch Vergleich der vielen „menschlichen Möglichkeiten" herausgefunden werden können. Schließlich theoretisiert Vico ausdrücklich das Verhältnis zwischen Universalität und Besonderheit, zwischen metaphysischem Prinzip der natürlichen Ordnung und den spezifischen Differenzen der Geschichte der politischen Nationen.

Vor diesem Hintergrund läßt sich das Fortbestehen einiger Denkmotive Vicos in der modernen Diskussion über das Verhältnis von Universalität der natürlichen Ordnungen (mit der Tendenz zur Universalisierung der Regelungen) und der konkreten Historizität der Völker und Nationen (mit dem Herausstellen der historischen und kulturellen Differenzen) beobachten. Welches auch immer die archaischen Aspekte in seiner Sicht der Welt sein mögen – Vico ist klar jenem Zweig der modernen historisch-anthropologischen Wissenschaft zuzuordnen, der seine Aufmerksamkeit auf die Genese der Zivilisationsprozesse der menschlichen Gesellschaften richtet. Es wird also deutlich, in welchem Sinn Vico den Gemeinsinn als Grundregel der „gewöhnlichen Weisheit", als Orientierung für das gesellige Leben bestimmt. Das Konzept des Gemeinsinns hat demnach für Vico nicht nur einen ethisch-praktischen Wert. Es wird auch in seiner Theorie zum notwendigen Ort der Vermittlung zwischen universeller Wahrheit der Ordnungsprinzipien und der historischen Gewißheit der verschiedenen Seinsarten und Arten der Objektivierung der kulturellen und politischen Gemeinschaften.

Über den Gemeinsinn wird es also möglich, eine Wissenschaft plausibel zu machen, die sich nicht auf die rationale Suche nach der absoluten Wahrheit beschränkt, sondern sich auf das Verständnis der Welt des *Wahrscheinlichen* ausdehnt, der Realität, die sich in der Erfindungskraft der Phantasie und der symbolischen und metaphorischen Darstellung ausdrückt. Hier gründen sich, eben dank des Gemeinsinns, die zwei fundamentalen Ebenen der Philosophie Vicos: die der Metaphysik des Geistes, die über die ordnenden Prinzipien reflektiert, und die des Politischen, von dem Moment an, in dem das durch den Gemeinsinn ermöglichte Auffinden des Gewissen sich just in der Bestimmung der allgemeinen politischen Ordnungen der Menschheit realisiert.

Auch das Thema des Gemeinsinns fügt sich also in die allgemeine Problematik ein, welche die Philosophie Vicos kennzeichnet: die Beziehung zwischen Metaphysik und Geschichte, zwischen der ursprünglichen Natürlichkeit der Soziabilität des Individuums und des politischen Charakters der menschlichen Gemeinschaften auf der einen Seite, und dem historischen und kulturellen Unterschied der Sitten und der politischen Institutionen der verschiedenen Völker auf der anderen. Wenn es demnach stimmt, daß die Politik sich in einer historisch bestimmten Welt verwirklicht und sich in „differenten" juridischen und kulturellen Modellen vergegenständlicht, so ist es auch wahr, daß sie – wie jede andere menschliche Aktivität – sich an eine allgemeine Struktur des Geistes und die vom Geist erarbeiteten Kategorien anpaßt, um die Welt zu erkennen: die Idee des *conatus*, die des Gerechten, die der Autorität, des Schutzes, der Herrschaft usw. Die neue Wissenschaft von der Geschichte weist nicht nur auf die Möglichkeit eines völlig neuen methodologischen Zugangs zum Verständnis der Realität hin. Sie liefert auch die Voraussetzungen einer philosophischen und gnoseologischen Theorie des Verstehens des Menschlichen, gerade weil dieses Verstehen durch die Verbindung der konstanten und gleichförmigen Reihe von Prinzipien mit der vielfältigen Reihe der Manifestation eben dieser Prinzipien in der Verschiedenheit der bürgerlichen Nationen möglich wird. Deshalb kann man mit und dank Vico eine Theorie der reziproken Verknüpfung zwischen *der Ordnung der Gemeinschaft* und dem *Gemeinsinn der Differenz* entwickeln. Die natürlichen Prinzipien der Soziabilität und der Politizität verbleiben nicht unveränderlich in der Vollkommenheit der universalen Vernunft, sie müssen immer von neuem erkannt und in der historischen Differenz des Gemeinsinns wieder aufgefunden werden, in dem, was in der Geschichte gewöhnlich in der anthropologischen, geistigen und linguistischen Verschiedenheit der Menschen wiederkehrt.

Als Schlußfolgerung läßt sich sagen, daß die Modernität der Überlegungen Vicos genau in dem bewußten Versuch besteht, einem Begriff der Rationalität, in dem die metaphysische Rationalität der Prinzipien und die historische Rationalität der menschlichen Sitten und der bürgerlichen Gemeinschaften nebeneinander bestehen können, Leben einzuhauchen. Der *Gemeinsinn* gestattet es also, im *Medium* der historischen Erfahrung die allgemeinen Prinzipien und Formen der Gemeinschaft, des sprachlichen, sozialen und ethischen Wesens der menschlichen Welt zu erkennen.

Die Sekundärliteratur zu Vico hat – zumindest in den letzten 30 Jahren – auf den zweifelhaften Versuch verzichtet, für den Philosophen aus Neapel auf Biegen und Brechen in dem einen oder anderen Zweig der modernen und zeitgenössischen Philosophien (etwa der Aufklärung, des Historismus, des Idealismus, des katholischen Traditionalismus, etc.) einen Platz zu finden. Das Überwiegen einer historisch-philologischen Orientierung in der Vico-Forschung wurde von den systematischen Philosophen als wenig attraktiv und unangemessen betrachtet – und es wird bisweilen immer noch so bewertet. Doch, dies gilt es festzuhalten, wurde es nur dank geduldiger philologischer Erforschung der Texte, genauester Rekonstruktion der antiken und zeitgenössischen Quellen Vicos und letztlich einer kontextuellen Neueinordnung der Philosophie Vicos in ihre Zeit, mit einer beeindruckenden Fülle an Studien, welche die neapolitanische Kultur des 17./18. Jahrhunderts auch und vor allem im Verhältnis zur der europäischen gründlich

untersucht haben, einfacher, Vico von einer Reihe historiographischer Mythen und einer Reihe vorgefertigter Gemeinplätze zu befreien. So etwa vom Mythos des einsamen Genies, das in einem verborgenen Winkel der Welt Licht in die Zukunft des Denkens bringt, und der Einordnung als Vorläufer.
Diese allgemeine Feststellung gilt meiner Meinung nach auch für das Bild, das am hartnäckigsten überlebt hat: Vico als Vorläufer des Historismus, und nicht etwa nur jener Richtung, die erst idealistisch war und dann in Croces Richtung ging, sondern auch des marxistischen Historismus. Es ist natürlich unbestritten, daß Vico berechtigterweise in die intellektuelle Wegstrecke einzuordnen ist, die von Leibniz zu Kant und zu den ersten post-kantianischen Philosophien reicht und als „Ursprünge des Historismus"[1] bezeichnet wurde. Doch ist diese Einordnung nicht im reduktiven Sinne eines Verschiebens von einer Genealogie in eine andere zu verstehen. Vielmehr soll sie die Distanz zwischen Vicos Betrachtungen zur Geschichte und jeder teleologischen und absoluten Sicht des historischen Prozesses kennzeichnen. Nun kann dieses Vorgehen, das, wie bereits gesagt, der geduldigen Unterstützung durch eine textkritische Analyse bedarf, nur in dem Maße einen Sinn und Wert haben, in dem einerseits Vicos „Historismus" im Lichte der ihm eigenen Begriffskomplexe rethematisiert und rekontextualisiert wird. Diese sind das Verhältnis von Metaphysik und Geschichte, das sowohl erkenntnistheoretische als auch philosophisch-systematische Gewicht der Verbindung von *verum/fac-*

---

[1] Das klassische Bezugsmodell ist offensichtlich Meinecke: *Die Entstehung des Historismus* (Erstausgabe, München 1936). M. E. sind die Hinweise in den zahlreichen Aufsätzen Piovanis zu Vico grundlegend, die jetzt posthum in einem Band mit dem Titel „La filosofia nuova di Vico", Napoli 1990 erschienen sind, sowie jene von Tessitore, von denen besonders hingewiesen sei auf „Vico tra due storicismi", enthalten in: ders., Dimensioni dello storicismo, Napoli 1971, S. 11-31, aber auch: Vico nelle origini dello storicismo tedesco, 1979, und Vico e le scienze sociali, 1981, jetzt in: ders., Contributi alla storia e alla teoria dello storicismo, Bd. II, Roma 1995, rispettivamente S. 373-404 e S. 213-229; ferner Il Vico di Croce, il Vico di Meinecke e la metodologia delle epoche storiche (1968) in: a.a.O., Bd. III, 1997, S. 421-462.

tum und damit die Einführung einer neuen und radikalen „Logik des Konkreten",[2] die Bedeutung der politischen „vernünftigen" Theologie der Vorsehung. Andererseits muß man diesen „Historismus" diskutieren, ohne neben der methodischen Vereinheitlichung des Wissens der Humanwissenschaften je die politische und „praktische" Zielsetzung[3] der „Neuen Wissenschaft" aus dem Blick zu verlieren.

Vielleicht ist es angebracht, gerade von diesem letzten Punkt auszugehen. Vico selbst erinnert auf einer Seite der *Autobiografia* daran, wie er sich in sehr jungen Jahren, vorangetrieben von der Lektüre eines Abschnittes aus Horaz' *Ars poetica* dem Studium der „Ethik der alten Griechen", zugewandt habe, angefangen bei Aristoteles, also bei dem Autor, der ihm bei seinen Studien im Zusammenhang mit verschiedenen „Grundsätzen der zivilen Institutionen des Zivilrechts"[4] oft wiederbegegnete. Es geht hier natürlich weder darum, die Bedeutung und den Einfluß des Aristotelismus auf Vicos Reflexionen zu untersuchen,[5] noch ist

---

[2] Dieser Ausdruck stammt von Piovani.

[3] Ich teile die in einem kürzlich erschienenen Artikel geäußerte Auffassung: „Die praktische Wendung in der Philosophie zeigt sich im Festhalten am Konkreten von *verum-factum*. Wenn Meineckes These über Vico als Vorläufer des Historismus eine Grundlage besitzt, dann läßt sich im Gestus des Festhaltens an der praktischen Instanz, der das Analytische der Methode durchbricht, eine konstitutive Gegebenheit der historistischen Einstellung erfassen." (Vgl. E. Scoditti, Lo storicismo dallo stato alle comunità, in: Democrazia e diritto, XXXV, 2, 1995, S. 350).

[4] Vgl. G.B. Vico, Vita scritta da se medesimo (1723-1728), in: O, S. 13; dt. Autobiographie, S. 23.

[5] Die Sekundärliteratur zu diesem Thema hat in den letzten Jahren beträchtlich an Umfang zugenommen. Oftmals ist sie sehr eng verknüpft mit dem allgemeineren Thema der „praktischen Philosophie" Vicos. Vgl. W. Hennis, Politik und die praktische Philosophie (1963), Stuttgart 1977, S. 49 ff., 89; M.H. Fisch, Vico's Practica, in: G.Tagliacozzo-D.Ph. Verene (Hgg.), Vico's Science of Humanity, Baltimore-London 1976, S. 423-430; A. Pons, Prudence and Providence: the "Pratica della Scienza nuova" and the Problem of Theory and Practice in Vico, ebd., S. 431-448; M. Mooney, Vico and the Tradition of Rhetoric, Princeton 1985. Bei den italienischen Forschungen beschränke ich mich auf die, welche mir am überzeugendsten und erschöpfendsten zu sein scheinen: E. Nuzzo, Vico e l'Aristotele pratico: la

dies der rechte Ort, um das komplexe Verhältnis zwischen Aristotelismus und Platonismus, also zwischen der Metaphysik der partikularen Formen und einer Metaphysik der ewigen Idee zu analysieren, das den gesamten Verlauf von Vicos Denken durchzieht.[6] Gezeigt werden soll vielmehr die unbezweifelbare Beeinflussung Vicos durch die von Aristoteles ausgehende praktische Philosophie und allgemeiner Vicos Gebrauch der klassischen Tradition der Politik.

Der „politische Charakter", durch den sich die Philosophie Vicos auszeichnet, kommt, wie er selbst sagt, durch die Wahl zweier wesentlicher Studiengegenstände zustande: das *Gewisse* der römischen Jurisprudenz (welche eine „praktische Anwendung der Billigkeit" ist, „durch unzählige Einzelvorschriften des natürlichen Rechts gelehrt") und das *Wahre* der Wissenschaft des Gerechten (die von den „Moralphilosophen" gelehrte Kunst, die „nach wenigen ewigen Wahrheiten fort[schreitet]").[7]

So wahr es ist, daß die Unzufriedenheit, die Vico gegenüber Aristoteles an den Tag legt, ihn mehr und mehr zur Ausarbeitung einer Metaphysik der ewigen Idee im Sinne Platons treibt, welche fähig ist, eine „Moral auf eine ideale Tugend oder eine ideale Gerechtigkeit oder ein architektonisches Prinzip", und davon ausgehend eine ideale Republik und ein ideales Recht zu gründen, so wahr ist es auch, daß man Vicos Gebrauch der klassischen politischen Tradition in seiner Komplexität betrachten muß, das heißt, ohne den aristotelischen Einschlag zu übergehen. Dies ist in der Sekundärliteratur bereits derart ausführlich berücksichtigt, daß wir es hier nur kurz in Erinnerung zu rufen brauchen. Man denke an die Bedeutung des aristotelisch-humanistischen Erbes für Vicos Überlegungen zur Rhetorik und zur Topik. Vor allem aber denke man daran, wie Vico – in ausdrücklich polemischer Wendung ge-

---

meditazione sulle forme "civili" nelle "pratiche" della Scienza Nuova prima, in: BCSV, XIV-XV, 1984-1985, S. 63-129; F. Botturi, La sapienza della storia. Giambattista Vico e la filosofia pratica, Milano 1991. Vgl. auch die Angaben zum Thema „praktische Philosophie" in Kap. 5, Anm. 31.

[6] Wiederum weist Vico selbst auf diese Polarität hin, vgl. Vita, in: O, S. 14; dt. Autobiographie, S. 24 f.

[7] Vita, in: O, S. 14; dt. Autobiographie, S. 23.

gen zeitgenössische ethisch-politische Richtungen wie den Kontraktualismus Hobbes', den Neostoizismus und den Neoepikureismus – klassische aristotelische Kategorien gebraucht: die eminent „politische" Dimension der neuen Wissenschaft vom Menschen, die konstitutive „gesellige" Veranlagung des Menschengeschlechts, die natürliche und historisch-anthropologische (also nicht streng und abstrakt rationale und kontraktualistische) Herkunft der sozialen Gebilde und der politischen Ordnungen selbst.[8]

So zielt Vicos Lektüre Platons, Aristoteles' und Ciceros ausdrücklich auf die Kernfrage, „das Verhalten des Menschen in der bürgerlichen Gesellschaft zu regeln". Genau diese Färbung seiner politischen Philosophie, die sich der Bestimmung der Prinzipien zuwendet, welche die Struktur und die Funktionen der Gemeinschaft regulieren, läßt ihn eine kritische Sicht auf die „mechanischen Physiksysteme des Epikur und des Descartes" einnehmen.[9] Vicos selektiver Umgang mit den verschiedenen klassischen Traditionen – Platon und Aristoteles, aber auch Cicero und Tacitus *contra* Stoizismus und Epikureismus – läßt sich nicht so sehr auf den einfachen Willen zu einer archäologisch-traditionalistischen Restauration reduzieren. Eher scheint er im Dienste des Versuchs, eine „gesellige" und sozusagen *kommunitarische* (ohne natürlich dem Begriff irgendeine gegenwärtige ideologische Bewertung zu verleihen) Ethik und Politik zu gründen, da sie sich ausdrücklich sowohl „der stoischen wie auch [...] der epikureischen Moral" entgegenstellt, denn „diese beiden Moralsysteme sind für Einsiedler geeignet".[10]

Man kann hier unmittelbar einen textlichen Bezug zur berühmten *Degnità* V der *Scienza nuova* von 1744 herstellen. Darin hält Vico fest, daß die Philosophie, falls sie Anspruch auf Nützlichkeit für das Menschengeschlecht erhebt, „den gefallenen und schwa-

---

[8] Für eine ausführlichere und argumentativere Diskussion dieser Punkte verweise ich auf die Ausführungen von E. Nuzzo, a.a.O., S. 65 ff., mit denen ich übereinstimme.
[9] Vgl. Vita, in: O, Zit. S. 15; dt. Autobiographie, S. 25-26.
[10] Ebd.

chen Menschen aufrichten und leiten" muß und ihm daher weder seine Leidenschaften unterdrücken („seiner Natur Gewalt antun"), noch zulassen darf, daß die Korruption die Oberhand gewinnt. Vico ist sich bewußt darüber, daß diese Haltung seine Wissenschaft sowohl von den Stoikern – „die die Abtötung der Sinne wollen" –, als auch von den Epikureern entfernt – „die die Sinne zur Regel erheben". Alle Theorien, welche die Beziehung zwischen den ewigen von der Vorsehung diktierten Ideen und dem Lauf der menschlichen Nationen verneinen, und die sich demzufolge dem Zufall und der bloßen Körperlichkeit anvertrauen, lösen sich in monastischen und einzelgängerischen Philosophien auf.

Im Gegensatz dazu kann die Philosophie, die Vico inspiriert, keine andere als die „politische Philosophie" der Platoniker sein, „die mit allen Gesetzgebern in diesen drei Hauptpunkten übereinstimmen: daß es eine göttliche Vorsehung gebe, daß man die menschlichen Leidenschaften mäßigen und aus ihnen menschliche Tugenden machen müsse und daß die menschlichen Seelen unsterblich seien."[11] Und das sind bekanntlich die drei Prinzipien der Neuen Wissenschaft Vicos: Religion, Eheschließung und Beerdigung.[12] Die Geselligkeit der menschlichen Natur ist – eben weil Vico sie auf einen göttlichen Ursprung zurückführt – also nicht einem abstrakten Gesetz zuzuschreiben, das menschlichem Dafürhalten entsprungen ist. Sie muß auf einem „natürlichen Recht der Völker" gegründet sein, das in der Gewohnheit verwurzelt ist und zu einem Teil aus „diesen menschlichen Sitten entstanden, die *aus der gemeinsamen Natur der Völker* entsprungen sind" – welche, wie Vico sagt, das angemessene Objekt seiner Wissenschaft ist – und das die Erhaltung der menschlichen Gesellschaft zum Ziel hat. Deshalb kann die menschliche Natur, der Entstehungsort der Sitten, nur „gesellig"[13] sein.

Im Lichte des bisher Gesagten kann man meines Erachtens zweifelsfrei festhalten, daß der „politische Charakter" ein beson-

---

[11] Vgl. SN(1744), S. 496; dt. NW, S. 90.
[12] Vgl. ebd., Zit. S. 542-543; dt. NW, S. 143.
[13] Dieses und das vorhergehende Zitat vgl. ebd., S. 535-536; dt. NW, S. 135-136. Hervorhebung von mir, G.C.

derer Zug der Philosophie Vicos ist. Ebenfalls läßt sich die Auffassung vertreten, daß ein solch politischer Charakter – wie augenfällig auch immer die Besonderheiten einer Diskursstruktur sein mögen, die sich stets auf die historisch-hermeneutische Durchdringung der Tradition rückbesinnt – sich widerspruchsfrei in den philosophischen Kontext der Moderne einfügt.[14] Auch wenn man tunlichst nicht auf die nötige historiographische Sorgfalt verzichten und demnach unvertretbare Aktualisierungen vermeiden sollte, glaube ich doch, daß sich in Vicos Überlegungen eine Reihe, sagen wir, strategischer Elemente finden lassen, die das moderne Denken über die Zusammenhänge beispielsweise zwischen der Universalität der natürlichen Ordnungen (in moderner Terminologie würden wir sagen, der Tendenz zur Normativierung und zur Verallgemeinerung der politischen Ordnung der Gemeinschaft) und der konkret bestimmten Historizität der politischen Nationen (wir könnten, wieder in aktuellen Termini, von einer Reihe historisch-kultureller Differenzen zwischen den einzelnen Gemeinschaften sprechen) geprägt haben und aus verschiedenen Gründen noch heute prägen.

Natürlich bedeutet dies nicht, daß man in Vicos Texten explizite Hinweise auf Begriffe und Kategorien finden könne, die den philosophischen und ethisch-politischen Kulturen angehören, welche mit dem Entstehen und der Entwicklung der großen modernen zeitgenössischen Zentren der liberal-demokratischen Gesellschaften verbunden sind. Es bedeutet lediglich, daß die Keime einer dialektischen Thematisierung der Verbindungen zwischen Vernunft und Geschichte (zwischen Metaphysik des Geistes und Historizität der politischen Ordnungen, um es mit Vicos Worten auszudrücken), zwischen Universalität und Partikularität, zwischen dem philosophischen Ideal des Sein-Sollens und politisch-rechtli-

---

[14] Deshalb teile ich nicht die Auffassung von M. Lilla (G. Vico. The Making of an Anti-Modern, Cambridge Mass.-London 1993), die gleichwohl interessante Anregungen zur Interpretation liefert. In Zusammenarbeit mit S. Cainiello habe ich jenes Buch ausführlicher besprochen: Vico anti-moderno?, in: BCSV, XXV-XXVII, 1996-1997, S. 205-218.

cher Wirklichkeit der gesellschaftlichen Institutionen[15] schon bei Vico zu finden sind.

Über die archaische und traditionalistische Struktur der metaphysischen und theologischen Argumentation Vicos, über den Vorrang, den der neapolitanische Philosoph der weit entfernten Vergangenheit der Menschheit als heuristisches Modell seiner Wissenschaft einräumt, mag man diskutieren und sich sogar einig sein. Doch heißt das nicht, daß man den wesentlichen Kern dieser Argumentation aus einem Kontext lösen könnte, der typisch ist für die modernen Diskussionen über die historisch-anthropologische Genese der politischen Ordnungen und über die dialektische Spannung zwischen ihnen und den metaphysisch-natürlichen Prinzipien des menschlichen Geistes. Gewiß ist Vico davon überzeugt, daß die Anordnung der menschlichen Dinge sich immer schon in den „göttlichen Beweisen" der Vorsehung gezeigt hat, doch wird seine Wissenschaft ausdrücklich auf eine vollkommen weltliche Funktion zurückgeführt, weil sie die „die unermeßliche Zahl der politischen Wirkungen" – und damit ihre historischen Unterschiede – betrachtet, welche den vier Elementen entspringen, die sozusagen als natürliche und grundlegende Prinzipien fungieren: Religion, Ehe, Obdach und das erste Agrargesetz.[16]

Die gleichfalls völlig moderne Vorgehensweise der historischen Wissenschaft wird hier eindrucksvoll beschrieben: Die *Differenz* muß in vergleichender Weise „unter allen menschlichen Möglichkeiten" erforscht werden, um auf die „einfacheren und natürlicheren Anfänge" von „so vielen, so mannigfachen und so verschiedenen Dingen" schließen zu können. Alles in allem darf der Ursprung der politischen Gemeinschaften (Vico spricht von „Republiken" bzw. „Staaten") nicht in einer Form, die es allein im menschlichen Geist und vor der Geschichte gäbe, angenommen werden – damit findet sich hier ein weiteres wichtiges methodolo-

---

[15] Dieser Gedanke führt zu den berühmten *Degnità* VI und VII. „Die Philosophie betrachtet den Menschen, wie er sein soll [...]. Die Gesetzgebung betrachtet den Menschen, wie er ist, um von ihm guten Gebrauch in der menschlichen Gesellschaft zu machen." (Vgl. SN(1744), S. 496-497; dt. NW, S. 90-91.)
[16] Vgl. SN(1744), Zit. S. 729; dt. NW, S. 355 f.

gisches Motiv der historischen Wissenschaft Vicos, die bewußt Abstand von jeglicher rationalistischen abstrakten Voraussetzung wahrt –, sondern er fügt sich in eine natürliche Ordnung ein.

> „Denn in dem Augenblick, in dem die Staaten entstehen mußten, war der Stoff schon vorher zubereitet und ganz fertig, die Form zu empfangen; und so entsteigt daraus das Gebilde der Staaten, zusammengesetzt aus Geist und Körper."[17]

Bedenkt man dann noch, daß der Stoff, von dem aus sich die Form bestimmt, für Vico durch die Besonderheit und Vielfalt der Religionen, der Sprachen, der Soziabilitätsmodelle, der familiären Strukturen, der Staaten und der Gesetze gegeben ist, dann wird es nicht als gewaltsame Interpretation erscheinen, diese Überlegung Vicos in die Anfänge einer historistischen Sichtweise (freilich einer nicht absoluten und finalistischen, sondern einer kritischen und dialektisch offenen Sicht) des Zusammenhanges zwischen Allgemeinheit und Besonderem, zwischen dem metaphysischen Prinzip der natürlichen Ordnung und den spezifischen Unterschieden des Laufes der Geschichte der politischen Nationen einzuordnen.

Wie Battistini[18] zu Recht feststellt, ist es genau das Beharren auf den *verschiedenen* Besonderheiten der Sitten und der Institutionen, welche als Früchte des historischen Tuns des Menschen bleiben, das die Beziehung zwischen dem Handeln des Menschen und dem Plan der Vorsehung nicht zu einer notwendigen Deduktion werden läßt, sondern einen Raum unentwegter Spannung zwischen dem Plan der Vorsehung und dem menschlichen freien Willen schafft. Gerade weil die Inhalte der historischen Materie der Menschheit spezifisch und verschieden sind, sind sie auch absolut frei, und weil sie frei sind, können sie das Fundament der Gemeinschaft darstellen. Aber lassen wir Vico selbst sprechen, damit diese Behauptung nicht übereilt erscheint:

> „Der zubereitete Stoff waren eigene Religionen, eigene Sprachen, eigene Ländereien, eigene Vermäh-

---

[17] Ebd.; dt. NW, S. 356.
[18] Vgl. A. Battistini, Kommentar zur SN 1744, in: O, Zit. S. 1653.

lungen, eigene Namen (oder auch Sippen oder Häuser), eigene Waffen und folglich eigene Herrschaftsgewalt, eigene öffentliche Ämter und zuletzt eigene Gesetze; und weil eigen, deswegen völlig frei und weil völlig frei, deswegen für wahre Staaten konstitutiv."[19]

Wenn also das grundlegende Prinzip der Vorsehung, welche „die Architektin dieser Welt der Nationen" ist, unbestritten bleibt, gilt es auch daran zu erinnern, daß für Vico genau diese Vorsehung den Ursprung für die Welt der Nationen und damit auch für ihre Regel darstellt, der Regel der „gewöhnlichen Weisheit".[20] Und sie ist nichts anderes als die jedem Volk und jeder Nation eigene Regel des „Gemeinsinnes", die „unser geselliges Leben in allen unseren menschlichen Aktionen"[21] leitet. Mit Nachdruck und in deutlich antirationalistischer und anticartesischer Absicht bekräftigt Vico in der Ausgabe von 1744, der Gemeinsinn sei „ein Urteil ohne jede Reflexion",[22] weil es „allgemein ... von einem ganzen Stand, einem ganzen Volksstamm, einem ganzen Volk oder dem ganzen Menschengeschlecht"[23] empfunden wird – ohne sagen zu wollen, es handle sich um ein Urteil, das dem des theoretischen Wissens untergeordnet sei.

Nunmehr ist leicht einzusehen, welche große einerseits historisch-methodologische und andererseits philosophisch-systematische Bedeutung Vicos Begriff des Gemeinsinns besitzt.[24] Bekannt-

---

[19] SN(1744), Zit. S. 729-730; dt. NW, S. 356.
[20] SN(1725), Zit. S. 1008 ff.
[21] Ebd., S. 1009.
[22] SN(1744), Zit. S. 498; dt. NW, S. 93.
[23] Ebd., S. 498-499; dt. NW, S. 93.
[24] Natürlich ist die Literatur zu diesem Thema weit gefächert. Ich beschränke mich darauf, auf einige bedeutende Beiträge der letzten Zeit zu verweisen: G. Giarrizzo, Del "senso comune" in Vico, in: ders., Vico, la politica e la storia, Napoli 1981, S. 125-141; E. Grassi, La priorità del senso comune e della fantasia in Vico, in: Leggere Vico, hrsg. von: E. Riverso, Milano 1982, S. 128-142; G. Modica, La filosofa del "senso comune" in Giambattista Vico, Roma-Caltanissetta 1983; J. Gebhardt, Sensus communis: Vico e la tradizione europea antica, in: Vico in Italia e in Germania. Letture e prospetti-

lich besitzt er nicht nur rhetorisch-pädagogischen Wert,[25] nicht allein Geltung in der, sagen wir ethisch-praktischen Ordnung. Wie in der oben zitierten Passage aus der Neuen Wissenschaft von 1725 zu sehen, erlaubt der Gemeinsinn nämlich nicht nur einen Übergang zur Welt des Wahrscheinlichen, sondern hat auch die Funktion eines Orientierungskriteriums in der praktischen Welt der Nützlichkeit.[26] Der Gemeinsinn stellt das bestimmende Element der Vermittlung zwischen Universalität und Wahrheit des ordnenden Prinzips und der Partikularität und historisch bestimmten Gewißheit der verschiedenen Seins- und Erscheinungsarten der menschlichen Gemeinschaft dar.[27] Wenn es nicht so wäre, hält Vico fest, ließe sich nicht erklären, wie in verschiedenen, einander sogar unbekannten Nationen und Gemeinschaften gemeinsame Motive der Wahrheit vorkommen können.[28]

---

ve, hrsg. von: G. Cacciatore-G. Cantillo, Napoli 1993, S. 43-64. Weitere und ausführlichere Angaben zum Gemeinsinn finden sich in Kap. 2, Anm. 10.

[25] Im dritten Kapitel von *De nostri temporis studiorum ratione* (1708) erteilte Vico dem Gemeinsinn eine Schlüsselrolle bei der Erziehung der jungen Menschen, denen nicht die abstrakten Wahrheiten der „kritischen Methode der Modernen" nahegebracht werden sollen, sondern auch die Aufmerksamkeit auf und die Erforschung des *„Wahrscheinlichen"*, das eben aus dem Gemeinsinn entsteht. „Das erste, was sich in den Jugendlichen herausbildet, ist der Gemeinsinn, damit sie, wenn sie die Reife und damit die Zeit der Praxis erlangt haben, nicht in merkwürdige und ungewöhnliche Handlungen verfallen." (Vgl. O, S. 105)

[26] Natürlich wird dieses Konzept auch in SN(1744) wieder aufgenommen, wo die praktisch-menschliche Dimension des Gemeinsinns mit größerer Klarheit hervortritt. „Der menschliche Wille, seiner Natur nach höchst ungewiß, festigt und bestimmt sich nach dem gemeinsamen Sinn aller Menschen für die menschlichen Bedürfnisse oder Vorteile, die die beiden Quellen des natürlichen Rechts der Völker sind." Vgl. SN(1744), S. 498; dt. NW, S. 92.

[27] Deshalb teile ich die Meinung von Gebhardt (S. 45): „In der philosophischen Erklärung des konstitutiven *Gemeinsinnes* der *bürgerlichen Welt* entfaltet sich ein Wissen, das sich auf Prinzipien stützt und von der Erfahrung geleitet wird."

[28] „Die gewöhnlichen Überlieferungen müssen einen öffentlichen wahren Hintergrund gehabt haben, aus dem sie entstanden und sich über lange Zeiträume bei ganzen Völkern erhielten. Dies wird die zweite große Anstrengung dieser Wissenschaft sein: den wahren Hintergrund wiederzufinden, der durch den Lauf der Jahre und den Wandel der Sprachen und Sitten von Ver-

Vicos Theorie des Gemeinsinns hat also nicht nur einen theoretisch-philosophischen Wert, wenn sie bewußt das Konzept einer Wissenschaft erarbeitet, die nicht mehr einzig und allein von der Suche nach der absoluten Wahrheit absorbiert ist. Durch den Gemeinsinn hat die Wissenschaft die Möglichkeit, sich einen Zugang zur Welt des *Wahrscheinlichen* zu schaffen, zu einem Bereich der menschlichen Rationalität, der nicht nur auf die abstrakte Substanz zu reduzieren ist, vielmehr auch der Welt der „schöpferischen Kraft" und der symbolischen Darstellung die Würde der Erkenntnis bietet. Deshalb wird der Gemeinsinn von Vico als jenes „Kriterium" bezeichnet, „das die göttliche Vorsehung die Völker gelehrt hat", um das Gewisse zu finden und zu definieren, welches sich im natürlichen Recht der Völker[29] ausdrückt. Noch einmal tritt der „politische Charakter" der Philosophie Vicos klar hervor, da der Prozeß der Vergewisserung der Differenzen, der durch den Gemeinsinn möglich wurde, uns zu den ursprünglichen politischen und gemeinschaftlichen Ordnungen (*den Prinzipien*) der Menschheit führt.

Es ist somit möglich, die Verbindung zwischen Metaphysik und Geschichte (also auch zwischen ursprünglicher Natürlichkeit der gemeinschaftlichen Ordnung und der spezifischen Differenz der verschiedenen Bräuche und Völker) bei Vico als Relation zwischen einem, sagen wir, formalen Element (dem Naturrecht) und einem historischen Gegebenen (dem Recht der Völker) zu lesen. Die Vernunft – in Vicos Sinne der Metaphysik des Geistes – ist gewiß ein von der Vorsehung vorgegebenes, universelles Maß der partikulären Bewegungen der zivilisierten Menschheit, aber auch ein genetischer, historisch rekonstruierbarer Ort der Prinzipien der Herrschaft und der Freiheit. Die „*rationale politische Theologie der Vorsehung*", die sich am Anfang der Menschheit im unmittelbaren und phantastischen Zusammenhang zwischen der Göttlichkeit und den Gründern der Nationen zeigte, wandelt sich beim Übergang von der gewöhnlichen Weisheit zur philosophischen, in

---

fälschungen bedeckt auf uns gekommen ist." (Vgl. SN(1744), S. 500; dt. NW, S. 94-95)

[29] SN(1744), S. 499; dt. NW, S. 93.

die Übersetzbarkeit der natürlichen Theologie in argumentative und demonstrative Begründungen.[30]

Alle philosophisch-politischen Kategorien, die Vico benutzt (man erinnere sich, daß er die *Philosophie der Autorität* als einen der Hauptaspekte seiner Wissenschaft[31] und als Paradefall der Wahrheitsermittlung auf der Grundlage des Kriteriums des Gemeinsinns[32] betrachtet), der *conatus* als Kraft, das Gerechte, der Schutz, die Herrschaft, erscheinen als Formen bestimmt, die in der Struktur des menschlichen Geistes verwurzelt und vorbestimmt sind. Doch sind sie auch im Bereich der Vielfalt und Verschiedenheit der Völker historisch belegbare Elemente. Die Politik realisiert sich also zweifellos in partikularen und unterschiedlichen historisch-sozialen Modellen, aber stets mit Bezug zu einer allgemeinen Struktur. Der Autoritätsbegriff drückt demnach zugleich das strukturelle Überdauern der menschlichen Neigung aus, sich in einer Gemeinschaft zu befinden und das Bewußtsein davon, daß jene Tendenz innerhalb der unterschiedlichen historischen Formen der juristischen und politischen Organisation belegbar ist. Vico ist sich derart bewußt, daß es eine charakteristische Verknüpfung zwischen natürlicher Ordnung der Gemeinschaft und der historischen Verschiedenheit der sozialen und politischen Organisationen geben muß, daß er den Übergang von göttlicher Autorität zu menschlicher auf der Grundlage dessen bestimmt, was er als „*Eigentümlichkeit* der menschlichen Natur" definiert, also als das eigentümliche Element des freien menschlichen Willens, „die selbst Gott dem Menschen nicht nehmen kann, ohne ihn zu zerstören".[33]

---

[30] Ebd., S. 576; dt. NW, S. 178-179.

[31] „Damit beginnt auch eine *Philosophie der Autorität*, der zweite Hauptgesichtspunkt dieser Wissenschaft, wobei wir das Wort ‚Autorität' in seiner ursprünglichen Bedeutung von ‚Eigentum' nehmen" (ebd., S. 577; dt. NW, S. 179, Hervorh. im Original).

[32] Vgl. Abs. 350, wo die Philosophie der Autorität als Quelle der „äußeren Gerechtigkeit" definiert wird, im Gegensatz zur Wahrheit der Vernunft, welche die Quelle der „inneren Gerechtigkeit" ist (S. 552-553; dt. NW, S. 155).

[33] Vgl. SN(1744), S. 578; dt. NW, S. 180. Man beachte – zum Beleg dafür, wie wesentlich die Motive der praktischen Philosophie bei Vico sind –, daß die

So versteht man, wie die Konvertierbarkeit von *verum/factum* nicht nur für das, was die Erkennbarkeit der Welt der Nationen betrifft (die von den Menschen geschaffen und anhand der Veränderungen in ihrem Geist wiederzufinden ist), von Wert ist, da die historische Kenntnis nicht einzig auf eine rationale Aktivität, auf die „geheime Weisheit" der Philosophie reduziert werden kann, sondern auch die Philologie einbeziehen muß, also die Feststellung der Tatsachen, besonders jener, die die Entstehung und Entwicklung der politischen Autorität betreffen. Nun könnte man sagen, daß so wie Kant das Ziel der Natur als Faktum der Vernunft begreift, auch Vico die göttliche und natürliche Ordnung als Macht der Vernunft betrachtet, welche ebenfalls eine Realität der menschlichen Geschichte ist. Deshalb läßt sich meiner Meinung nach festhalten, daß Vicos Theorie der Verknüpfungen zwischen natürlichem Recht, Politik und Geschichte (allgemeiner gesprochen zwischen Ordnungsnormen des göttlich-natürlichen Prinzips der Geselligkeit und der Gemeinschaft und partikularen historischen Phänomenologien der Gemeinschaften) sich in den weiteren Kontext des sozusagen „konstitutiven" Problembereichs einreiht, der aus der allgemeinen Beziehung zwischen Metaphysik und Geschichte entspringt.

Andererseits wird genau in diesem Licht der politischen und assoziativen Dimension der stets von Vico gesuchte Zusammenhang zwischen Philosophie und Philologie (also der *Geschichte*), zwischen „geheimer Weisheit" der Philosophen und der „gewöhnlichen Weisheit" der Gesetzgeber immer klarer.[34] Die Neue Wissenschaft Vicos weist also nicht nur auf die Inhalte eines unbekannten epistemologischen und methodologischen Zugangs zur historischen Realität hin. Sie gibt bewußt die Züge einer präzisen philosophischen und gnoseologischen Strategie zum Verständnis der menschlichen Welt vor, die auf der wechselseitigen

---

Ausübung der menschlichen Autorität durch „*den freien Gebrauch des Willens*" es erlaubt, „die Regungen der Körper im Zaum zu halten, um sie entweder vollständig zu beruhigen oder ihnen eine bessere Richtung zu geben" (ebd.).

[34] SN(1744), S. 425; dt. NW, S. 14.

Bezugnahme zwischen der konstanten Reihe der Prinzipien natürlicher Ordnung einerseits und ihrer Entdeckung und Vergewisserung in der vielfältigen Reihe verschiedener politischer Nationen und der verschiedenen praktischen Gewohnheiten der menschlichen Gemeinschaften andererseits basieren. Wenn die Wissenschaft, deren Methoden und Inhalte er herauskristallisieren will, so Vico, ihre Objekte in den natürlichen Prinzipien findet, die jeder Entwicklung zum Politischen zugrunde liegen, dann besteht das Kriterium, dessen sie sich zur philosophischen Definition und historischen Rekonstruktion derselben bedient, hauptsächlich darin, zu erkennen, daß das, was von den meisten Menschen als „gerecht" empfunden wird, zur Regel des gemeinschaftlichen Lebens werden kann. Dies müssen „die Grenzen der menschlichen Vernunft sein ... Und wer auch immer sich ihnen entziehen will, sehe zu, daß er sich nicht der ganzen Menschheit entziehe".[35]

Die Ordnung der Gemeinschaft und der *Gemeinsinn der Differenz* stehen sich also nicht in sozusagen gegensätzlicher und ausschließender Weise gegenüber. Die grundlegenden natürlichen Prinzipien, welche die Vorsehung der Menschheit bietet (das Streben nach dem Göttlichen in der Religion, der Sinn der *Pietät* und der Unsterblichkeit der Seele im Ritus der Beerdigung, der Gemeinschaftsinstinkt in der Familie und in den sozialen Beziehungen) bleiben nicht in einer transzendenten, ein für allemal festgelegten Offenbarung stehen und sind auch nicht von einer im Voraus konstituierten universalen Vernunft zu deduzieren. Sie müssen stets aufs Neue mit Hilfe jener Art „transzendentaler Bedingung" der vom *Gemeinsinn* konstituierten historischen Differenz wiedererkannt und wiedergefunden werden, also in dem, was *gewöhnlich* im mentalen und linguistischen Universum der Menschen vorkommt, in dem, was man *für gewöhnlich* in den sozialen und politischen Strukturen der Nationen erfährt. Die Wissenschaft Vicos ist neu – wir sollten hinzufügen: bewußt *modern* – und sie weiß, daß sie neu ist, denn die „kritische Kunst", die sie zu gründen vorhat, ist hauptsächlich mit der Suche nach „Wahrheit über die

---

[35] Ebd., S. 555; dt. NW, S. 43.

Gründer der Völker" beschäftigt. Und sie weiß, daß sie neu ist, weil zum ersten Mal „die Philosophie ... ansetzt, die Philologie zu prüfen", das heißt, wie Vico erklärt, all das, was vom freien menschlichen Willen abhängt, die Geschichten der Sprachen, der Sitten, der politischen Geschehnisse der Völker. Dies und nichts anderes ist die Aufgabe, die Vico dieser Wissenschaft anvertrauen will, daß sie in der Philologie „den Plan einer *ewigen idealen Geschichte* entdeckt, nach der die Geschichte aller Völker in der Zeit abläuft".[36]

*****

Abschließend glaube ich, daß man jenen[37] zustimmen kann, die Vico in der modernen Debatte über die Krise der klassischen Modelle der ethischen Tradition nicht als Außenstehenden sehen. In vielerlei Hinsicht ist die grundlegende Zielrichtung, die man im besonderen „historistischen" Zuschnitt der Überlegungen Vicos feststellen kann, gerade in einem bewußten Versuch zu erkennen, durch eine neue Einordnung der ununterdrückbaren Dialektik (gemeinsam mit der transzendentalen Bedingung ihrer steten Konvertierbarkeit) von *verum* und *factum*, von Metaphysik und Geschichte ein modernes Konzept der Rationalität vorzuschlagen, innerhalb dessen die metaphysische Rationalität der Ordnungsprinzipien der ursprünglichen menschlichen Gemeinschaft und die historische Rationalität der freien Subjektivität sowie deren Organisation in verschiedenen zeitlich begrenzten Gemeinschaften koexistieren können. Das Anerkennen der unabänderlichen Distanz zwischen Gott und Welt, zwischen Ewigkeit und Universalität des göttlichen Wahren und der Vollendung und Singularität der historisch-praktischen Empirie, löst sich nicht im reinen Sich-Ergeben an die Transzendenz. Noch vor Kant versucht Vico, die Grenzen

---

[36] Für dieses und die vorhergehenden Zitate vgl. SN(1744), S. 419; dt. NW, S. 8.
[37] Ich beziehe mich unter anderem auf die schon erwähnten Arbeiten von Botturi und Nuzzo. Eine erste, partielle und vorläufige Darstellung einer Überlegung meinerseits zu diesem Punkt ist veröffentlicht unter: Vico e la filosofia pratica, in: BCSV, XXVI-XXVII, 1996-1997, S. 77-84.

des Skeptizismus und des Dogmatismus zu überwinden und definiert die Grundzüge einer „Metaphysik des Geistes", die befähigt ist, universale Ideen und Synthesen eines wesentlich empirischen Materials hervorzubringen (aber in der „poetischen" Phase der Menschheit, auch „phantastische Allgemeinbegriffe", Mythen und Symbole). Genau diese stete Vermittlertätigkeit zwischen Metaphysik und Empirie gibt der Ethik Vicos „modernen" Gehalt. Was denn anderes könnte der *Gemeinsinn* sein, als das Resultat einer steten Fähigkeit seitens des Menschen, im *Medium* der historisch bestimmten Erfahrung gemeinsame Prinzipien zu erkennen, elementare Formen intersubjektiver Gemeinschaft in der Sprache, Gesellschaftlichkeit bei der Erstellung politischer Ordnungen und bei der Festlegung persönlichen Eigentums, das Zusammentreffen mit dem anderen in der Sexualität und letztlich das Wissen, gemeinschaftlich in einem religiösen Glauben verankert zu sein? Und welch anderes Thema diskutieren die Philosophen der Ethik und Politik heute, wenn nicht über das Verhältnis zwischen Prinzipienethik und narrativer Ethik, welches schon Vico in der unlösbaren Beziehung erkannte, die den Ursprung der Menschheit nicht an abstrakte zeitlose Prinzipien bindet, sondern zuallererst an die ursprüngliche Erfahrung und Poetik der Mythen und Sagen und an die historische Tradition der Völker und der Zivilisation? Folgt man nicht letztlich dem immer wiederkehrenden und stets aufs Neue aktuellen Bedürfnis, eine mögliche Harmonie zwischen einem Verweis auf die historische Tradition der kommunitarischen Identität und dem antirelativistischen und metahistorischen Appell an den liberalen Universalismus zu finden (mit noch klareren Worten gesprochen: zwischen der Theorie des Rechtes und der Neutralität der Regeln und den Theorien, welche den Orten und den Zufälligkeiten der Zugehörigkeit und Gemeinschaft eine besondere Rolle zuweisen), der Vicos Erforschung der offenen Formen der Wechselbeziehung zwischen Metaphysik und Geschichte, Universalität und Singularität, Wahrem und Gewissem entspricht und weiterhin entsprechen wird?

Siglenverzeichnis

BCSV   Bollettino del Centro di studi vichiani.

LM   G.B. Vico, Liber metaphysicus, hrsg. von S. Otto, München 1979.

NW   G.B. Vico, Prinzipien einer neuen Wissenschaft über die gemeinsame Natur der Völker (1744), deutsche Übersetzung von V. Hösle und C. Jermann, Hamburg 1990.

O   G.B. Vico, Opere, 2 Bde., hrsg. von A. Battistini, Mailand 1990.

OF   G.B. Vico, Opere filosofiche, mit einer Einführung von N. Badaloni, hrsg. von P. Cristofolini, Florenz 1971.

OG   G.B. Vico, Opere giuridiche, mit einer Einführung von N. Badaloni, hrsg. von P. Cristofolini, Florenz 1974.

OI   G.B. Vico, Le orazioni inaugurali, I–VI, hrsg. von G. Visconti, Bologna 1982.

SN(1725)	Principi di una scienza nuova intorno alla natura delle nazioni per la quale si ritruovano i princìpi di altro sistema del diritto naturale delle genti (1725), in: G.B. Vico, Opere, hrsg. von A. Battistini, Bd. II, Mailand 1990, S. 925–1222.
SN(1730)	Cinque libri di Giambattista Vico de Principi d'una scienza nuova d'intorno alla commune natura delle nazioni (1730), hrsg. von F. Nicolini, Turin, 1976 (Mailand-Neapel 1953).
SN(1744)	Princìpi di scienza nuova d'intorno alla comune natura delle nazioni (1744), in: G.B. Vico, Opere, hrsg. von A. Battistini, Bd. I, Mailand 1990, S. 411–971.
WW	G.B. Vico, Vom Wesen und Weg der geistigen Bildung, hrsg. von F. Otto, mit einem Nachwort von C. Fr. von Weizsäcker, Godesberg 1947.

Literaturverzeichnis

Werkausgaben

Opere, 2 Bde., hrsg. von A. Battistini, Mailand 1990.
Opere filosofiche, hrsg. von P. Cristofolini, Firenze 1971.
Opere giuridiche, mit einer Einführung von N. Badaloni, hrsg. von P. Cristofolini, Firenze 1974.

Epistole. Con aggiunte le epistole dei suoi corrispondenti, hrsg. von M. Sanna, Napoli 1992.
Liber metaphysicus, hrsg. von S. Otto, München 1979.
Le orazioni inaugurali, I-VI, hrsg. von G. Visconti, Bologna 1982.
Prinzipi di Scienza nuova (1730), hrsg. von F. Nicolini, Bd. III, Torino, 1976, (Milano-Napoli 1953).
Vita di Giambattista Vico scritta da se medesimo (1723-1728), in: Opere, hrsg. von A. Battistini, Milano 1990, S. 3-85.

Autobiographie, Zürich-Brüssel 1948.

Grundzüge einer Neuen Wissenschaft über die gemeinschaftliche Natur der Völker, Übersetzung von W.E. Weber, Leipzig 1822.
Neue Wissenschaft, Auswahl, Übersetzung und Einleitung von F. Fellmann, Frankfurt am Main 1981.
Die neue Wissenschaft von der gemeinschaftlichen Natur der Nationen, anthologische Auswahl und Übersetzung von F. Fellmann, Frankfurt am Main 1981.
Die neue Wissenschaft über die gemeinschaftliche Natur der Völker. Übersetzt und eingeleitet von E. Auerbach (1. Aufl. 1924),

2. Auflage mit einem Nachwort von Wilhelm Schmidt-Biggemann, Berlin-New York 2000.

Prinzipien einer neuen Wissenschaft über die gemeinsame Natur der Völker (1744), deutsche Übersetzung von V. Hösle und C. Jermann, Hamburg 1990.

Vom Wesen und Weg der geistigen Bildung, hrsg. von F. Otto, mit einem Nachwort von C. Fr. von Weizsäcker, Godesberg 1947.

Von dem einen Anfange und dem einen Ende alles Rechts (Übersetzung von: De universijuris uno principio et fine), Übersetzung von K.H. Müller, Neubrandenburg 1854.

Von dem einen Ursprung und Ziel allen Rechts, Übersetzung von M. Glaner, Wien 1950.

Sekundärliteratur

J.A. Aertsen, Medieval Philosophy and the Transcendentals. The Case of Thomas Aquinas, Leiden-Köln 1996.

M. Agrimi, Ontologia storica del linguaggio in Vico, in: L. Formigari (Hg.), Teorie e pratiche linguistiche nell'Italia del Settecento, Bologna 1984, S. 37-60.

–, Et "factum" et "verum" cum verbo convertuntur. Lingua divina e "primi parlari" delle nazioni in Vico, in: Vico und die Zeichen, hrsg. von J. Trabant, Tübingen 1995, S. 113-129.

R. Ajello, Arcana iuris. Diritto e politica nel settecento italiano, Napoli 1976.

L. Amoroso, Nastri vichiani, Pisa 1997.

K.O. Apel, Die Idee der Sprache in der Tradition des Humanismus von Dante bis Vico, Bonn 1963.

E. Auerbach, Giambattista Vico und die Idee der Philologie (zuerst 1936), in: ders., Philologie der Weltliteratur. Sechs Versuche über Stil und Wirklichkeitswahrnehmung, Frankfurt am Main 1992, S. 62-74.

N. Badaloni, Introduzione a G.B. Vico, Milano 1962.

–, Introduzione a Vico, Roma-Bari 1984.

D. Barbieri, Vico e Kant: due visioni politiche, due accezioni di "senso comune", in: R. Cotteri (Hg.), Giambattista Vico (1668-1744). Nel 250. Anniversario della morte, Merano 1996, S. 24-52.

F. Barbieri, L'estetica del Vico, la storia e la critica dell'arte, in: R. Cotteri (Hg.), Giambattista Vico (1668-1744). Nel 250. Anniversario della morte, Merano 1996, S. 147-157.

J. Barceló, La metáfora en Vives y Vico, in: Revista de Filosofia, XLII, 1993, S. 11-26.

R. Bassi, La spirale della storia. Dispiegamento barocco della temporalità nella Scienza Nuova di Vico, in: Intersezioni, XVII, 3, 1997, S. 385-401.

A. Battistini, La Degnità della retorica. Studi su G.B. Vico, Pisa 1975, S. 153 ff.

–, (Hg.), Nuovo contributo alla bibliografia vichiana (1971-1980), Napoli 1983.

–, La sapienza retorica di Giambattista Vico, Napoli 1995.

–, Three Essays on Vico. I. Vico and Rhetoric, in: New Vico Studies, XII, 1994, S. 1-15.

–, Vico in America, in: Lettera internazionale, 20, 1989, S. 47-48.

P. Becchi, Vico e Filangieri in Germania, Napoli 1986.

G. Benedetti, Diritto e educazione in Giambattista Vico, Roma 1995.

J.M. Bermuda Avila, Vico y Hobbes: el "verum-factum", in: Cuadernos sobre Vico, I, 1991, S. 135-153.

R. Bernecker, "Sapienza poetica" et style aphoristique chez G. Vico, in: M.J. Ortemann (Hg.), Fragment(s), fragmentation, aphorisme poètique, Nantes 1998, S. 49-59.

E. Betti, I principi di scienza nuova di G.B. Vico e la teoria dell'interpretazione storica (1957), in: Diritto Metodo Ermeneutica. Scritti scelti, hrsg. von G. Crifò, Milano 1991, S. 459 ff.

E. Bloch, Leipziger Vorlesungen zur Geschichte der Philosophie 1950-1956, Bd. 2, Frankfurt am Main 1985.

R. Bonito Oliva, Teleologia e teodicea in Leibniz e Vico, in: G. Cacchiatore-V. Gessa-Kurotschka-H. Poser-M. Sanna (Hgg.), La filosofia pratica tra metafisica e antropologia nell'età di Wolff e Vico, Napoli 1999, S. 225-249.

F. Botturi, La sapienza della storia. Giambattista Vico e la filosofia pratica, Milano 1991.

–, Vico e la filosofia pratica: ragioni di attualità, in: Ragion pratica, I, 1994, S. 135-142.

–, Tempo linguaggio e azione. Le strutture vichiane della "Storia ideale eterna", Napoli 1996.

–, L'etica ermeneutica di Vico, in: A. Ferrara-V. Gessa Kurotschka-S. Maffettone (Hgg.), Etica individuale e giustizia, Napoli 2000, S. 213-239.

–, Modernità e giuridicità da Hobbes a Vico, in: C.M. Zanzi (Hg.), L'esperienza giuridica. Istituzioni del pensiero laico, Milano 1999, S. 251-276.

–, Vico e la filosofia pratica moderna, in: Identità culturali e valori universali. Comenio e Vico, 1998, S. 53-71.

–, Poetica e pragmatica. Per una rilettura della filosofia pratica vichiana, in: M. Agrimi (Hg.), Giambattista Vico nel suo tempo e nel nostro, Napoli 1999, S. 249-272.

P. Burke, Vico, Oxford 1985.

G. Cacciatore, Vico e Dilthey. La storia dell'esperienza umana come relazione fondante di conoscere e fare, in: Storicismo problematico e metodo critico, Napoli 1993, S. 17-58.

–, Vico e la filosofia pratica, in: Bollettino del Centro di studi vichiani, XXVI-XXVII, 1996-1997, S. 77-84.

–, S. Caianiello, Vico antimoderno?, in: Bollettino del Centro di studi vichiani, XXVI-XXVII, 1996-1997, S. 205-218.

–, Filosofia "civile" e filosofia "pratica" in Vico, in: G. Cacciatore-V. Gessa-Kurotschka-H. Poser-M. Sanna (Hgg.), La filosofia pratica tra metafisica e antropologia nell'età di Wolff e Vico, Napoli 1999, S. 25-44.
–, Individualità ed etica: Vico e Dilthey, in: A. Ferrara-V. Gessa-Kurotschka-S. Maffettone (Hgg.), Etica individuale e giustizia (Vorwort von G. Cantillo), Napoli 2000.
–, Un "intermezzo" vichiano sul concetto di cittadinanza, introduzione a G. Cordini, Studi giuridici in tema di Cittadinanza, Napoli 1998.
–, L'etica dello storicismo, Lecce 2000.
–, Storicismo problematico e metodo critico, Napoli 1993.
–, G. Cantillo, Materiali su "Vico in Germania", in: Bollettino del Centro di studi vichiani, XI, 1981, S. 13-32.
–, G. Cantillo, Studi vichiani in Germania 1980-1990, in: Bollettino del Centro di Studi vichiani, XXII-XXIII, 1992-1993, S. 7-39.
G. Calò, Il pensiero pedagogico di Campanella e Vico, in: Campanella e Vico, Accademia Nazionale dei Lincei, Roma 1969, S. 35-54.
G. Calogero, Verità e problema della pedagogia vichiana, Messina 1965.
G. Cantelli, Mente corpo linguaggio. Saggio sull'interpretazione vichiana del mito, Firenze 1986.
–, Umanità sacra e umanità profana. Dalla lingua divina degli eroi ai parlari prosaici del volgo, in: Vico und die Zeichen, hrsg. von J. Trabant, Tübingen 1995, S .131-143.
–, Alcune considerazioni sulla tesi vichiana che la prima lingua dell'umanità è stata parlata dagli dei, in: New Vico Studies, IX, 1991, S. 119-129.
–, De la lengua heroica del Diritto Universale a la lengua divina de la Scienza Nuova, in: Cuadernos sobre Vico, IX-X, 1998, S. 57-74.
G. Capograssi, Dominio, libertà e tutela nel "De Uno" (1925), in: Opere, Bd. IV, Milano 1959, S. 11-28.
–, L'attualità di Vico, in Opere, Bd. IV, Milano 1959, S. 399-400.
A.R. Caponigri, Filosofia e filologia: la "nuova arte della critica" di Giambattista Vico, in: Bollettino del Centro di studi vichiani, XII-XIII, 1982-1983, S. 29-61.
R. Caporali, Heroes Gentium. Sapienza e politica in Vico, Bologna 1992.
G. Carillo, Vico. Origine e genealogia dell'ordine, Napoli 2000.
V. Carravetta, Toward e Study of Rhetorics and Hermeneutics in Vico and Heidegger, in: ders., Prefaces to the Diaphora. Rhetorics, Allegory and the Interpretation of Postmodernity, West-Lafayette 1991, S. 239-252.

Castellani, Dalla cronologia alla metafisica della mente. Saggio su Vico, Bologna 1995.

L. Catana, Vico and Literary Mannerism: A Study in the Early Vico and His Idea of Rhetoric and Ingenuity, New York 1999 (dänische Originalausgabe: 1996).

A. Corsano, Leibniz, Napoli 1952.

–, Bayle, Leibniz e la storia, Napoli 1971.

E. Coseriu, Von den Universali fantastici, in: Vico und die Zeichen, hrsg. von J. Trabant, Tübingen 1995, S. 73-80.

–, Die Geschichte der Sprachphilosophie von der Antike bis zur Gegenwart, Tübingen 1972.

G. Costa, Genesi del concetto vichiano di "fantasia", in: M. Fattori-M. Bianchi (Hgg.), Phantasia-Imaginatio, Roma 1988, S. 309-365.

–, Retorica e filosofia, in: ders., Vico e l'Europa. Contro la "boria" delle nazioni, Milano 1996, S. 113-145.

G. Crifó, Ulpiano e Vico. Diritto romano e ragion di stato, in: Sodalitas. Studi in onore di Antonio Guarino, Napoli 1984, Bd. V, S. 2061-2085.

–, Vico e la storia romana. Alcune considerazioni, in: M. Agrimi (Hg.), Giambattista Vico nel suo tempo e nel nostro, Napoli 1999, S. 589-603.

–, (Hg.), Retorica e filosofia in G. Vico. Le "Institutiones Oratoriae". Un bilancio critico, Napoli 1990.

P. Cristofolini, Scienza nuova. Introduzione alla lettura, Roma 1995.

B. Croce, Estetica, Bari ^{6}1928.

–, La filosofia di G. Vico, Bari 1965.

–, F. Nicolini (Hgg.), Bibliografia vichiani, Napoli 1947-1948.

G. D'Acunto, L'idea di Topica nelle Institutiones Oratoriae di Vico, in: Il Cannocchiale, 1995, S. 3-38.

G. Dalmasso, Il tempo della legge in Vico, in: Bollettino Filosofico, XI, 1994, S. 129-140.

M. Damaska, Vico and Modern Law, in: New Vico Studies, XV, 1997, S. 25-35.

A. Damiani, Hermenéutica y metafísica en la Scienza Nuova, in: „Cuadernos sobre Vico", V-VI, 1995-1996, S. 51-65.

M. Danesi, Vico, Metaphor, and the Origin of Language, Bloomington and Indianapolis 1993.

–, Language, Mind, and Human Nature: Vichian Observations on Recent Works in Language and Cognition, in: New Vico Studies, XII, 1994, S. 86-94.

–, What is Language? Vichian Remarks on Recent Work on the Nature of the Capacity for Language, in: New Vico Studies, XIII, 1995, S. 43-54.

–, Educazione linguistica e metafora: verso un approccio vichiano, in: F. Ratto (Hg.), All'ombra di Vico. Testimonianze e saggi vichiani in ricordo di G. Tagliacozzo, Ripatransone, 1999, S. 237-253.

–, The Law as Metaphorical Gestalt: A Vichian Perspective, in: R. Kevelson (Hg.), The Spaces and Significations, New York 1996, S. 13-27.

B. De Giovanni, Il "De nostri temporis studiorum ratione" nella cultura napoletana del primo Settecento, in: Omaggio a Vico, Napoli 1968, S. 174 ff.

–, "Corpo" e "ragione" in Spinoza e Vico, in: Divenire della ragione moderna. Cartesio. Spinoza. Vico, Napoli 1981, S. 134 ff.

E. De Mas, Bacone e Vico, in: Vico e l'instaurazione delle scienze, Lecce 1978, S. 11-74.

T. De Mauro, Giambattista Vico: dalla retorica allo storicismo linguistico, in: Idee e ricerche linguistiche nella cultura italiana, Bologna 1980, S. 29-44.

A. De Simone, Il primo Habermas e Vico: filosofia, politica e mondo della pratica, in: A. Verri (Hg.), Vico e il pensiero contemporaneo, Lecce 1991, S. 264-328.

D. Di Cesare, Parola, lógos, dabar: linguaggio e verità nella filosofia di Vico, in: Bollettino del Centro di studi vichiani, XXII-XXIII, 1992-1993, S. 251-287.

–, Dal tropo retorico all'universale fantastico, in: Vico und die Zeichen, hrsg. von J. Trabant, Tübingen 1995, S. 81-92.

–, Verum, Factum and Language, in: New Vico Studies, XIII, 1995, S. 1-13.

W. Dilthey, Einleitung in die Geisteswissenschaften (Gesammelte Schriften, Bd. I), Stuttgart-Göttingen [9]1990.

–, Die Entstehung der Hermeneutik, in: ders., Gesammelte Schriften, Bd. V, Stuttgart-Tübingen 1968, S. 318 ff.

A. Di Luzio, Zur Bedeutung von Vicos Neuer Wissenschaft für die Sprachwissenschaft, in: Allgemeine Sprachwissenschaft, Sprachtypologie und Textlinguistik, hrsg. von M. Faust, Tübingen 1983, S. 221-235.

E. Di Magno, Vico nella tradizione della retorica senza metafisica?, in: G. Cacciatore/G. Cantillo (Hgg.), Vico in Italia e in Germania. Letture e prospettive, Napoli 1993, S. 203-209.

R.J. Di Pietro, Vico and Second Language Acquisition, in: M. Danesi (Hg.), Giambattista Vico and Anglo-American Science. Philosophy and Writing, Berlin-New York 1994, S. 87-98.

M. Donzelli (Hg.), Contributo alla bibliografia vichiana (1948-1970), Napoli 1973.

G. Dorfles, Mito e metafora in Cassirer e Vico, in: Il Pensiero, XIII, 1968.

A. Droetto, Ugo Grozio nell'interpretazione di Vico, in: Annali della Scuola Normale Superiore di Pisa, II, 1961, S. 163-169.

J. Engell, Bruner and Vico: Psychology and Pedagogy, in: New Vico Studies, X, 1992, S. 64-72.

N. Erny, Theorie und System der Neuen Wissenschaft von G.B. Vico. Eine Untersuchung zu Konzeption und Begründung, Würzburg 1994 (überarb. Diss., Hamburg 1992).

G. Fassò, Vico e Grozio, Napoli 1971.

D. Faucci, Vico e Grozio "giureconsulti del genere umano", in: Vico e l'instaurazione delle scienze, S. 75-131.

J. Faur, Imagination and Religious Pluralism: Maimonides, ibn Verga and Vico, in: New Vico Studies, X, 1992, S. 36-51.

F. Fellmann, Das Vico-Axiom: Der Mensch macht die Geschichte, Freiburg-München 1976.

–, Der Ursprung der Geschichtsphilosophie aus der Metaphysik in Vicos „Neuer Wissenschaft", in: Zeitschrift für philosophische Forschung, XLI, 1, S. 43-60.

A. Ferrara, V. Gessa-Kurotschka, S. Maffettone (Hgg.), Etica individuale e giustizia, Napoli 2000.

M. Ferraris, Storia dell'ermeneutica, Milano 1988.

G. Ferroni, Una "nuova arte critica", in: ders., Storia della letteratura italiana. II. Dal Cinquecento al Settecento, Torino 1991, S. 371-373.

M.H. Fisch, Vico's Practica, in: G. Tagliacozzo-D.P. Verene (Hgg.), Vico's Science of Humanity, Baltimore-London 1976, S. 423-430.

A. Fletcher, Dipintura: The Visual Icon of Historicism in Vico, in: ders., Colors of the Mind: Conjectures on Thinking in Literatur, Cambridge MA 1991, S. 147-165.

L. Formigari, Ermeneutica giuridica e teoria della lingua in Vico, in: Intersezioni, VII, 1987, 1, S. 53-71.

R. Fornaca, Il pensiero educativo di Vico, Torino, 1957.

J.T. Fox, Giambattista Vico's Theory of Pedagogy, in: British Journal of Educational Studies, XX, 1972, S. 27-37.

G. Franciosi, Cittadinanza e formazioni minori in G.B.Vico, Napoli 1999.

P. Fry, Is Reading a Metaphorical Process? A Vichian Approach to Language and Thought, in: Reading Psychology: An International Quarterly, XV, 1994, S. 273-280.

H.G. Gadamer, Wahrheit und Methode, Tübingen ^{6}1990.

M. Galceran-Huguet, El tiempo de la historia, in: Logos, 1-2, 1999, S. 287-303.

U. Galeazzi, Ermeneutica e storia in Vico. Morale, diritto e società nella "Scienza nuova", L'Aquila-Roma 1993.
–, Vico e la conoscenza storica. Sul sapere ermenetico della Scienza Nuova, in: A. Quarta-P. Pellegrino (Hgg.), Humanitas. Studi in memoria di Antonio Verri, Lecce 1999, S. 321-343.
–, Vico critico di Hobbes, in: G. Sorgi (Hg.), Thomas Hobbes e la fondazione della politica moderna, Milano 1999, S. 183-208.
E. Garroni, Senso e paradosso. L'estetica, filosofia non speciale, Roma-Bari 1986.
–, Estetica. Uno sguardo attraverso, Milano 1992.
J. Gebhardt, Sensus communis: Vico e la tradizione europea antica, in: G. Cacciatore/G. Cantillo (Hgg.): Vico in Italia e in Germania. Letture e prospettive, Napoli 1993, S. 43-64.
L. Geldsetzer, Il "metodo degli studi" di Vico e la giurisprudenza tedesca, in: G. Cacciatore/G. Cantillo (Hgg.), Vico in Italia e in Germania. Letture e prospettive, Napoli 1993, S. 369-375.
S. Gensini, Ingenium e linguaggio. Note sul contesto storico-teorico di un nesso vichiano, in: Vico und die Zeichen, hrsg. von J. Trabant, Tübingen 1995, S. 237-256.
–, Criticism of the Arbitrarinnes of Language in Leibniz and Vico and the „Natural" Philosophy of Language, in: R. Simone (Hg.), Iconocity in Language, Amsterdam 1995, S. 3-18.
G. Gentile, Studi vichiani, Firenze 1927.
V. Gessa-Kurotschka, Elementi di etica individuale, Napoli 1999.
–, Autocomprensione autentica. Il linguaggio dell'individualità e il „diversiloquio" poetico, in: A. Ferrara-V. Gessa-Kurotschka-S. Maffettone (Hgg.), Etica individuale e giustizia (Vorwort von G. Cantillo), Napoli 2000.
G. Giarrizzo, Del "senso comune" in Vico, in: Vico, la politica e la storia, Napoli 1981, S. 125-141.
M. Gigante, Vico nella storia della filologia classica, in: Bollettino del Centro di studi vichiani, II, 1972, S. 52-58.
P. Girard, Educazione collettiva e politica nel pensiero di Vico, in: M. Sanna-A. Stile (Hgg.), Vico tra l'Italia e la Francia, Napoli 2000, S. 135-165.
A. Giuliani, Il binomio Retorica-Procedura giudiziaria nella filosofia retorica di Vico, in: Scritti in onore di Elio Fazzalari, Bd. I, Milano 1993, S. 69-87.

–, La filosofia del processo in Vico ed il suo influsso in Germania, in: G. Cacciatore/G. Cantillo (Hgg.), Vico in Italia e in Germania. Letture e prospettive, Napoli 1993, S. 345-367.

S. Givone, Storia dell'estetica, Roma-Bari 1993.

–, Poesia e mito in Vico e Leopardi, in: Filosofia 95, hrsg. von G. Vattimo, Roma-Bari 1996, S. 101-118.

M. Goretti, Vico's Pedagogic Thought and that of Today, in: G. Tagliacozzo (Hg.), Giambattista Vico. An International Symposium, Baltimore 1969, S. 553-575.

E. Grassi, La facoltà ingegnosa e il problema dell'inconscio. Ripensamento e attualità di Vico, in: A. Battistini (Hg.), Vico oggi, Roma 1979, S. 121 ff.

–, La priorità del senso comune e della fantasia in Vico, in: E. Riverso (Hg.), Leggere Vico, Milano 1982, S. 128-142.

–, La priorità del senso comune e della fantasia: l'importanza filosofica di Vico oggi, in: ders., Vico e l'umanesimo, Milano 1992, S. 41-67.

–, La funzione demitizzatrice della parola metaforica: Joyce e Vico, in: ders., Vico e l'umanesimo, Milano 1992, S. 225-239.

–, Vico e Ovidio: il problema della preminenza della metafora, in: Bollettino del Centro di studi vichiani, XXII-XXIII, 1992-1993, S. 345-367.

D.M. Gross, Metaphor and Definition in Vico New Science, in: Rhetoric, II, 1996, S. 359-381.

G. Gusdorf, Les origines de l'herméneutique, Paris 1988.

B. Haddock, The Philosophical Significance of Vico's Autobiography, in: Italianist, XVII, 1997, S. 23-33.

F. Haeffner, Vico und Bloch. Mythos Geschichte Utopie, Pfaffenweiler 1996.

S. Hampshire, Vico and the Contemporary Philosophy of Language, in: G. Tagliacozzo/V. White (Hgg.), Giambattista Vico. An International Symposium, Baltimore 1969, S. 475-481.

W. Hennis, Politik und die praktische Philosophie (1963), Stuttgart 1977, S. 49 ff.

E. Hidalgo-Serna, Vives, Calderon y Vico. Lenguaje Metafórico y Filosofar ingenioso, in: Cuadernos sobre Vico, II, 1992, S. 75-88.

J. Hillman, Plotino, Ficino e Vico precursori della psicologia archetipa, in: ders., L'anima del mondo e il pensiero del cuore. La tradizione dell'umanesimo italiano alle radici della psicologia archetipa, Milano 1993, S. 9-40.

C.L. Hobbs, Vico, Rhetorical Topics, and Historical Thought, in: P.H. Hutton, Vico for Historians, in: Historical Reflexions, XXII, 3, 1996, S. 559-585.

V. Hösle, Einleitung zu: G.B. Vico, Prinzipien einer neuen Wissenschaft über die gemeinsame Natur der Völker, Hamburg 1990.

M. Hutton, La parte nascosta della storia, in: Lettera internazionale, 20, 1989, S. 35-40.

P.H. Hutton, The Art of Memory Reconceived: from Renaissance Rhetoric to Giambattista Vico's Historicism, in: ders., History as an Art of Memory, Hannover-London 1993, S. 27-51.

E.O. Iheoma, Vico, Imagination and Education, in: Journal of Philosophy of Education, XXVII, 1993, S. 45-55.

A.M. Jacobelli Isoldi, Vico. Per una "scienza della storia", Roma 1985.

–, La teoria vichiana del linguaggio, in: Il Cannocchiale, 1, 1992, S. 3-24.

C. Jermann, Gadamer und Vico. Zwei Modelle philosophischer Hermeneutik, in: Wiener Jahrbuch für Philosophie, XXV, 1993, S. 145-161.

I. Kant, Idee zu einer allgemeinen Geschichte in weltbürgerlicher Absicht, in: Akademie-Ausgabe, 1. Abt., Bd. VIII, Berlin 1923, S. 15-31.

J. Kelemen (Hg.), Vico e Gentile, Soveria Mannelli 1995.

D.R. Kelley, Vico and the Archeology of Wisdom, in: M. Agrimi (Hg.), G. Vico nel suo tempo e nel nostro, 1999, S. 605-624.

J.M. Krois, Vico's and Peirce's "Sensus communis", in: G. Tagliacozzo (Hg.), Vico: Past and Present, Atlantic Highlands 1982, S. 58-71.

A. Lamacchia, Senso comune e socialità in Vico, Bari 2001.

M.M. Leezenberg, Giambattista Vico: Metaphor and the Origin of Language, in: ders., Contexts of Metaphor, Amsterdam 1995, S. 53-60.

M. Levin, Common Sense and History in Gramsci and Vico, in: New Vico Studies, XII, 1994, S. 81-85.

M. Lilla, G.B. Vico. The Making of an Anti-Modern, Cambridge Mass.-London 1993.

–, Temi vichiani nella filosofia americana, in: Lettera internazionale, 20, 1989, S. 43-46.

M.S. Littleford, Vico and Dewey: Toward a Humanistic Foundation for Contemporary Education, in: G. Tagliacozzo (Hg.), Vico: Past and Present, Atlantic Highland 1981, S. 223-237.

A. Livi, Vico: senso comune e consenso sociale, in: ders., Il senso comune tra razionalismo e scetticismo (Vico, Reid, Jacobi, Moore), Milano 1992, S. 63-78.

M. Lollini, Le muse, le maschere e il sublime. Vico e la poesia nell'età della "ragione spiegata", Napoli 1994.

–, La sapienza, l'ermeneutica e il sublime in Vico, in: Annali di storia dell'esegesi, IX, 1, 1992, S. 101-140.

–, Vico, Salvator Rosa e le maschere del barocco, in: Forum Italicum, XXIX, 2, 1995, S. 245-265.

F. Lomonaco, A proposito di "Giusnaturalismo e etica moderna": note su Grozio e Vico nella V Orazione inaugurale, in: Studi critici, II, 1992, S. 65-71.

B. Loré, Educabilità e temporalità dal „ De Uno" alla „Scienza Nuova", in: Studi di storia dell'educazione, 1, 1980, S. 49-61.

K. Löwith, Vicos Grundsatz: verum et factum convertuntur. Seine theologische Prämisse und deren säkulare Konsequenzen, in: ders., Gott, Mensch und Welt in der Philosophie der Neuzeit, Stuttgart 1986, S. 195-227.

–, Weltgeschichte und Heilsgeschehen, Stuttgart u.a. ^{8}1990.

S. Luft, Inhabiting the Labyrinth: Vico, Derrida. Genesis and the Originary Power of Language, in: The Eighteenth Century: Theory and Interpretation, 1, 1993, S. 65-84.

J. Mali, Sensus communis and Bildung: Vico and the Rehabilitation of Myth in Germany, in: New Vico Studies, XVII, 1999, S. 11-33.

J. Marín Casanova, Nihilismo y Metáfora. La fábula imaginera en Vico y Nietzsche, in: Cuadernos sobre Vico, V-VI, 1995-1996, S. 83-104.

M. Martirano (Hg.), Quinto contributo alla bibliografia vichiana (1991-1995), Napoli 1997.

–, (Hg.) Sesto contributo alla bibliografia vichiana (1996-2000). (im Druck)

A. Martone, Il "tempo" dell'autobiografia. Senso e funzione della deissi temporale nella Vita vichiana, in: M. Agrimi (Hg.), G. Vico nel suo tempo e nel nostro, 1999, S. 461-476.

M.M. Marzano Parisoli, Lo jus naturale gentium in Vico: la fondazione metanisica del diritto universale, in: Rivista internazionale di Filosofia del diritto, LXXVII, 1, 2000, S. 59-87.

V. Mathieu, Vico e Leibniz, in: Omaggio a Vico, Napoli 1968, S. 269-301 (auch in: Quaderni Contemporanei, II, 1969, S. 171-184).

–, Poesia e verità in Giambattista Vico, in: V. Branca (Hg.), Rappresentazione artistica e rappresentazione scientifica nel "Secolo dei lumi", Firenze 1970.

–, La Provvidenza e Vico, in: M. Agrimi (Hg.), Giambattista Vico nel suo tempo e nel nostro, Napoli 1999, S. 581-587.

S. Mazzarino, Vico, l'annalistica e il diritto, Napoli 1971.

R. Mazzola, Religione e Provvidenza in Vico, in: Bollettino del Centro di studi vichiani, XXVI-XXVII, 1996-97, S. 101-126.

–, (Hg.), Terzo contributo alla bibliografia vichiana (1981-1985), Beilage zu: Bollettino del Centro di studi vichiani, XVII-XVIII, 1987-1988.

G. Mazzotta, La nuova mappa del mondo. La filosofia poetica di Vico, Torino 1999.

P. Miccoli, L'ermeneutica del linguaggio poetico in Vico, in: J. Kelemen-J. Pál (Hgg.), Vico e Gentile, Soveria Mannelli 1995.

J. Milbank, The Religious Dimension in the Thought of Giambattista Vico, in: I: The Early Metaphysics. Study in the History of Philosophy, Lewiston N.Y. 1991, II: Language, Law and History, 1992.

G. Modica, La filosofia del "senso comune" in Giambattista Vico, Caltanissetta-Roma 1983.

–, Sulla fondazione del linguaggio in Vico, in: Prospettive di storia della linguistica, hrsg. von L. Formigari und F. Lo Piparo, Roma 1988, S. 175-190.

–, I cenni di Giove e il bivio di Ercole. Prospettive vichiane per un'etica sociale, Milano 1988.

–, Oltre la filosofia del linguaggio. Sul rapporto vichiano tra logos e mythos, in: Vico und die Zeichen, hrsg. von J. Trabant, Tübingen 1995, S. 157-177.

M. Montanari, Vico e la politica dei moderni, Bari 1995.

A. Montano, Storia e convenzione. Vico contra Hobbes, Napoli 1996.

M. Mooney, The Primacy of Language in Vico, in: Giambattista Vico's Science of Humanity, hrsg. von G. Tagliacozzo und D.P. Verene, Baltimore-London 1976, S. 191-210.

–, Vico in the tradition of rhetoric, Princeton 1985.

F. Nicolini, L'erramento ferino e le origini della civiltà secondo Giambattista Vico, in: Rivista storica italiana, LX, 2, 1948, S. 250-273 (danach in Nicolini, La religiosità di Giambattista Vico, Bari 1949, S. 25 ff.).

–, Commento storico alla seconda scienza nuova, Roma 1949.

–, La giovinezza die Giambattista Vico (1668-1700), Bari 1932.

F. Nuessel, Vico and Contemporary Views of Language, in: M. Danesi-F. Nuessel (Hgg.), The Imaginative Basis of Thought and Culture: Contemporary Perspectives on Giambattista Vico, Toronto 1994, S. 85-97.

–, Vico's Views on Language and Linguistic, in: Romance Languages Annual, IX, 1997, S. 280-287.

E. Nuzzo, Verso la vita civile. Antropologia e politica nelle lezioni accademiche di Gregorio Caloprese e Paolo Mattia Doria, Napoli 1984, S. 121 ff.

–, Vico e l'Aristotele pratico: la meditazione sulle forme "civili" nelle "pratiche" della Scienza Nuova prima, in: Bollettino del Centro di studi vichiani, XIV-XV, 1984-1985, S. 63-129.

–, La tradizione filosofica meridionale, in: Storia del Mezzogiorno, Bd. X, tomo III, Napoli 1992.

–, Vico, la storia, lo storicismo, in: G. Cacciatore-G. Cantillo-G. Lissa (Hgg.), Lo storicismo e la sua storia. Temi, problemi, prospettive, Milano 1997, S. 50-68.

–, Droit de conservation et droit de résistence chez Vico, in: J.C. Zancarini (Hg.), Le droit de résistence XII-XX siècle, Fontenay Saint Cloud 1999, S. 191-215.

–, La filosofia pratica di Vico fra religione e prudenza, in: G. Cacciatore-V. Gessa Kurotschka-H. Poser-M. Sanna, (Hgg.), La filosofia pratica tra metafisica e antropologia nell'età di Wolff e Vico, Napoli 1999, S. 341-370.

S. Otto, Giambattista Vico. Grundzüge seiner Philosophie, Stuttgart-Berlin-Köln 1989.

–, Imagination und Geometrie: die Idee kreativer Synthesis. Giambattista Vico zwischen Leibniz und Kant, in: Archiv für Geschichte und Philosophie, LXIII, 3, 1981, S. 305-324.

–, Sprachzeichen, geometrische Zeichen, Metaphysik. Vicos neue Wissenschaft des Anfänglichen, in: Vico und die Zeichen, hrsg. von J. Trabant, Tübingen 1995, S. 3-15.

–, Die transzendentalphilosophische Relevanz des Axioms „verum et factum convertuntur", in: Philosophisches Jahrbuch, 84, 1977.

A. Pagliaro, Lingua e poesia secondo Vico, in: Altri saggi di critica semantica, Messina-Firenze 1951, S. 316 ff.

–, La dottrina linguistica di G.B. Vico, in: Atti dell'Accademia nazionale dei Lincei, CCCLVI, Serie VIII, Bd. VIII, 6, 1959, S. 379-486.

E.L. Paparella, Hermeneutics and Philosophy of Vico: a Revolutionary Humanistic Vision for the New Age, San Francisco 1993.

M. Papini, Il geroglifico della storia. Significato e funzione della dipintura nella Scienza nuova di G.B. Vico, Bologna 1984.

–, A Graph for the Dipintura, in: New Vico Studies, IX, 1991, S. 138-141.

L. Pareyson, La dottrina vichiana dell'ingegno (1949), in ders., L'estetica e i suoi problemi, Milano 1961, S. 351-377.

D.M. Parry, Reconstructing the Self: Philosophical Autobiography in Vico and Nietzsche, in: T. Heeney (Hg.), Nietzsche and Vico, Special Issue of the "Personalist Forum", X, 1994, 2, S. 89-102.

–, The Centrality of the Aesthetics in Vico and Nietzsche, in: New Vico Studies, IX, 1991, S. 29-42.

G. Patella, Senso, corpo, poesia. Giambattista Vico e l'origine dell'estetica moderna, Milano 1995, S. 40 ff.

–, Metafora e pensiero retorico-ingegnoso nella riflessione di Giambattista Vico, in: C.A. Augieri (Hg.), Simbolo Metafora e Senso nella cultura contemporanea, Lecce 1996, S. 381-389.

A. Pennisi, La linguistica dei mercatanti. Filosofia linguistica e filosofia civile da Vico a Cuoco, Napoli 1987.

C. Pezzin, La metafora nel linguaggio e nell'argomentazione giuridica: la filosofia del diritto nella Scienza Nuova di Vico, in: ders., La metafora nell'argomentazione retorico-giuridica, Verona 1996, S. 161-170.

A. Pieretti, Vico e l'odierna riflessione sul linguaggio, in: Annuali della Pubblica istruzione, XXXVII, 1991, S. 230-237.

–, La metafora come linguaggio dell'"impossibile credibile", in: M. Agrimi (Hg.), Giambattista Vico nel suo tempo e nel nostro, Napoli 1999, S. 343-356.

M.F. Pierlott, Vico's Principle of Authority and the Ideal Eternal History. The Transcendence of Human Limitation, in: Dialogue, 42, 2-3, 2000, S. 46-52.

P. Piovani, Il pensiero filosofico meridionale tra la nuova scienza e la "Scienza nuova"(1959), in: La filosofia nuova di Vico, hrsg. von F. Tessitore, Napoli 1990.

–, Vico e la storicizzazione della ragione, in: La filosofia nuova di Vico, hrsg. von F. Tessitore, Napoli 1990.

–, Vico e la filosofia senza natura, (1969), in: La filosofia nuova di Vico, hrsg. von F. Tessitore, Napoli 1990.

–, Il debito di Vico verso Roma (1969), in: La filosofia nuova di Vico, Napoli 1990, S. 91-115.

–, Della apoliticità e politicità di Vico (1976), in: ders., La filosofia nuova di Vico, Napoli 1990, S. 137-159.

O. Pöggeler, Philologiam ad philosophiae principia revocare. La recezione di Vico in Auerbach, in: Bollettino del Centro di studi vichiani, XXII-XXIII, 1992-1993, S. 307-324.

L. Pompa, Vico: a Study of the "New Science", Cambridge 1975.

–, Vico and Metaphysical Hermeneutics in: A. O'Hear (Hg.), Verstehen and Human Understanding, Cambridge 1997, S. 29-46.

–, The Function of the Legislator in Giambattista Vico, in: A. Giuliani-N. Picardi (Hgg.), Modelli di legislatore e scienza della legislazione, Bd. I, Perugia 1988.

A. Pons, Prudence and Providence: the "Pratica della Scienza nuova" and the Problem of Theory and Practice in Vico, in: G. Tagliacozzo-D.P. Verene (Hg.), Vico's Science of Humanity, Baltimore-London 1976, S. 431-448.

G.M. Pozzo, Meditazione su Vico. Filosofia della storia e dell'educazione, Padova 1983.

M. Rak, Vico in "Tel Quel", in: Bollettino del Centro di Studi vichiani, I, 1971, S. 53 ff.

F. Ratto, Materiali per un confronto: Hobbes-Vico, Perugia 2000.

M. Riccio, Vico in Germania nel "Bollettino del Centro di studi vichiani" (1971-1990), Beiheft zum „Bollettino del Centro di studi vichiani", XX, 1990.

A. Rigobello, Metafora e testimonianza: categorie per una rilettura di Vico, in: A. Verri (Hg.), Vico e il pensiero contemporaneo, Lecce 1991, S. 178-189.

S. Roi, Vico, Grassi e la metafora, in: E. Hidalgo Serna-M. Marassi (Hgg.), Studi in memoria di Ernesto Grassi, Bd. I, Napoli 1996, S. 425-435.

P. Rossi, Le sterminate antichità e nuovi saggi vichiani, Firenze 1999 (erste Ausgabe 1969).

J.D. Schaeffer, Sensus communis. Vico, Rhetoric and the Limits of Relativism, Durham 1990.

R.W. Schmidt, Die Geschichtsphilosophie Vicos. Mit einem Anhang zu Hegel, Würzburg 1982.

W. Schmidt-Biggemann, Nachwort, in: Giambattista Vico, „Die neue Wissenschaft über die gemeinschaftliche Natur der Völker." Übersetzt und eingeleitet von E. Auerbach, Berlin-New York ²2000.

E. Scoditti, Lo storicismo dallo stato alle comunità, in: Democrazia e diritto, XXXV, 2, 1995.

M. Sevilla Fernandez, Giambattista Vico: metafisica de la mente y historicismo antropológico. Un estudio sobre la concepción viquiana del hombre, de su mundo y de su ciencia, Sevilla 1988.

M. Signore, "Sensus communis" e fonti retoriche e fantastiche in Vico per la "comprensione dell'agire umano", in: A. Verri (Hg.), Vico e il pensiero contemporaneo, Lecce 1991, S. 202-217.

A. Somlyó, Vico nella tradizione ermeneutica, ovvero la lode della limitatezza, in: J. Kelemen-J. Pál (Hgg.), Vico e Gentile, Soveria Mannelli 1995, S. 127 ff.

A. Sorrentino, La retorica e la poetica di Vico, Torino 1927.

A. Stile-D. Rotoli, Quarto contributo alla bibliografia vichiani (1986-1990), Beilage zu: Bollettino del Centro di Studi vichiani, XXIV-XXV, 1994-1995.

H.S. Stone, Vico's Cultural History, Leiden-Köln 1997.

N. Struever, Giambattista Vico, in: M. Dascal (Hg.), Sprachphilosophie: Ein internationales Handbuch zeitgenössischer Forschung, Berlin 1992, S. 330-338.

J. Sturrock, The Historiography of Self: Vico, Hume, Gibbon, in: ders., The Language of Autobiography: Studies in the First Person Singular, Cambridge, 1993, S. 105-131.

D. Tench, Vico's Many Vicos: Solitude and Company in "The Life of Giambattista Vico Written by Himself", in: Rivista di Studi Italiani, IV, Toronto 1992, S. 357-363.

F. Tessitore, Vico tra due storicismi, in: ders., Dimensioni dello storicismo, Napoli 1971, S. 11-31.

–, Il Vico di Meinecke e la metodologia delle epoche storiche, in: Omaggio a Vico, Napoli 1968, S. 587-639.

–, Vico nelle origini dello storicismo tedesco, in: Bollettino del Centro di studi vichiani, IX, 1979, S. 5-34. (Auch in ders., Contributi alla storia e alla teoria dello storicismo, Bd. II, Roma 1995, S. 373-404.)

–, Jürgen Habermas su Vico, in: Bollettino del Centro di studi vichiani, IV, 1974, S. 176-178.

–, (Hg.), La filosofia nuova di Vico, Napoli 1990.

–, Vico e le scienze sociali, (1981), in: ders., Contributi alla storia e alla teoria dello storicismo, Bd. II, Roma 1995, S. 213-229.

–, Il Vico di Croce, il Vico di Meinecke e la metodologia delle epoche storiche (1968), in: Contributi alla storia e alla teoria dello storicismo, Bd. III, Roma, 1997, S. 421-462.

–, Senso comune teologia della storia e storicismo in Vico, in: M. Herling (Hg.), Studi in onore di Gennaro Sasso, Napoli 1999, S. 399-422.

R. Titone, From Images to Words: Language Education in a "Vichian" Perspective, in: Rassegna italiana di Linguistica applicata, XXIII, 1991, S. 201-214.

M. Torrini, Il topos della meraviglia come origine della filosofia tra Bacon e Vico, in: M. Fattori (Hg.), Francis Bacon. Terminologia e fortuna nel XVII secolo, Roma 1985, S. 261-280.

G. Totaro, Le idee pedagogiche nella filosofia di Vico, Roma 1981.

J. Trabant, Neue Wissenschaft von alten Zeichen: Vicos Sematologie, Frankfurt am Main 1994.

–, Über das Dizionario mentale comune, in: Vico und die Zeichen, hrsg. von J. Trabant, Tübingen 1995, S. 63-39.

–, Parlare cantando: Language Singing in Vico and Herder, in: New Vico Studies, IX, 1991, S. 1-16.

–, Immagine o segno. Osservazioni sul linguaggio in Vico e Humboldt, in: New Vico Studies, IX, 1991, S. 235-250.
–, Giambattista Vico, in: T Borsche (Hg.), Klassiker der Sprachphilosophie, München 1996.
–, Vico in Germanien 1750-1850, in: F.R. Hausmann (Hg.), „Italien in Germanien". Deutsche Italien-Rezeption von 1750-1850, Tübingen 1996, S. 231-251.
–, Phantasie und Sprache bei Vico und Humboldt, in: Kodikas/Code. Ars Semiotica, XI, 1988, 1-2, S. 23-41.
–, Note sulla recente traduzione tedesca della Scienza nuova, in: Bollettino del Centro di studi vichiani, XXI, 1991, S. 129-151.
R.J. Tristram, Vico on the Relationship between Knowledge and Practice, in: New Political Science, XXXVI-XXXVII, 1996, S. 19 ff.
M. Vaglio, Truth and Authority in Vico's Universal Law, New York 1999.
S. Velotti, Sapienti e bestioni. Saggio sull'ignoranza, il sapere e la poesia in Giambattista Vico, Parma 1995.
–, Universali fantastici e universali astratti: note su Locke, Leibniz, Vico e l'estetica, in: Stanford Italian Review, XI, 1992, 1-2, S. 1-32.
D.P. Verene, Vico's Science of Imaginative Universals and the Philosophy of Simbolic Forms, in: Giambattista Vico's Science of Humanity, hrsg. von G. Tagliacozzo und D.P. Verene, Baltimore-London 1976, S. 295-317.
–, The New Art of Autobiography: an Essay on the "Life of Giambattista Vico Written by Himself", Oxford 1991.
–, L' Autobiografia di Vico e il Discours di Descartes, in: ders., Vico nel mondo anglosassone, Napoli 1995, S. 31-36.
–, Vico's Humanity, in: Humanitas (Journal of the Institute of Formative Spirituality), XV, 1979, Nr. 2, S. 227-240.
–, Vico's Science of Imagination, Ithaca-London 1981 und 1991.
–, The New Art of Narration: Vico and the Muses, in: New Vico Studies, I, 1983, S. 21-38.
–, Imaginative Universals and Narrative Truth, in: New Vico Studios, VI, 1988, S. 1-19.
–, Vico's Frontispiece and the Tablet of Cebes, in: Man, God and Nature in the Enlightenment, Newark 1988.
–, L'universale fantastico di Vico e la logica della metafora, in: ders., Vico nel mondo anglosassone, Napoli 1995, S. 25 ff.

–, Gadamer and Vico on Sensus Communis and the Tradition of Human Knowledge, in: L. Hahn (Hg.), The Philosophy of H.G. Gadamer, Chicago & Lasalle 1997, S. 137-153.

–, L' universale fantastico di Vico e la logica della metafora, in: ders., Vico nel mondo anglosassone, Napoli 1995, S. 25-30.

V. Verra, Linguaggio, storia e umanità in Vico e Herder, in: Omaggio a Vico, Napoli 1968, S. 335-362.

A. Verri, Vico e la retorica, in: Idee, VI, 1991, 20, S. 107-112.

R. Viti Cavaliere, Vico e la concezione odierna del principio di ragion sufficiente, in: ders., Il giudizio e la regola, Napoli 1997.

V. Vitiello, La favola di Cadmo. La storia tra scienza e mito da Blumenberg a Vico, Roma-Bari 1998.

G. Wohlfart, Denken der Sprache. Sprache und Kunst bei Vico, Hamann, Humboldt und Hegel, Freiburg-München 1984.

Personenverzeichnis

Aertsen, J.A. 11
Agrimi, M. 79, 92, 100, 116, 124, 134, 138, 156, 182
Ajello, R. 215, 137
Amoroso, L. 215
Apel, K.O. 24 f., 27, 79, 91, 94
Aristoteles 98, 121, 125, 130, 166, 170 f., 196-198
Arnold, M. 7
Auerbach, E. 10, 23, 30, 76, 93 f., 96
Baader, F. v. 7
Bacon, F. 10, 70, 100, 121, 165, 169
Badaloni, N. 29, 53, 56, 58, 139
Barbieri, D. 77
Barbieri, F. 113
Barcelò, J. 133
Bassi, R. 113
Battistini, A. 33, 48, 53, 58 f., 63, 74, 77, 81, 92, 96 f., 101, 107, 115, 120, 127, 130, 133, 170, 202
Becchi, P. 22
Benedetti, G. 137
Berlin, I. 7, 9
Bermudo Avila, J.M. 122
Bernecker, R. 124
Betti, E. 82-84, 101, 107 f.
Bloch, E. 19, 24

Bonito Oliva, R. 55
Borsche, T. 12
Botturi, F. 34, 72, 83, 121, 123, 181, 197, 209
Burke, P. 7
Cacciatore, G. 9, 17, 19, 21, 30, 33 f., 55, 73, 77, 92, 104, 116, 138, 156, 182, 204
Caianello, S. 9
Calò, G. 148
Calogero, G. 148
Cantelli, G. 79 f., 179
Cantillo, G. 21, 52, 73, 77, 84, 92, 116, 118, 203
Capograssi, G. 96, 137
Caponigri, A.R. 86
Caporali, R. 104
Carafa, A. 11
Carillo, G. 138
Carravetta, V. 83
Cassirer, E. 19, 23, 134
Castellani, C. 73, 96, 146
Catana, L. 92
Cicero, M.T. 170, 198
Coleridge, S.T. 7
Collingwood, R. 7, 8
Corsano, A. 54 f., 71
Coseriu, E. 27 f., 80
Costa, G. 92, 116, 121

Crifó, G. 133, 137 f.
Cristofolini, P. 53, 90, 92, 104, 155
Croce, B. 7, 27, 54, 58, 71, 113-114, 195
D'Acunto, G. 146, 155
D'Alfonso, A. 80
Dalmasso, G. 137
Damaska, M. 137
Damiani, A. 83
Danesi, M. 80, 133 f., 137
De Mas, E. 102
De Mauro, T. 28, 79
Descartes, R. 8, 29, 37, 48, 51, 86, 91, 156, 169, 197
De Simone, A. 182
Di Cesare, D. 28, 31, 79 f., 92
Di Giovanni, B. 92, 148, 155
Dilthey, W. 7, 19, 23, 34, 83 f., 91
Di Luzio, A. 79
Di Magno, E. 92
Di Pietro, R.J. 80
Donzelli, M. 58
Dorfles, G. 134
Droetto, A. 102
Duns Scotus, J. 9
Dworkin, R. 32
Elias 35
Engell, J. 148
Epikur 18, 76, 170, 198
Erny, N. 26
Esposito, R. 179
Estevan, F.S. 87
Fasso, G. 102, 137
Faucci, D. 102
Faur, J. 71
Fellmann, F. 13, 25 f., 30 f., 42
Ferrara, A. 34, 83, 84
Ferraris, M. 99
Ferroni, G. 86
Fisch, M.H. 181, 196

Fletcher, A. 58
Formigari, L. 79, 86
Fornaca, R. 148
Foucault, M. 35
Fox, J.T. 148
Franciosi, G. 138
Fry, P. 80
Gadamer, H.G. 24, 78, 85, 91
Galceran-Huguet, M. 63
Galeazzi, U. 71, 83, 107, 121
Galilei, G. 50
Garin, E. 29, 92, 155, 168
Garroni, E. 114, 127
Gebhardt, J. 77, 203 f.
Geldsetzer, L. 137
Gensini, S. 55, 80, 118
Gentile, G. 71, 91, 102, 145
Gessa-Kurotschka, V. 34, 55, 94, 155
Giarrizzo, G. 77, 104, 146, 171, 203
Gigante, M. 92 f., 156
Girard, P. 156
Girone, P 148
Giuliani, A. 92, 137, 148, 155
Givone, S. 36, 112-115, 127
Goodman, N. 32
Goretti, M. 148
Grassi, E. 24, 77, 101, 115 f., 119, 133 f., 203
Gross, D.M. 133
Grotius, H. 12, 70, 77, 102
Gusdorf, G. 75 f., 93
Habermas, J. 22, 24, 34, 181
Haddock, B. 100
Haeffner, F. 24
Hamann, J.G. 22, 27, 79
Hampshire, S. 79
Hausmann, F.R. 22
Hegel, G.W.F. 7, 22, 24, 27, 79, 84, 96

Heidegger, M. 25, 83, 101
Hennis, W. 184, 196
Hidalgo-Serna, E. 79
Hillman, J. 146
Hobbes, T. 13 f., 18, 121 f., 198
Hobbs, C.L. 92
Hösle, V. 7, 10, 15, 29-31, 59
Homer 16, 88, 94, 111, 125, 128, 131
Horaz 196
Horkheimer, M. 23
Huizinga, J. 35
Humboldt, W. v. 22 f., 27 f., 79
Hutton, M. 35
Hutton, P.H. 92
Iheoma, E.O. 148
Jacobelli Isoldi, A.M. 71, 77, 79, 146
Jermann, C. 15, 30, 59, 83
Joyce, J. 7
Kant, I. 23, 26, 40, 52, 60, 105, 128, 130, 159, 195, 207, 209
Kelemen, J. 91, 146
Kelley, D.R. 124
Krois, J.M. 78
Lamacchia, A. 77
Leezenberg, M.M. 133
Leibniz, G.W. 26, 37, 54 f., 177, 195
Levin, M. 77, 118
Lilla, M. 9, 32 f., 73, 104, 200
Littleford, M.S. 148
Livi, A. 77
Löwith, K. 13, 24, 71
Lollini, M. 75, 83, 101, 113, 124
Lomonaco, F. 102
Loré, B. 148
Luft, S. 80, 118
Maffettone, S. 34, 83 f.
Mainberger, K. 30

Mali, J. 78
Martirano, M. 22, 58
Martone, A. 100
Marx, K. 7
Marzano-Parisoli, M.M. 137
Mathieu, V. 54, 71, 126
Mazzarino, S. 137
Mazzola, R. 58, 71
Mazzotta, G. 100, 104, 113, 126
Miccoli, P. 91, 146
Michelet, J. 7
Milbank, J. 71
Modica, G. 71, 77, 78, 173, 179, 203
Montanari, M. 105
Montano, A. 121 f.
Mooney, M. 8, 79, 92, 118, 120, 170, 181, 196
Nicolini, F. 10, 58, 71, 120-123, 130, 132, 162, 186, 188, 190
Niebuhr, G. 7, 22
Nuessel, F. 80
Nuzzo, E. 73, 116, 137, 148, 169, 181 f., 196 f., 209
Otto, S. 11 f., 18, 26-28, 32, 42 f., 46, 52 f., 55, 71 f., 81, 85, 118
Otto, W.F. 30
Paci, E. 29
Pagliaro, A. 79, 81
Paparella, E.L. 83
Papini, M. 58 f.
Pareyson, L. 118, 125
Parry, D.M. 100, 113
Patella, G. 113, 125, 127, 133
Paulus Venetus 9
Pennisi, A. 79
Pezzin, C. 156
Pieretti, A. 79, 134
Pierlott, M.F. 63
Piovani, P. 29, 42, 51, 54-57, 61,

63, 71, 104, 137, 148, 169, 195 f.
Platon 10, 30, 70, 98-103, 113, 149, 160, 168 f., 173, 197 f.
Pöggeler, O. 76, 93
Pompa, L. 16, 71, 83, 148
Pons, A. 181, 196
Pozzo, G.M. 148
Putnam, H. 32
Rak, M. 120
Ratto, F. 92, 121, 134
Rawls, J. 32, 34
Riccio, M. 22
Riedel, M. 42
Rigobello, A. 133
Roi, S. 133
Rorty, R. 102
Rossi, P. 29, 102
Rüfner, V. 9, 30
Sandel, M.J. 32
Savigny, C. v. 7
Schaefer, J.D. 77
Schmidt, R.W. 7, 22
Schmidt-Biggemann, W. 10, 28
Schumpeter, J. 7
Scoditti, E. 196
Sevilla Fernandez, M. 73
Signore, M. 77
Somlyó, A. 91
Sorrentino, A. 113

Stone, H.S. 7
Struever, N. 79
Sturrock, J. 100
Suarez, F. 9
Tacitus 10, 70, 98-101, 149, 166, 169, 198
Tench, D. 100
Tessitore, F. 22, 29, 42, 51, 78, 195
Thomasius, C. 12
Titone, R. 79
Torrini, M. 92, 121, 155
Totaro, G. 148
Trabant, J. 8, 12, 16, 19, 22, 27-31, 42, 79 f., 92, 116, 118, 132, 155
Tristram, R.J. 182
Troeltsch, E. 23
Vaglio, M. 137
Velotti, S. 55, 113 f., 116, 127
Verene, D.P. 58, 78 f., 86, 100, 116, 127, 132 ff., 196
Verra, V. 79
Verri, A. 77, 83, 92, 133, 182
Viechtbauer, H. 11, 26, 30, 118
Viti Cavaliere, R. 118, 127
Vitiello, V. 107
Wohlfart, G. 27, 79
Wolff, C. 37, 55, 156, 182